Pillat / Maasch · Personalbedarf

Personalbedarf

Handbuch für Anwerbung, Auswahl, Einstellung und Einsatz von Mitarbeitern.

Herausgegeben von Rüdiger Pillat und Ernsthelmut Maasch.

Rudolf Haufe Verlag
Freiburg im Breisgau

ISBN 3-448-00361-1

Umschlag-Entwurf: Strehlau + Hofe, Freiburg i. Br.

Druck: Rudolf Haufe Verlag, Freiburg i. Br.

Vorwort

Mit dem vorliegenden Handbuch soll in möglichst knapper Form über Möglichkeiten berichtet werden, wie den Unternehmen zu jedem Zeitpunkt in ausreichender Zahl Personal zur Verfügung stehen kann.
Die Frage nach dem Warum einer systematischen und langfristig geplanten Personalanwerbung ist mit ihrer Problematik beantwortet. Natürlich liegt die Annahme nahe, mit einer eventuellen Entspannung des Arbeitsmarktes würde der alte Zustand zurückkehren. Wir müssen jedoch daran denken, qualifizierte Mitarbeiter werden immer knapp sein. Dafür wird schon der technische Fortschritt sorgen, dem das Schul- und Hochschulwesen nachhinkt. Qualifizierte Arbeitskräfte waren auch schon früher knapp. Es muß daher ein ständiges Ziel richtig verstandener Personalpolitik bleiben, in allen Stufen der Betriebshierarchie jeweils die besten Arbeitskräfte einzustellen, soweit diese überhaupt vorhanden sind. Nur so wird das Unternehmen von der personellen Seite her einen Vorsprung im Wettbewerb behaupten.
Deshalb werden verschiedene Methoden aufgezeigt, die sich in der Praxis bewährt haben. Dem Verfasser kam dabei seine langjährige Tätigkeit im Personalwesen zugute. Außerdem wurden zahlreiche Anregungen verwertet, die bei Vortragsveranstaltungen beim RKW (Rationalisierungskuratorium der Deutschen Wirtschaft), Institut Neue Wirtschaft (AGA) und bei den verschiedenen Juniorenkreisen der norddeutschen Handelskammern gewonnen wurden.
Das Handbuch ist zugleich als Handwerkszeug für kleinere und mittlere Unternehmen gedacht, in denen die Personalarbeit noch „nebenbei" erfolgt. Darüber hinaus wird es aber auch Nachwuchskräften größerer Unternehmen als Ausbildungshilfe dienen können.
An dieser Stelle sei allen gedankt, die zum Werden dieses Buches beitrugen, indem sie ihre Erfahrungen und geeignetes Material zur Verfügung stellten. Mein Dank gilt dabei besonders Herrn Dr. Ernst Zander, Vorstandsmitglied der Hamburgischen Electricitätswerke AG, sowie Herrn Dr. Günter Friedrich für die wertvollen Anregungen.

Hamburg, im Herbst 1973

Inhalt

Seite

1. Allgemeine Probleme des Personalbedarfs

Die Lage auf dem Arbeitsmarkt zwingt zahlreiche Unternehmen, ihre Personalpolitik zu überdenken. Einerseits stehen sie der Frage gegenüber, welche Ursachen zu einer Personalverknappung im Unternehmen führen und wie sie in Zukunft zu verhindern ist; zum anderen müssen sie trotz der schwierigen Verhältnisse nach Wegen suchen, zum richtigen Zeitpunkt möglichst geeignete Mitarbeiter anzuwerben.
Die erste Frage kann mit Hilfe bekannter und bereits mit Erfolg praktizierter Führungstechniken und Verfahren gelöst werden. Am Ende dieses Handbuches wird deshalb auf die verschiedenen Praktiken kurz hingewiesen.
Die zweite Frage ist im Augenblick weitaus schwieriger zu beantworten. Während die Ursachen einer innerbetrieblichen Personalverknappung mit gutem Willen und den entsprechenden Mitteln weitgehend beseitigt werden können, nutzen guter Wille und entsprechende Hilfsmittel bei der Personalanwerbung kaum. Teilweise wird dann krampfhaft nach erfolgversprechenden Wegen gesucht, die bis an den Rand der Legalität gehen. Die Auswüchse, die bis zur Abwerbung reichen, sind bekannt.
Die Suche nach erfolgreich erscheinenden Anwerbungsmethoden läßt dabei häufig Möglichkeiten vergessen, die seit Jahren von modern geführten Personalabteilungen praktiziert werden. Sie werden nämlich als nicht mehr zugkräftig erachtet. Das trifft jedoch nur dann zu, wenn man sich nicht bemüht, bewährte Methoden ständig durch neue Erkenntnisse anzureichern und zu verbessern. Allerdings sollte man sich nicht der Illusion hingeben, nur durch Praktizieren der verschiedenen Methoden sei das Problem der Personalanwerbung schon gelöst. Die Anwerbung steht und fällt mit der gesamten Personalarbeit. Nur mit Hilfe systematischer Personalarbeit wird der Teilbereich der Anwerbung erfolgreich zur Wirkung kommen. Systematische Personalarbeit hat unter anderem das Ziel, neu eingestellte Mitarbeiter richtig einzusetzen und zu führen. Die Mitarbeiter sollen zufrieden sein und gleichzeitig zu einer hohen Produktivität beitragen.*
Systematische Personalarbeit bedarf auch einer Vereinheitlichung der Beschaffungsmethoden innerhalb eines Unternehmens. Dies wird zweckmäßigerweise durch eine zentrale Personalstelle erreicht, die für jeden verbindliche Richtlinien erarbeitet. Bei einer Umfrage** in Unternehmen mit bis zu 1300 Mitarbeitern wurde nach der Zuständigkeit für die Beschaffung und Auswahl von Lehrlingen, Arbeitern und Angestellten gefragt. Hier das Ergebnis:

---

* Ausführlich dazu: Zander, Grabner, Knebel, Pillat, Führungssysteme in der Praxis, Heidelberg 1972.

** Die Personalarbeit in kleinen und mittleren Unternehmen, Untersuchung für das Ministerium für Wirtschaft, Mittelstand und Verkehr des Landes Nordrhein-Westfalen durch die deutsche Gesellschaft für Personalführung.

	Zuständigkeit für die **Beschaffung** von: Lehrlingen	Arbeitern	Angestellten
	(Zahl der Betriebe)		
Inhaber	5	3	4
Geschäftsführer allgem.	1	1	2
Kfm. Geschäftsführer	18	11	23
Techn. Geschäftsführer	5	8	6
Betriebsleiter	10	16	7
Leiter der Personalstelle	11	8	9
Leiter der Buchhaltung	4	6	—
Leiter der Verwaltung	2	1	2
Zuständ. Abteilungsleiter	—	1	2
Sekretärin des Inhabers	—	—	2
Lehrlingsausbilder	3	—	—
(Mehrfachnennungen)			
Leiter des Rechnungswesens	2	1	4
Leiter der Refa-Abteilung	1	1	1

	Zuständigkeit für die **Auswahl** von: Lehrlingen	Arbeitern	Angestellten
	(Zahl der Betriebe)		
Inhaber	3	2	6
Geschäftsführung allgemein	5	4	11
Kfm. Geschäftsführer	14	4	20
Techn. Geschäftsführer	4	2	9
Betriebsleiter	18	29	6
Leiter der Personalstelle	8	5	9
Leiter der Lohnbuchhaltung	2	9	—
Leiter der Verwaltung	1	—	2
Leiter des Rechnungswesens	3	1	4
Leiter der Refa-Abteilung	1	1	1
Leiter TB, Normenbüro, Reparaturenabteilung	3	—	—
Zuständiger Abteilungsleiter	5	3	7
Zuständiger Sachbearbeiter	2	—	1
Lehrlingsmeister	3	—	—
Meister	2	6	—
Sekretärin des Inhabers	—	—	2
Personalberatung	1	—	2
(Mehrfachnennungen)			

Die dabei unterschiedlichen Zuständigkeiten für die Anwerbung und Auswahl zeigen deutlich, wie wenig effektiv diese Personalarbeit zum Teil sein wird. Eine weitere Erhebung* soll verdeutlichen, welche Methoden bei der Auswahl unterschiedlicher Personalgruppen angewandt werden.

Anstellungsformulare und biographische Daten	Chefs und höhere Angestellte	66
	Aufsichtspersonal und technisches Personal	75
	Böropersonal	85
	Fach- und Industriearbeiter	82
Zeugnisse, Referenzen und Empfehlungen	Chefs und höhere Angestellte	81
	Aufsichtspersonal und technisches Personal	85
	Büropersonal	93
	Fach- und Industriearbeiter	77
Intelligenztest und andere schriftliche Eignungsprüfungen	Chefs und höhere Angestellte	7[1]
	Aufsichtspersonal und technisches Personal	10[1]
	Büropersonal	15[1]
	Fach- und Industriearbeiter	23
Tests zur Messung der mechanischen Geschicklichkeit, der Feinmotorik, der Muskelkoordination usw.	Chefs und höhere Angestellte	1
	Aufsichtspersonal und technisches Personal	2[3]
	Büropersonal	2[3]
	Fach- und Industriearbeiter	29
Kenntnis- und Gewandtheitsprüfungen (job sample test)	Chefs und höhere Angestellte	4[3]
	Aufsichtspersonal und technisches Personal	6[3]
	Büropersonal	5[1]
	Fach- und Industriearbeiter	25
Persönlichkeitstest und Persönlichkeitsformular	Chefs und höhere Angestellte	13
	Aufsichtspersonal und technisches Personal	18
	Büropersonal	19
	Fach- und Industriearbeiter	19
Graphologische Methoden	Chefs und höhere Angestellte	60[2]
	Aufsichtspersonal und technisches Personal	56[2]
	Büropersonal	32[1]
	Fach- und Industriearbeiter	8[3]
Personalbeurteilung und Leistungsbewertung	Chefs und höhere Angestellte	17
	Aufsichtspersonal und technisches Personal	21
	Büropersonal	23
	Fach- und Industriearbeiter	25
Ärztliche Untersuchung	Chefs und höhere Angestellte	66
	Aufsichtspersonal und technisches Personal	71
	Büropersonal	77
	Fach- und Industriearbeiter	85
Befragung	Chefs und höhere Angestellte	84
	Aufsichtspersonal und technisches Personal	90
	Büropersonal	94
	Fach- und Industriearbeiter	93

[1] 10,0–24,9% wenden sich an Fachleute von außen
[2] 25,0–49,9% wenden sich an Fachleute von außen
[3] 50,0% und mehr wenden sich an Fachleute von außen

* Rubenowitz, S., Die Organisation der Personalverwaltung in einigen europäischen Gesellschaften, in: Management international 4–5/1968.

Die Zusammenstellung zeigt deutlich: In erster Linie sind Zeugnisse, biographische Daten und Interviews ausschlaggebend für die Auswahl von Mitarbeitern. Wichtig ist es nun, die Auswahlmethoden im Unternehmen nach einheitlichen Richtlinien durchzuführen. Damit objektiviert sich die Beurteilung der Bewerbungen, wovon nicht nur die Firma sondern auch der Bewerber profitiert. Aber auch hier ist zu beachten, wie übrigens in allen Bereichen des Unternehmens: So begrüßenswert es ist, die Bewerbungen möglichst objektiv zu beurteilen, so einseitig ist die Annahme, hiermit sei bereits allen gedient. Häufig genug sagen nämlich Bewerber eine Vorstellung ab, sobald sie von ausgefeilten Testmethoden hören. Zwar wird der Widerstand gegen Tests als Hilfsmittel bei der Auswahl immer geringer – vor allem jüngere Bewerber stehen ihnen nicht mehr ablehnend gegenüber –, doch nutzen Kandidaten die angespannte Arbeitsmarktlage aus, indem sie lieber den Weg des geringsten Widerstandes gehen. Sie bevorzugen dann jene Unternehmen, die „einfachere" Auswahlmethoden praktizieren.
Um eine „wirtschaftliche" Objektivierung zu erreichen, ist es zunächst einmal erforderlich, ein Ziel für den Komplex Personalbedarf festzulegen. Meist wird das Ziel – ohne schriftlich formuliert zu sein – bereits bestehen. Sobald aber klar definiert ist, wie und warum Personal angeworben werden soll, ist es leichter, geeignete Maßnahmen zu ergreifen.
Als *Beispiel* sei innerhalb einer Personalabteilung das Ziel des Bereiches genannt, der für die Personalbeschaffung zuständig ist:

> Rechtzeitiges Beschaffen von leistungsfähigen und leistungswilligen Mitarbeitern für die Planstellen unter Berücksichtigung der Wirtschaftlichkeit sowie Erhaltung und Förderung der vorhandenen, für das Unternehmen wertvollen und notwendigen Kräfte durch eine sinnvolle und planmäßige Umsetzung und Nachwuchsauslese. Die dabei anfallenden Verwaltungsaufgaben sind fach- und termingerecht zu erledigen.

An diesem Ziel richtet sich nun die gesamte Arbeit aus. Es gilt also zunächst organisatorische Schritte einzuleiten, die eine systematische Anwerbung ermöglichen. Im folgenden Kapitel dieses Buches wird daher auf die Aufbau- und Ablauforganisation dieses Bereiches eingegangen.

2. Die Organisation der Personalanwerbung

2.1. Organisationsträger

Nachdem im ersten Abschnitt das Ziel der Personalanwerbung genannt wurde, soll im folgenden die personelle Besetzung der entsprechenden Stellen behandelt werden, die den Personalbedarf decken.
Nach einer Erhebung sind durchschnittlich 0,03 bis 0,18% der Mitarbeiter eines Unternehmens für die Personalanwerbung zuständig. Die Zahlen schwanken je nach der Betriebsgrößenklasse. Im einzelnen zeigt eine Untersuchung* folgendes Ergebnis:

---

* Auszug aus einer Untersuchung der Deutschen Gesellschaft für Personalführung, Düsseldorf.

Mitarbeiter, die Personal einstellen, in Prozenten zur Belegschaft		
Firmengrößenklasse	Konzern-Verwaltungen	Werks-Verwaltungen
20000 und mehr	0,11	0,18
20000–10000	0,05	0,12
10000– 5000	0,04	0,03
5000– 3000	0,09	0,14
3000– 1000	0,13	0,15
1000 und weniger	0,13	0,15

In vielen Fällen werden Mitarbeiter, die bei der Personalauswahl mitwirken, auch anderweitig beschäftigt, wie die beispielsweise in der Anlage 1, 2, 3 u. 4 abgebildeten Stellenbeschreibungen zeigen. In ähnlicher Form wird sicherlich auch in anderen Betrieben verfahren.
In vielen Unternehmen wird nach wie vor zwischen der Beschaffung von Lohn- und Gehaltsempfängern unterschieden. In dem genannten Beispiel fehlt die Unterscheidung, da dort Arbeiter und Angestellte seit langem gleichbehandelt werden. So ist die Arbeit rationeller und der Personalaufwand geringer.
Bewerbungsunterlagen leitender Angestellter prüft der Personalleiter im allgemeinen selbst. Er führt auch die entsprechenden Einstellungsverhandlungen. Sie kommen jedoch nicht häufig vor. Daher erübrigt sich die Wiedergabe dieser Stellenbeschreibung. Von Interesse ist zunächst der administrative Ablauf der Personalbeschaffung, angefangen mit der Bedarfsmeldung und endend mit der Abwicklung aller Einstellungsformalitäten.

2.2. Der administrative Ablauf der Personaleinstellung

Der administrative Ablauf beginnt gewöhnlich mit der Personalanforderung einer Betriebsabteilung (Formular A/4).* Die Personalabteilung prüft die Personalwünsche und vergleicht sie mit den vorgegebenen Daten der Personalplanung (siehe Kap. 17, Personalplanung). Ist keine exakte Personalplanung vorhanden, empfiehlt es sich unbedingt, den Arbeitsplatz zunächst zu analysieren, der besetzt werden soll. Zweckmäßigerweise geschieht das durch eine Untersuchung der Auslastung bzw. Notwendigkeit, bei der Hilfsmittel wie Arbeitsverteilungskarten oder Arbeitsablaufbogen (siehe Formulare C 5, C 7, C 8) heranzuziehen sind. Ist die Anforderung berechtigt, sind folgende Fragen zu beantworten:

a) Kann für den Platz ein freigestellter Mitarbeiter eingesetzt werden?
b) Kann ein Mitarbeiter eingesetzt werden, der aus dringenden persönlichen oder betrieblichen Gründen umgesetzt werden muß?

* Die am Schluß des Buches verkleinert wiedergegebenen Formulare sind in Originalgröße vom R. Haufe Verlag (Freiburg i. Br.) mit ausführlichen Beschreibungen ihrer Anwendungsmöglichkeit erhältlich.

c) Kann ein Mitarbeiter eingesetzt werden, der aufgrund von Weiterbildung und Beurteilung gefördert werden muß?
d) Ist es zweckmäßig, eine innerbetriebliche Ausschreibung vorzunehmen (sofern nicht ohnehin gem. § 93 BetrVG eine innerbetriebliche Ausschreibung erforderlich ist)?
e) Kann ein Bewerber von außen eingesetzt werden, der vornotiert ist?
f) Ist ein geeigneter Bewerber auch ohne Anzeigenaufgabe zu beschaffen (Arbeitsamt, Schulen, Hochschulen, Aushänge, Personalleasing)?

Stellt sich beim Prüfen dieser Fragen heraus, daß die Möglichkeiten a–e nicht zu dem gewünschten Erfolg führen, werden vom Arbeitsamt Bewerbungen angefordert. Sind unter diesen Angeboten keine geeigneten Bewerber oder ist von vornherein abzusehen, daß hierdurch kein Erfolg erwartet werden kann, ist zu prüfen, ob aus personalpolitischen Gründen eine Beratungsgesellschaft mit der Beschaffung beauftragt wird (vgl. Abschn. 3.3) oder ob eine Anzeige (vgl. Abschn. 3.1) unmittelbar aufgegeben werden soll. Soll eine Anzeige aufgegeben werden, ist zunächst ein Entwurf anzufertigen. Über Größe, Aufmachung und Placierung kann Rat von Werbeagenturen, die sich mit Personalanzeigen befassen oder durch die entsprechende Tageszeitung selbst eingeholt werden (Optimierung der werbepsychologischen Wirksamkeit). Weiterhin ist noch zu entscheiden, ob eine chiffrierte oder eine offene Anzeige mit voller Firmierung veröffentlicht werden soll.
Die Wahl des Werbeträgers (ob überregionale Tageszeitung, Fachzeitschrift, Ortspresse usw.) hängt dann von der Bedeutung der auszuschreibenden Stelle ab (vgl. Abschn. 3.1.1).
Nach der Veröffentlichung gehen mehr oder weniger geeignete Bewerbungen ein. Diese werden zunächst einmal grob nach den gestellten Anforderungen gesichtet. Dabei sind gleich diejenigen Kandidaten auszusortieren, die nicht den Anforderungen entsprechen. Evtl. ist bei diesen Bewerbungen noch zu prüfen, ob sie für andere offene Stellen in Frage kämen. Die nicht verwendbaren Unterlagen werden sofort mit einem entsprechenden Schreiben zurückgeschickt.
Die nunmehr in der weiteren Auswahl stehenden Bewerber erhalten ebenfalls ein Schreiben mit der Bitte, sich etwas zu gedulden. Die Bearbeitung würde einige Zeit in Anspruch nehmen (vgl. Abschn. 4.3). Dieser Schritt und die folgenden werden allerdings entfallen, wenn es sich bei der ausgeschriebenen Position um eine „knappe" Arbeitskraft handelt. Hier wird in der Regel sofort telefonisch oder schriftlich ein Vorstellungsgespräch vereinbart. Sind aber zahlreiche Bewerbungen eingegangen, werden die wichtigsten Daten der einzelnen Kandidaten in einer Übersicht zusammengestellt und miteinander verglichen (Formular A/9).
Fehlen für den Vergleich wichtige Daten, werden diese nachgefordert. Dabei kann schon ein Personalfragebogen mitgeschickt werden, in dem vom Bewerber alle für das Unternehmen wichtigen Angaben einzutragen sind (vgl. Abschn. 4.2).
Nach einer gründlichen, vergleichenden Prüfung der gesamten Unterlagen (Bewerbungsschreiben, Lichtbild, Zeugnisse, Referenzen) werden den Kandidaten, die nicht mehr in die engere Wahl kommen, ihre Unterlagen mit einem

Dankschreiben zurückgeschickt. Mit den übriggebliebenen Bewerbern wird dann ein Vorstellungsgespräch vereinbart (vgl. Kap. 5). Hieran sind die entsprechenden Bewerbungsunterlagen dem Betriebsrat vorzulegen (gemäß § 99 BVG).
Das Vorstellungsgespräch wird zunächst von der Personalabteilung und dann von der anfordernden Fachabteilung geführt. Personalabteilung und Fachabteilung legen nach der Vorstellung ihre Eindrücke schriftlich nieder. Dazu eignen sich vorgedruckte Formulare, auf denen zum Teil nur die beobachteten Merkmale angekreuzt werden müssen (Formular A/10).
Bei Vorstellungsgesprächen wird üblicherweise bereits über die Gehaltsvorstellungen gesprochen.
Ist für eine bestimmte Qualifikation ein Eignungstest (siehe Kap. 6) erforderlich (Auszubildende, Programmierer usw.), wird sich dieser an das Vorstellungsgespräch anschließen. Das gleiche gilt auch für die ärztliche Eignungsuntersuchung (siehe Kap. 8, 1. Formular B 7). Hierzu kann ein teilbares Formular verwendet werden, das der Bewerber und Betriebsarzt ausfüllen. Die Beurteilung des Betriebsarztes über den Eignungsgrad wird an die Personalabteilung zurückgeschickt. Sie wird später in die Personalakte eingeheftet. Hiernach wird dann ein abschließendes Gespräch geführt, bei dem noch offene Fragen geklärt werden können.
Sodann wird die Genehmigung des Betriebsrates für die Einstellung eingeholt (siehe Kap. 10).
Bei einem Tarifangestellten kann der Arbeitsvertrag schon direkt beim abschließenden Gespräch ausgestellt und vom Bewerber sowie vom zuständigen Bevollmächtigten des Unternehmens unterschrieben werden (siehe Kap. 9) ; bei AT-Angestellten wird der Vertrag in der Regel erst entworfen und dem zukünftigen Mitarbeiter mit der Bitte zugeschickt, die Kopie unterschrieben zurückzusenden.
Falls im Unternehmen Fibeln, Anweisungen usw. an Mitarbeiter verteilt werden, ist es ratsam, diese mit Abschluß des Arbeitsvertrages auszuhändigen. In einem norddeutschen Unternehmen werden allen neueingestellten Mitarbeitern folgende Informationsunterlagen ausgehändigt:

Tarifvertrag
Führungsanweisung
Leistungsbeurteilungsfibel
soziale Richtlinien
Vorschlagswesen
Fibel über die Arbeitsbewertung u.
Wegweiser für das Geschäftsgebäude

Nach dem Vorstellungs- bzw. Einstellungsgespräch, das u. U. in zwei Etappen erfolgt, werden die Auslagen des Bewerbers erstattet. Die Erstattung sollte auf keinen Fall zu kleinlich gehandhabt werden (kann beispielsweise keine Hotelrechnung vorgelegt werden, so ist es ungeschickt, die Erstattung abzulehnen).
Für verschiedene Bearbeitungsvorgänge kann ein Personalbogen mit einigen Durchschlägen, die fest angeheftet sind, angefertigt werden (Formular B/2). Das

Original bleibt in der Personalabteilung (für die Personalakte), die Durchschläge gehen an:

Gehaltsabteilung,
die entsprechende Fachabteilung,
falls vorhanden an die Betriebskrankenkasse (wobei hier nur einige zusätzliche Fragen ausgefüllt werden müssen) sowie die Datenverarbeitung, um die Daten in das Personalstammband aufzunehmen.

Weiterhin können vom Personalsachbearbeiter ausgefüllt werden:
eine Karteikarte für die Suchkartei, in der Angaben über die Abteilung, Haustelefon und Hausanschrift enthalten sind,
eine Personalkarte für die zuständige Fachabteilung (für Fehlzeitmeldungen usw. (Formular B/4);
eine Karte für die Krankenkartei des Betriebsarztes und
eine Einstellungsanzeige für das Arbeitsamt

Schließlich wird noch eine Personalakte angelegt, in der alle Urbelege, die für das Arbeitsverhältnis des Arbeitnehmers irgendwie von Bedeutung sind, abgeheftet werden. Der Inhalt der Personalakte sollte nach Sachgebieten gegliedert sein, damit die Übersichtlichkeit gewahrt bleibt.
Gleich nach der Einstellung erhält die Gehaltsabteilung von der Personalabteilung eine Einstellungsmeldung. Der neue Mitarbeiter erhält ein Formular, in dem er aufgefordert wird, ein Gehaltskonto anzumelden; dieses Formular wird dann an die Gehaltsabteilung geschickt.
Schließlich wird, wenn erforderlich, ein Betriebsausweis ausgestellt.
Dieser in aller Ausführlichkeit beschriebene Arbeitsablauf wird in kleineren Unternehmen vielleicht durch Überspringen einzelner, hier dargestellter Arbeitsgänge, erfolgen. In ähnlicher Form, wie hier gezeigt, wird er jedoch immer ablaufen müssen, um eine rationelle Arbeitsweise zu erreichen. Der Übersicht halber ist der Ablauf der Anwerbung und Einstellung nachstehend als Flußplan wiedergegeben. Eine exakte Behandlung der sich aus den Einstellungsformalitäten ergebenden Kosten ist aus der Aufstellung im Abschnitt 12 (S. 125ff.) ersichtlich.

Arbeitsablauf Personalanwerbung

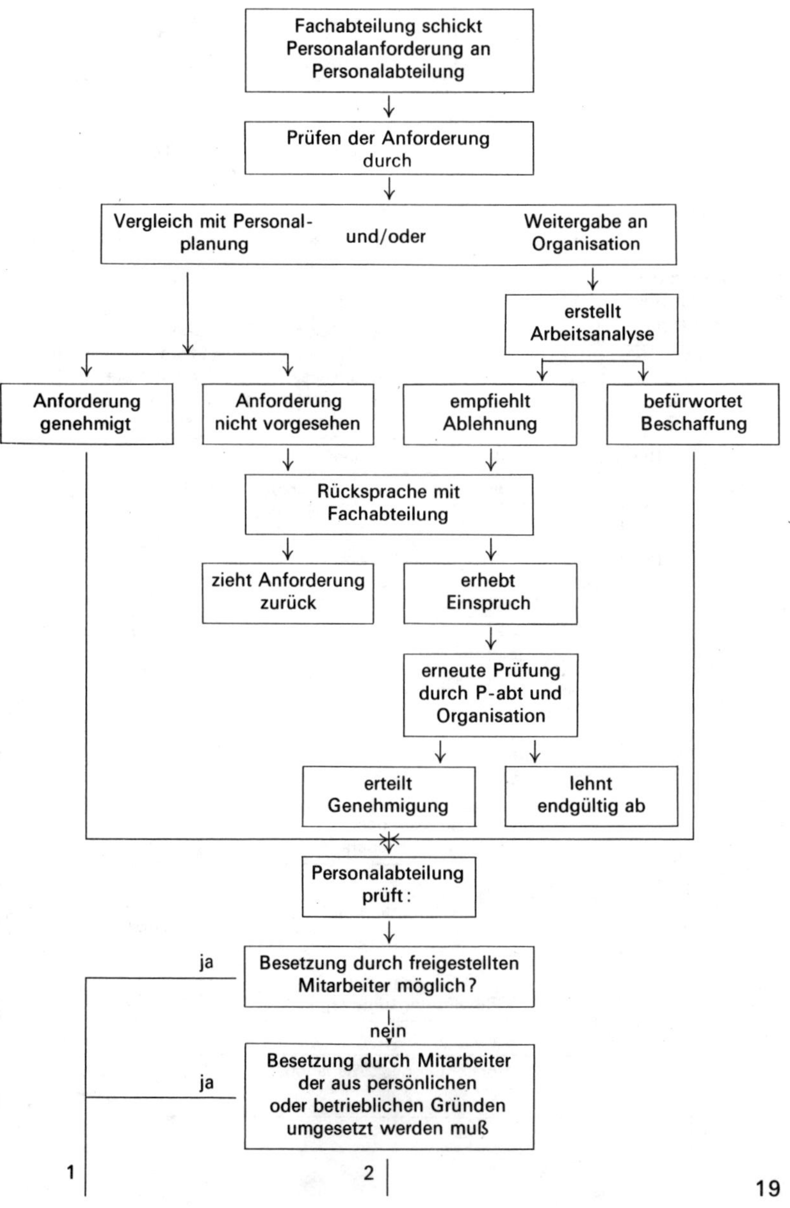

Fachabteilung schickt Personalanforderung an Personalabteilung
Prüfen der Anforderung durch
Vergleich mit Personalplanung
und/oder
Weitergabe an Organisation
erstellt Arbeitsanalyse
Anforderung genehmigt
Anforderung nicht vorgesehen
empfiehlt Ablehnung
befürwortet Beschaffung
Rücksprache mit Fachabteilung
zieht Anforderung zurück
erhebt Einspruch
erneute Prüfung durch P-abt und Organisation
erteilt Genehmigung
lehnt endgültig ab
Personalabteilung prüft:
ja
Besetzung durch freigestellten Mitarbeiter möglich?
nein
ja
Besetzung durch Mitarbeiter der aus persönlichen oder betrieblichen Gründen umgesetzt werden muß
1
2

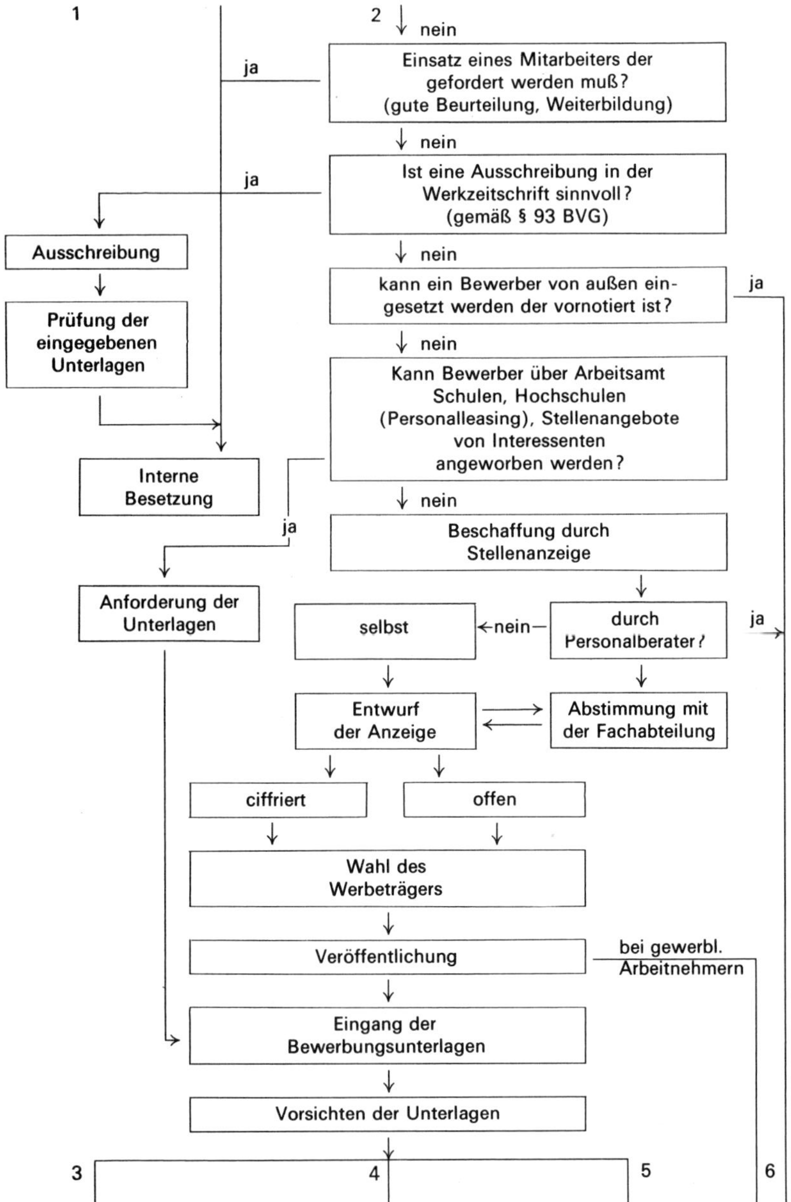
1
2
nein
ja
Einsatz eines Mitarbeiters der gefordert werden muß? (gute Beurteilung, Weiterbildung)
nein
ja
Ist eine Ausschreibung in der Werkzeitschrift sinnvoll? (gemäß § 93 BVG)
Ausschreibung
nein
kann ein Bewerber von außen eingesetzt werden der vornotiert ist?
ja
Prüfung der eingegebenen Unterlagen
nein
Kann Bewerber über Arbeitsamt Schulen, Hochschulen (Personalleasing), Stellenangebote von Interessenten angeworben werden?
Interne Besetzung
nein
ja
Beschaffung durch Stellenanzeige
Anforderung der Unterlagen
selbst
nein
durch Personalberater?
ja
Entwurf der Anzeige
Abstimmung mit der Fachabteilung
ciffriert
offen
Wahl des Werbeträgers
Veröffentlichung
bei gewerbl. Arbeitnehmern
Eingang der Bewerbungsunterlagen
Vorsichten der Unterlagen
3
4
5
6

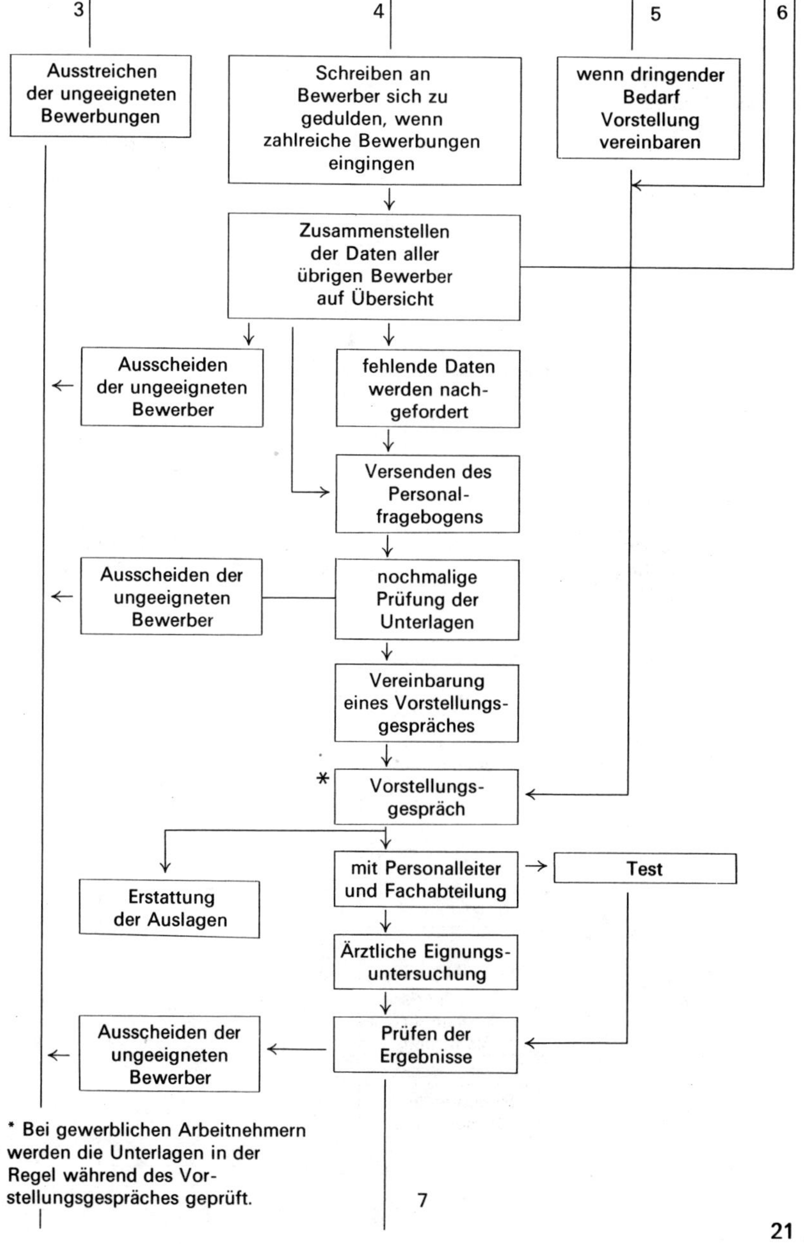

* Bei gewerblichen Arbeitnehmern werden die Unterlagen in der Regel während des Vorstellungsgespräches geprüft.

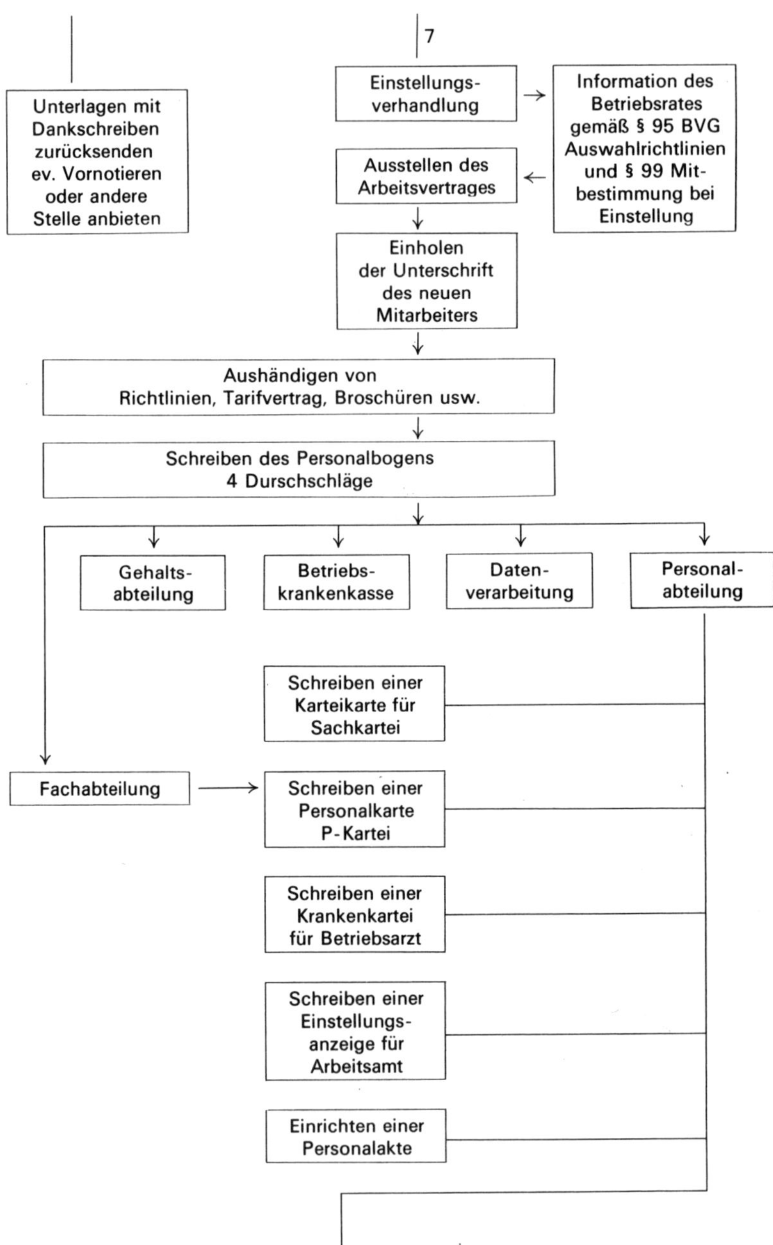
7
Unterlagen mit Dankschreiben zurücksenden ev. Vornotieren oder andere Stelle anbieten
Einstellungs-verhandlung
Information des Betriebsrates gemäß § 95 BVG Auswahlrichtlinien und § 99 Mit-bestimmung bei Einstellung
Ausstellen des Arbeitsvertrages
Einholen der Unterschrift des neuen Mitarbeiters
Aushändigen von Richtlinien, Tarifvertrag, Broschüren usw.
Schreiben des Personalbogens 4 Durschschläge
Gehalts-abteilung
Betriebs-krankenkasse
Daten-verarbeitung
Personal-abteilung
Schreiben einer Karteikarte für Sachkartei
Fachabteilung
Schreiben einer Personalkarte P-Kartei
Schreiben einer Krankenkartei für Betriebsarzt
Schreiben einer Einstellungs-anzeige für Arbeitsamt
Einrichten einer Personalakte

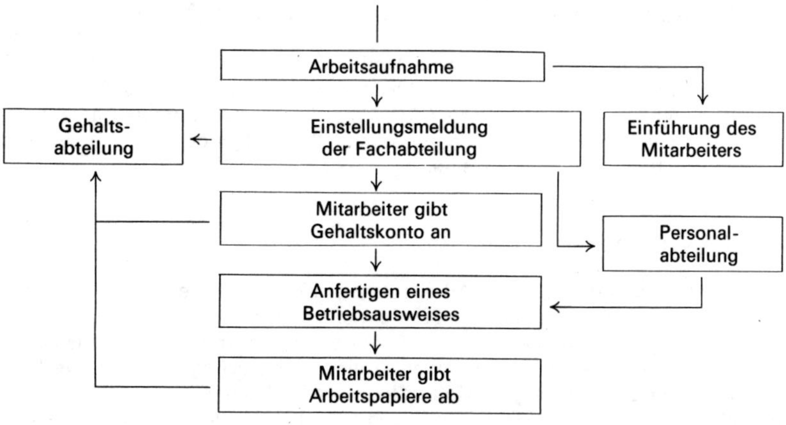
Arbeitsaufnahme
Gehalts-
abteilung
Einstellungsmeldung
der Fachabteilung
Einführung des
Mitarbeiters
Mitarbeiter gibt
Gehaltskonto an
Personal-
abteilung
Anfertigen eines
Betriebsausweises
Mitarbeiter gibt
Arbeitspapiere ab

3. Möglichkeiten der Anwerbung von Mitarbeitern

In Deutschland haben sich zahlreiche Methoden der Anwerbung von Mitarbeitern herauskristallisiert, die mit mehr oder weniger gutem Erfolg praktiziert werden. In letzter Zeit wurden teilweise neue Wege beschritten, die eine Anwerbung optimieren sollen. Das am meisten geübte Verfahren ist jedoch nach wie vor die Anwerbung über die Stellenanzeige.

3.1. Anwerbung durch Inserate

Mit der Stellenanzeige soll ein Arbeitsplatz „verkauft" werden. Diese vielleicht etwas harte, aber doch realistische Formulierung zwingt logischerweise zu einem marktgerechten Verhalten. In Zeiten einer angespannten Arbeitsmarktsituation kann dieses Verhalten sogar zu einer Existenzfrage werden. Deshalb sind auch bei Stellenanzeigen Methoden zu praktizieren, die auch auf anderen Gebieten der Werbung Erfolg bringen. Begriffe wie: Motivation, psychologische Anmutung, Aufmerksamkeitswert und Identifikationsvermögen werden deshalb bei Stellenanzeigen genauso Eingang finden müssen, wie auf anderen Gebieten. Die Auffassung, alles, was in Stellenanzeigen nach Werbung aussieht, sei unseriös, darf nicht länger gelten. Der potentielle Bewerber, der bei der Wahl seiner Stellung oft genauso emotionell wie in seinem Kaufverhalten handelt, muß gezielt angesprochen werden.
Bei der Aufmachung einer Stellenanzeige sind daher Überlegungen anzustellen, wie*:

„Welcher Menschentyp wird gesucht;
hat er eine klare, gradlinige Berufsentwicklung hinter sich, oder wurde seine bisherige Karriere mehr durch Zufall und äußere Umstände gelenkt;
ist er mit seiner jetzigen Stellung unzufrieden wegen unerfreulicher äußerer Umstände, weil es dort einfach keine Weiterentwicklung mehr gibt, oder ist er seiner Stellung nach einer gewissen Zeit einfach überdrüssig;
entspricht seine jetzige berufliche Tätigkeit seinen tatsächlichen Fähigkeiten;
besitzt er möglicherweise unentdeckte Talente und hat er noch Kraft, diese zu aktivieren;
wie stark ist er abhängig vom Arbeitsplatz und Kollegen, Umgangston und anderen Milieueinflüssen;

- wem wird er unterstellt werden, wem wird er berichten;
- wieweit stimmen seine Erwartungen mit seinen eigenen Fähigkeiten und den Möglichkeiten überein, die die Firma im besten Falle zu bieten vermag;
- wie stark wirkt sich die Anforderung seiner Stellung auf sein privates Leben aus, wie stark beeinflußt und integriert sie seine Familie."

Obwohl eine Stellenanzeige primär darauf abzielt, eine vakante Stelle zu besetzen, kann und soll sie eine weitere wichtige Funktion erfüllen. Sie soll auf

---

* Tangermann, K., Tips für Inserenten, in: der Volkswirt Nr. 2 vom 10.1.69.

dem Gebiet der public-relations wirksam werden. Nicht nur Stellensuchende lesen nämlich den Stellenteil der Tageszeitungen, sondern auch Unternehmer und Management. Der Stellenteil informiert diese Kreise oftmals zuverlässiger über die wirtschaftliche Lage und Expansionskraft eines Unternehmens als Bilanzen und andere Berichte. Ein Unternehmen hat beispielsweise durch Stellenanzeigen erreicht, daß sich fast jeder junge Akademiker nach dem Examen zumindest überlegt, ob er seine erste Stelle bei diesem Unternehmen antreten soll. „Die Möglichkeit, durch informative und gezielt gestaltete Personalanzeigen ohne zusätzlichen Geldaufwand das Image des eigenen Unternehmens zu strukturieren, ist eine vielversprechende, bei uns bisher kaum genutzte Chance der Personalwerbung."*
Deshalb entscheidet bei einer Stellenanzeige immer, ob und wie sie beim Leser ankommt. In diesem Zusammenhang ist auch von Interesse, daß einer Untersuchung zufolge durchschnittlich jeder 3. Stellenbewerber seine Position aufgrund einer Personalanzeige verändert.
In verschiedenen Publikationen wird behauptet, daß ca. 80% aller Personalanzeigen schlecht getextet seien. Fachleute aus Agenturen und Verlagen empfehlen daher aufgrund ihrer praktischen Erfahrungen: Lieber einige alteingefahrene Regeln für Personalanzeigen zu überdenken und einige neue Gesichtspunkte zu beherzigen, die für die Wirksamkeit von Stellenanzeigen ausschlaggebend sein können.

Die Stellenanzeige besteht aber nicht nur aus dem Text.

Insgesamt sind 4 Komponenten zu beachten:

- Inhalt der Anzeige (Anzeigentext)
- Schriftart
- Anordnung des Textes (in der Werbung Layout genannt)
- Anzeigengröße

Der Anzeigentext gliedert sich wiederum in drei Teile:

- Umschreibung der vakanten Position und der auszufüllenden Tätigkeit
- Art des gesuchten Mitarbeiters (Vorbildung, praktische Erfahrung, Mindestalter etc.)
- Anschrift der Firma

Das Material für die Stellenbeschreibung ergibt sich aus der jeweiligen Personal-Anforderung. Der Anzeigentext selbst ist leichtverständlich abzufassen.
Rechtlich ist die Anzeige im Zweifelsfalle Bestandteil des später zu schließenden Arbeitsvertrages. Daher müssen Konsequenzen hieraus von vornherein beachtet werden. Der Inhalt der Anzeige und etwaige Versprechungen müssen fundiert sein.
Beim Abfassen des Textes müssen daher vor Entwurf der Anzeige folgende Fragen geklärt werden:

---

* Tangermann, K., Tips für Inserenten . . . a. a. O.

1. Wen sucht die Firma? (genaue Berufsbezeichnung)
2. Wofür wird der Bewerber eingesetzt? (Aufgabengebiet, Verantwortungsbereich)
3. Was wird geboten? (Lohn bzw. Gehalt, Spesen, Urlaub, Altersversorgung, Sondervergünstigungen, Entwicklungs- und Aufstiegsmöglichkeiten, Arbeitszeit)
4. Welche Kenntnisse müssen verlangt werden, um den vakanten Arbeitsplatz optimal zu besetzen? (Spezialausbildung, Arbeitserfolge, Schulbildung)
5. Zu welchem Zeitpunkt soll der Gesuchte die Arbeit aufnehmen?
6. Welche Informationen werden über das eigene Unternehmen abgegeben? (Zahl der Mitarbeiter, Bedeutung innerhalb der Branche)
7. An welchem Ort befindet sich die Firma, und wo soll der Gesuchte arbeiten?
8. Gibt es irgendwelche speziellen Wünsche hinsichtlich des Alters, des Verhaltens usw.?
9. Was für eine Bewerbung wird erwartet? (welche Unterlagen)
10. An wen ist die Bewerbung zu schicken?

Es gibt Positionen, die mit einem Wort begrifflich zu erfassen sind; andere, die näher umschrieben werden müssen. Letzteres gilt auch für die Charakterisierung des gesuchten Mitarbeiters. Wer einen Maschinenschlosser sucht, braucht dem nichts weiter hinzuzufügen, wer einen Justitiar sucht, sollte vielleicht den Tätigkeitsbereich ergänzend beschreiben, z. B. Urheber- und Patentrechtler, Vertrags- und Arbeitsrechtler, Grundstückrechtler oder ähnliches.
Altersangaben, Vorbildung, sollten so bestimmt gefordert werden, daß es zwecklos erscheint, sich zu bewerben, wenn auch nur eine der genannten Voraussetzungen fehlt. Ebenso sind Toleranzen anzugeben z. B. möglichst bis 50 Jahre alt, eventuell auch 55 Jahre. Die Angelsachsen halten bereits denjenigen Bewerber für unehrlich und deshalb für unakzeptabel, der sich bewirbt, obgleich eine der angezeigten Voraussetzungen für ihn nicht zutrifft.
Die Anschrift der Firma sollte die genaue Adresse, Abteilung und eventuell den Namen des zuständigen Sachbearbeiters sowie dessen Telefonnummer (Durchwahl) enthalten. Ist die Firma weitgehend unbekannt, ist sie kurz zu charakterisieren: Branche, Alter, Größe (Umsatz oder Mitarbeiterzahl). Sämtliche Vergünstigungen, die die Firma bietet, können angeführt werden, und zwar bis hin zum Gehalt; falls letzteres zweckmäßig erscheint.
Die ganzseitige Anzeige einer norddeutschen Strickwarenfabrik enthielt auf 5/6 der Anzeigenfläche nur Hinweise auf die Firma: „Wer bei XY ist, kann jeden Mittag zwischen 15 verschiedenen Speisefolgen wählen. Wie im besten Restaurant. Nur billiger. Betriebsausflüge nur mit Chartermaschinen, schönste Arbeitsplätze, Betriebskindergarten und Supermarktladen, der die Waren nach Hause schickt." 1/6 der Fläche genügte, um mitzuteilen, daß Näherinnen und Kettlerinnen gesucht werden. Dieser relativ kleine Anteil ist aber nur dann zu befürworten, wenn er von der Plazierung und Aufmachung einen Mittelpunkt darstellt. Bei Anzeigen herkömmlicher Größe ist dieser Anteil sicherlich zu klein.
Firmen, die sich in unbekannteren Orten befinden, sollten ihre Umgebung schildern, die Wohn- und Freizeitmöglichkeiten sowie die „leidigen" Schulverhältnisse charakterisieren.

3.1.1. Allgemeine Hinweise

– Die Anzeige bringt wenig Erfolg, wenn wesentliche Informationen fehlen.
– Bei dem Entwurf muß versucht werden, sich in die Lage des Umworbenen zu versetzen.
– Nichts ist für das Image einer Firma schädlicher als enttäuschte Bewerber, die sich von einer Anzeige mehr versprechen als tatsächlich geboten wird.
– Unkonventionelle Texte können manchmal recht erfolgreich sein. Beispiel: Auf die Anzeige, ich suche eine ältere solide Putzfrau, bekam ein Firmeninhaber 20 Angebote; vorher hatte er vergeblich versucht, in mehreren Anzeigen eine jüngere Raumpflegerin anzuwerben.
– Je mehr Informationen gegeben werden, desto mehr geeignete Bewerber werden sich melden.
– Je mehr in einer Branche emotionale Momente mitspielen, desto eher wird das Inserat emotional beschwingt sein müssen. Das gilt für modische Branchen, wie auch für werbliche und verkäuferische Positionen.
– Ist die Materie und Sparte trocken, so müssen sachliche Informationen überwiegen.
– Ein gut gezieltes Inserat muß sowohl einen Anziehungs- als auch Abschreckungscharakter haben. Unzulänglich qualifizierte Bewerber sollen abgeschreckt werden. Hier läßt sich gut das überspitzte Parkinsonsche Gesetz wiedergeben:

„Indem man auf diese Weise die Zahl der möglichen Bewerber auf 3 drückte, bietet das Inserat so wenig Gehalt, daß es 2 abschreckt, und gerade soviel an Ehren, daß sich einer angezogen fühlt."

– Je wichtiger eine Position ist, und je ernster ein Bewerber genommen werden muß, desto weniger ist eine überspitzte Werbung angebracht.
– Leider lassen sehr viele Texte in Stellenanzeigen von den menschlichen Belangen, in welche die ausgeschriebenen Positionen eingebettet sind, zu wenig oder gar nichts spüren.
– Eine Anzeige darf sich nicht so lesen, als handele es sich um einen schlichten Einkauf von Kenntnissen, Erfahrungen und Arbeitskraft.
– Die Sprache des Verordnungsblattes, die Gefühlsanklänge möglichst vermeidet, und die Sprache in den Stellenanzeigen sind miteinander höchstens in der Grammatikwurzel verwandt.
– Der Text eines Stellenangebotes soll andererseits nicht mit Gefühlshaschereien durchtränkt sein; es ist aber notwendig, menschliche Wärme mitschwingen zu lassen. Der Bewerber darf nicht das Gefühl haben, es würde nur ein neues Namensschild gesucht, um das leere Kästchen im Stellenbesetzungsplan auszufüllen.
– Ob sich die Richtigen in einer Stellenanzeige angesprochen fühlen, hängt vom durchdachten und einfühlenden Text ab, dem ein wenig Wärme anhaftet, die der Bewerber unbewußt oder bewußt an seinem neuen Arbeitsplatz sucht. Das gilt um so mehr, je gehobener die ausgeschriebene Position ist. Es ist unbedingt wichtig, daß jede erfolgreiche Bewerbung mit dem „Du" beginnt. Es ist also zu fragen, welche Einzelheiten für den Umworbenen wichtig sind.

Mit irreführenden Stellenangeboten werden zwar Mitarbeiter angelockt; erzielt werden aber nur augenblickliche Erfolge.
– Eine knappe Formulierung im Telegrammstil kann im Einzelfall ebenso richtig sein, wie schwülstige Tiraden mit Sicherheit falsch sind. Es ist die Kunst des Texters, zwischen diesen Extremen den gesunden Mittelweg zu finden.
– Häufig werden in Stellenanzeigen die Anforderungen gestellt, die vom Vorgänger nur unvollständig erbracht wurden. Deshalb kann es passieren, daß Befehle wie „Du sollst, Du mußt" instinktiv abgelehnt werden. Potentielle Bewerber gehen davon aus, daß eine gute Kraft diese Dinge als selbstverständlich ansieht.

Die größten Fehler sind also: allzu große Ehrlichkeit, nämlich dort, wo psychologische Faktoren außer acht gelassen werden, und zu wenig Ehrlichkeit, wo materielle Gegebenheiten vertuscht werden sollen.

– Die richtige Formulierung findet sich leicht, wenn man sich folgendes vor Augen hält: Es genügt zu beschreiben, was dem eingestellten Mitarbeiter als Betrieb in der Praxis entgegentritt. Eine Stellenanzeige muß die Dinge enthalten, die einem neuen Mitarbeiter bei einem Rundgang durch das Unternehmen ins Auge fallen würden. Sie können nicht in Form von Gags beschrieben werden. Ausnahme: Solange diese Gags in der Sache selbst begründet liegen, sind sie ein ausgezeichnetes Mittel, um einen neuen Mitarbeiter zu gewinnen.
Formulierungen wir: wir nehmen nicht jeden, aber vielleicht suchen wir gerade Sie, sind unangebracht.
Gags haben größtenteils eine sehr unangenehme Begleiterscheinung. Sie lenken von der Sache ab, statt auf sie hinzuführen.
– Um zu einer sinnvollen Besetzung eines Arbeitsplatzes zu kommen, sind folgende Stufen zu beachten*:

- richtig abstrahieren
- richtig definieren
- richtig formulieren
- richtig selektieren
- richtig instruieren

Abstrahieren bedeutet, die Funktionen, die der neuen Mitarbeiter auszufüllen hat, sind zunächst einmal bewußt unabhängig von der zu suchenden Person zu sehen.
Definieren bedeutet, die klar umrissene Position in ihrem Wertgehalt für die Firma festzulegen, um ihre Kompetenzen, Grenzen und Möglichkeiten abzustecken.
Formulieren bedeutet sich mit einer Sache zu identifizieren und zwar mit der eigenen Sachkenntnis und mit den skeptischen Augen des anderen.
Selektieren bedeutet, bei der Formulierung einer Stellenanzeige bereits zu be-

---

* Vgl. Die Sprache in Stellenangeboten, Sonderdruck der „Hannoversche Presse".

denken, wie und nach welchen Kriterien der Bewerber ausgewählt werden soll. Instruieren bedeutet, der Arbeitgeber hält seinen neuen Mitarbeitern gegenüber das, was er in der Stellenanzeige verspricht.

– Bei der Beschreibung der zu besetzenden Position sollte man abgedroschene Begriffe wie: großzügige Dotierung, eine Führende Rolle usw. vermeiden.
Die Stellenanzeige wird vom Testobjekt für die Mentalität des Bewerbers zum Testobjekt für die Mentalität des auftraggebenden Unternehmens.
– Für viele Begriffe gibt es treffendere Worte. Es gibt eine Anzahl von Synonymlexika, in denen Worte zu finden sind, die den Nagel auf den Kopf treffen.
Beispiel: Schwierig kann wie folgt umschrieben werden:
kompliziert, verwickelt, verzwickt, zusammengesetzt, komplex, verflochten, kunstvoll, kunstreich verschlungen, beziehungsreich, verzweigt, umständlich, problematisch usw.
– Eine Tätigkeit ansprechend schildern heißt, Vorteile zu loben, ohne Nachteile totzuschweigen.
– Es ist die Kunst eines guten Textes, von allen möglichen Worten, nur das auszuwählen, was der Vorstellung am besten Ausdruck zu verleihen vermag.
– Der Gesuchte darf nicht als ein abstraktes Konglomerat aus einer Vielzahl oft gar nicht mit einer zu vereinbarender Eigenschaften bestehen, vielmehr muß man ihn als lebendigen Menschen vor sich sehen, mit dem man sprechen kann.
– Es ist ein Irrtum anzunehmen, daß eine möglichst große Anzahl von Zuschriften ein Erfolgsbeweis ist. Auch hier kurz ein Zitat von Parkinson: „Der Nachteil, der im falschen Text liegt, ist heute noch so unbekannt, daß manche Chefs Stellenangebote herausgehen lassen, die buchstäblich Tausende von Bewerbern anlocken... Man kann nichts tun, als den ganzen Haufen zu verbrennen und noch einmal von vorne über den ganzen Fall nachzudenken. Es würde Zeit und Ärger gespart haben, wenn man vor der Anzeige nachgedacht hätte."*

3.1.2. Hinweise auf die Branche

Um dem Bewerber ein plastisches Bild von der inserierenden Firma zu geben, empfiehlt sich, auf die Branche, auf die Dienstleistungen, auf das Lieferprogramm oder auf die Firmentätigkeit hinzuweisen.
Optimal ist die Erklärung, wenn sie von der Tätigkeit des Gesamtunternehmens auf das engere Arbeitsfeld des gesuchten Mitarbeiters überwechselt.
Fortschrittlickeit wird mit modernen Anlagen und Arbeitsplätzen, modernen Produktionstechniken und -verfahren, modernen Absatz- und Verkaufsmethoden dokumentiert.
Hinweise auf einen sicheren Arbeitsplatz lassen sich durch die Zugkraft und die Zukunftsaussichten der Branche durch den Verwendungszweck und die Absatzchancen der Produkte sowie durch die Kapitalkraft und die Zukunftspläne des inserierenden Unternehmens beschreiben. Der sichere Arbeitsplatz wird immer noch jedem anderen vorgezogen, trotz der großen Fluktuation.

---

* Parkinsons Gesetz und andere Untersuchungen über die Verwaltung, Düsseldorf 1957.

Beispiel:
Unsere Tätigkeit umfaßt unter anderem die vollständige Projektierung von thermischen und nuklearen Kraftwerken im In- und Ausland. Zur Zeit bearbeiten wir nukleartechnische Aufgaben für die im Bau befindlichen, geplanten Kernkraftwerke XY.

3.1.3. Standort

Die Vorteile des Firmensitzes eignen sich gut als werbende Information. Falls aus bestimmten Gründen der direkte Ort nicht genannt sein soll, muß auf jeden Fall versucht werden, eine Landschaft oder ein Bundesland zu nennen. Bei genauer Analyse lassen sich für jeden Standort Reize finden, die als werbende Information veröffentlicht werden können.
Für die Information über den Standort eignen sich Lebenshaltungskosten, Einkaufsmöglichkeiten, Verkehrsverbindungen, Mentalität der Bevölkerung, Schulen und Bildungseinrichtungen, landschaftliche Reize, Möglichkeiten der Freizeitgestaltung, Klima, günstige Verkehrslage, Badegelegenheiten und andere Sportmöglichkeiten.

Beispiele:
Ihr neuer (oder alter) Arbeitsort: Düsseldorf – eine lebendige Großstadt mit hohem Freizeitwert;
oder: Sie arbeiten im gesunden Klima des Schwarzwaldes;
oder: Übrigens . . . unsere Hauptverwaltung befindet sich zwischen Chiemsee und Wendelstein. München, Salzburg und Innsbruck sind unsere Nachbarn:
oder: Die Stadt Cham ist Mittelpunkt eines dichtbesiedelten, größeren Wirtschaftsraumes und liegt am östlichen Rande des rheinisch-westfälischen Industriegebietes. Alle weiterbildenden Schulen für Jungen und Mädchen sind vorhanden.

3.1.4. Größe und Bedeutung des Unternehmens

Um die Größe und Bedeutung des Unternehmens zu beschreiben, eignen sich Merkmale wie: Umsatzzahlen und Exportverbindungen, die Zahl der Beschäftigten, die Marktposition des Unternehmens usw. – Bevor etwas über die Größe des Betriebes gesagt werden soll, ist zu überlegen, ob dies allein schon eine genügend attraktive Information ist. Die Wünsche der Menschen gehen hier, wie bekannt, auseinander. Auf jeden Fall ist es angebrachter, wenn die Größe mit der wirtschaftlichen Dynamik des Unternehmens in Verbindung gebracht wird. Eine Firma, die ständig im Wachsen begriffen ist, die Umsätze steigert und ihre Mitarbeiterzahl vergrößert hat Schwung. Sie wird dem Stellensuchenden auch bessere Aufstiegsmöglichkeiten bieten.

– Die Größe und Bedeutung des Unternehmens und die ausgeschriebene Position sollten sich in der Stellenanzeige die Waage halten. Der Erfolg wird ausbleiben, wenn jemand seiner Selbstdarstellung 4/5 des Platzes einräumt, die zu vergebende Position aber nur nebenbei erwähnt.

Beispiel für eine gelungene Beschreibung der Größe und Bedeutung des Betriebes: 38% war unsere Zuwachsrate 1968. 39% erreichten wir 1969. Auch in diesem Jahr erwarten wir ein überdurchschnittliches Ergebnis. Unser Werk gehört mit 4000 Mitarbeitern zur Spitzengruppe der europäischen Aluminiumindustrie.

3.1.5. Betriebsklima und Führungsstil

Beim Abfassen einer Stellenanzeige muß man überlegen, ob Informationen über die Mitarbeiter gegeben werden sollen. Zu den Mitarbeitern zählen Vorgesetzte, Untergebene oder auch direkte Arbeitskollegen. Allerdings sollten ungenaue Formulierungen wie: gutes Betriebsklima oder nette Arbeitsatmosphäre vermieden werden.
Es lassen sich unschwer Hinweise auf den Stil der innerbetrieblichen Zusammenarbeit, die fachlichen, charakterlichen und persönlichen Merkmale der Mitarbeiter finden., Der Arbeitsstil des Unternehmens kann sich auch durch Beschreibung der verschiedenen Führungsprinzipien verdeutlichen.

Beispiele:
Bei uns wird nach dem Prinzip der Delegation von Verantwortung geführt; oder: Würde es Ihnen Freude machen, in einem Team junger Kollegen und unkonventioneller Chefs zu arbeiten? Bevorzugen Sie Teamarbeit mit Fachleuten, die ihren Beruf zwar nicht zum Hobby machen, aber ihr Fach verstehen und real denken können?

3.1.6. Gründe für eine Stellenausschreibung

Nur vereinzelt findet man Stellenausschreibungen, in denen der Grund dafür wiedergegeben ist. In den meisten Fällen muß sich der Bewerber seinen Teil darüber denken. Die Ausschreibungsgründe lassen sich untergliedern nach äußeren und internen Belangen.
Äußere Belange sind: wachsende Aufgaben und daraus resultierender wachsender Personalbedarf, die man mit Expansion des Unternehmens oder mit größeren Marktverpflichtungen umschreiben kann. Innere Belange sind: Versetzung des bisherigen Stelleninhabers, die bevorstehende Pensionierung oder die Teilung eines Bereiches.
Durch die Veröffentlichung der Ausschreibungsgründe werden psychologische Vorbehalte abgebaut. Hinweise sind außerdem möglich: wenn der Vorgänger verstorben ist, die bisherige Arbeitskraft befördert wurde, ein neuer Artikel gefertigt wird, die Vorgängerin heiratete. Auch wenn ein Mitarbeiter das Unternehmen verläßt, läßt sich daraus etwas positives ableiten, so beispielsweise, wenn ein Mitarbeiter in eine leitende und verantwortungsvolle Position überwechselt.
Der Bewerber darf aber nicht das Gefühl haben, der Ruhm, der dem bisherigen Stelleninhaber gezollt wird, könnte ihn belasten. Desgleichen darf der Text einer Anzeige nicht die Auslegung zulassen, daß man seine Mitarbeiter vertreibe. Dies trifft besonders dann zu, wenn man allzuoft die gleichen Stellen ausschreibt.

Beispiele für Ausschreibungsgründe:
Die neue Organisation der Firma XY, die in der Wirtschaftspresse angekündigt wurde, wird eine breitere Basis für die rasche Expansion unserer Unternehmensgruppe sein. Die zentrale Werbebteilung der XY hat deshalb einige Werbeleiterposten zu besetzen. Wir suchen deshalb . . .
Oder: Wir überarbeiten umfangreiche Projekte im In- und Ausland. Zur Verstärkung unserer Führungsgruppen suchen wir . . . Oder: Unser bisheriger Leiter der Importabteilung soll im Rahmen der Erweiterung unserer Einkaufsorganisation andere Aufgaben übernehmen.
Oder: Unser langjähriger bewährter Mitarbeiter geht in absehbarer Zeit in den Ruhestand. Er möchte seinen Nachfolger gern rechtzeitig in das sehr spezielle und vielseitige Arbeitsgebiet einführen. Daher suchen wir . . .

3.1.7. Stellenbeschreibung

Jemand hat statistisch ausgewertet: In vier von zehn Fällen bildet die Schlagzeile die einzige Information über künftige Aufgaben des gesuchten Bewerbers. Dabei ist die Schlagzeile meist mit der Stellenbezeichnung identisch. Vor allem in Anzeigen größerer Betriebe sind die Arbeitsplätze genauer umschrieben. Da solche Unternehmen bereits Stellenbeschreibungen vorliegen haben, braucht man ihre Inhalte nur noch in die Anzeigentexte zu übertragen.
Sind hingegen keine Stellenbeschreibungen vorhanden, ist der Anzeigentext insoweit jedenfalls mit dem zuständigen Fachvorgesetzten abzustimmen.
Allgemeine oder mißverständliche Berufs- oder Tätigkeitsmerkmale sind zu vermeiden. Unter zu allgemeinen Anzeigen verstehen wir solche, in denen nur Sachbearbeiter, reisende Verkaufsleiter oder Geschäftsführer gesucht werden, ohne auf die verschiedenen Tätigkeitsmerkmale hinzuweisen. Die Folge ist eine Flut von Bewerbungen falscher Leute. Deshalb möglichst genau angeben, welche beruflichen Fähigkeiten man vom Bewerber erwartet.
Professionelle Kandidaten sind auf regelrechte Rundreisen spezialisiert und leben vom Kassieren ihrer Vorstellungsspesen. Ihr Betätigungsfeld ist dort besonders groß, wo ungenaue Stellenbeschreibungen vorkommen.
Eine eindeutig beschriebene Stellenbezeichnung ist nicht nur für Führungskräfte erforderlich, auch bei Schreibkräften oder Außendienstmitarbeitern empfiehlt sich eine klare Definition. Verschwommene Beschreibungen wie „Wir suchen eine ausgereifte Persönlichkeit, Alter etwa 30 Jahre" sind unangebracht. Ein weiteres negatives Beispiel: Wir suchen einen initiativen, ideenreichen, verantwortungsfreudigen, an selbständiger Arbeit interessierten Mitarbeiter, der die gestellte Aufgabe – ein neues, interessantes Arbeitsgebiet zu erschließen – mit aufgeschlossenem Sinn für die Erfordernisse der Praxis tatkräftig in Angriff nimmt.
Auf diese Anzeige kann sich von der Putzfrau bis zum Hochschulprofessor alles melden.
Mißverständliche Berufsangaben, indem zum Beispiel statt Reisende, Verkäufer gesucht werden, sind zu vermeiden. Ferner nicht versuchen, mit Beschreibungen wie „Wir suchen eine kaufmännische Sachbearbeiterin, die auch Stenografie und Schreibmaschine beherrschen soll", eine bloße Schreibkraft zu gewinnen.

Bei der Bezeichnung Ingenieur ist immer die Fachrichtung anzugeben.
Auf Hochstapeleien bei Stellenbezeichnungen muß unbedingt verzichtet werden.
Desgleichen sollten interne Stellenbezeichnungen nicht erscheinen, wenn sie für den Außenstehenden kaum Aussagewert besitzen. Nur klar beschriebene Aufgaben wecken Vertrauen.
Jeder Stellensuchende hat über die Tätigkeit, die er in Zukunft ausüben möchte, eine bestimmte Vorstellung. Diese Interessenten werden bedeutend besser angesprochen, wenn der Aufgabenbereich von vornherein so gründlich wie möglich beschrieben wird. Um Irrtümer auszuschließen, wird von Fachleuten empfohlen, evtl. einen Ausschnitt aus dem Organisationsplan abzudrucken.

Beispiele für die Stellenbezeichnung und Stellenbeschreibung:
Für unsere Verkaufsabteilung suchen wir den stellvertretenden Verkaufsleiter. Er hat die Aufgabe, einen Teil unseres Verkaufes, insbesondere für neue Anwendungsgebiete, selbständig zu leiten und zu fördern.
Oder: Wir suchen einen Diplomingenieur als Projektleiter, Fachrichtung Elektrotechnik. Ihm soll die Führung eines Teams übertragen werden. Das Aufgabengebiet umfaßt die Projektierung und Auftragsabwicklung von Schaltanlagen und Netzen für den Eigenbedarf, Transformatoren, drehzahlregelbaren Antrieben, Steuerungen und Schutzeinrichtungen, Ermitteln der für diese Anlagen notwendigen Bauangaben.
Bei technischen Tätigkeiten interessiert auch, an welcher Maschine der neue Mitarbeiter arbeiten soll.

3.1.8. Kompetenzen und Verantwortung

Bei einer Auswertung von Stellenanzeigen verschiedener Tageszeitungen wurde ermittelt, daß höchstens 15% Angaben über den Verantwortungs- und Kompetenzbereich enthalten. Der Verantwortungsbereich läßt sich für jede Position klar umreißen: Ausstattung mit internen Vollmachten, Spielraum für externe Entscheidungen, Status gegenüber der Geschäftsleitung, Weisungsbefugnis gegenüber anderen Mitarbeitern.
Aus der Beschreibung von Kompetenzen und Verantwortung geht ihre Bedeutung bereits hervor.

3.1.9. Aufstiegsmöglichkeiten

Zahlreiche Untersuchungen zeigen: der mit am häufigsten genannte Kündigungsgrund sind mangelnde Aufstiegsmöglichkeiten. Wenn also bei einer zu besetzenden Position noch Aufstiegschancen vorhanden sind, ist ein Hinweis darauf unerläßlich.

Beispiele:
Bei Eignung bestehen gute Chancen, die Leitung einer Planungsgruppe als Projektleiter zu übernehmen.
Oder: Wir bieten einem jungen Absolventen die Chance, sich innerhalb kürzestern Zeit eine beachtliche, völlig selbständige Position zu erarbeiten. Vorgesehen ist zunächst die Tätigkeit als Verkaufsassistent, um beim Aufbau einer mo-

dernen Verkaufsorganisation zu helfen. Bei Bewährung wird die Leitung einer Zweigniederlassung übertragen.

3.1.10. Vorbildung – Ausbildung

Fast in jeder vierten Anzeige werden Prüfungen aller Art oder eine bestimmte berufliche Vor- oder Ausbildung verlangt. Unter Vor- bzw. Ausbildung werden verstanden: eine abgeschlossene Lehre, ein Studium an der höheren Wirtschaftsfachschule bzw. Ingenieurschule oder ein Fachstudium an einer Hochschule. Weiterhin werden bestimmte berufliche Grundausbildungen vorausgesetzt. In einigen Stellenanzeigen kann man auch ganze Ausbildungs- und Berufswege nachlesen. Hierdurch kann sich der Bewerber eine möglichst präzise Vorstellung über den gewünschten Werdegang machen. Häufig finden sich aber auch Anzeigen, bei denen erfahrene Praktiker die gleichen Chancen erhalten sollen, wie beispielsweise Absolventen einer Universität.
Fachvorgesetzte neigen nicht selten dazu, Mitarbeiter mit einer möglichst umfangreichen Vor- oder Ausbildung anzufordern. Deshalb ist es die Aufgabe der Personalabteilung, anhand der Stellenbeschreibung festzustellen, ob die gewünschte Qualifikation überhaupt erforderlich ist. Am einfachsten haben es die Personalabteilungen, deren Unternehmen bereits eine analytische Arbeitsbewertung eingeführt haben. Dort ist die berufliche Ausbildung bereits durch das System festgelegt worden.

Beispiele:
Wir wünschen uns einen jüngeren Ingenieur, der ein Chemie- oder Physikstudium abgeschlossen hat und Kenntnisse in der Prüfung von Werkstoffen besitzt.
Oder: Für diesen Arbeitsplatz fordern wir ein abgeschlossenes Hochschulstudium auf einem der obengenannten Fachgebiete oder gleichwertige Berufserfahrung.
An diesem Arbeitsplatz ist nicht nur Ihre Ausbildung gefragt, sondern auch Ihr praktisches Können, ferner Talent und Durchsetzungsvermögen.

3.1.11. Kenntnisse

Praktische und theoretische Kenntnisse, die von einem Bewerber erwartet werden, beschreibt fast jede Stellenanzeige; zum Beispiel praktische Fähigkeiten und das dazu notwendige theoretische Fundament. So werden beispielsweise in Hafenstädten mit einem starken Im- und Export auch Fremdsprachenkenntnisse verlangt. Die Zusammenarbeit mit ausländischen Vertretern muß auch die internationale Marktlage berücksichtigen. Kenntnisse hierzu setzen das Studium fremdsprachlicher Fachliteratur voraus. Gelegentlich wird auch die praktische Nutzanwendung theoretischer Kenntnisse für die berufliche Tätigkeit beschrieben. Dann werden technische oder kaufmännische Spezialkenntnisse erwartet.
Die Anzeigen sollten stets einen Hinweis darüber enthalten, ob Branchenkenntnisse unbedingt vorhanden sein müssen oder nicht.

Beispiele:
Sie haben sich kaufmännisch gründlich ausbilden können, verstehen technische Fragen und Zusammenhänge, verfügen über eine Personalpraxis, die Sie in moderner Betriebsorganisation erworben haben. Sie kennen das personalfachliche Metier auch von der Theorie her.
Oder: Anwerben, Einsetzen und Fördern neuer und alter Mitarbeiter bilden einen wesentlichen Teil der Personalarbeit. Solche wichtigen Aufgaben haben wir zu einem Arbeitsgebiet zusammengefaßt und suchen hierfür den Leiter. Er sollte ein Personalfachmann sein mit praktischer Erfahrung in jenen Gebieten.
Oder: Für meine Werbeagentur, die zehn Jahre besteht, möchte ich rechtzeitig das Nachfolgeproblem lösen. Einem Allroundfachmann bietet sich die Chance, in wenigen Jahren auf eigenen Füßen zu stehen.
Oder: Erforderlich sind vielseitige Kenntnisse auf dem Gebiet der Vorkalkulation, der Preisbildung sowie der Kostenrechnung. Moderne Methoden der Kostenrechnung sollten Sie weitgehend beherrschen.

3.1.12. Fähigkeiten

Charakterliche Eigenschaften sind oft mit den verlangten Fähigkeiten identisch. Eine saubere Trennung läßt sich deshalb zwischen diesen beiden Begriffen nur schwierig vollziehen. In den meisten Stellenanzeigen findet man aber viele Merkmale, die in diesem Zusammenhang wohl mit Fähigkeiten umschrieben werden können: „Sei es der Blick für das Betriebsmögliche oder das viel zitierte Gespür für den Markt. Sei es der Sinn für rationelle Produktion oder das Verständnis für betriebliche Zusammenhänge. Oder sei es ganz einfach eine bestimmte Form des Denkens, wie das Kostendenken, das Denken vom Markt her oder das unternehmerische Denken schlechthin.
In zahlreichen Fällen wird unter Fähigkeiten also das Beherrschen bestimmter unternehmerischer Funktionen oder bestimmter Arbeitsabläufe verstanden."*
Wer Fähigkeiten beschreibt, sollte Selbstverständlichkeiten weglassen. Die Forderung nach einem ehrlichen Buchhalter oder die Suche nach einem genau arbeitenden Werkstückprüfer ist an der Grenze des Zumutbaren.
Sehr allgemein beschriebene Fähigkeiten, die eine vieldeutige Auslegung zulassen, sind ebenfalls zu vermeiden.
Die beschriebenen Fähigkeiten sollten immer in Relation zu den beschriebenen Tätigkeiten stehen.

Beispiele:
Kontaktfähigkeit, Einfühlungsvermögen und ein ausgleichendes Wesen setzen wir voraus.
Oder: In erster Linie wünschen wir uns einen Mann, der den Industriebetrieb und seine Zielsetzung kennt. Er soll fähig sein, Bedürfnisse des arbeitenden Menschen damit in Einklang zu bringen. Außerdem muß er über Ideen und ein sicheres Urteil verfügen. Kann er außerdem seine Meinung überzeugend ver-

---

* „Der Text in der Stellenanzeige", zusammengestellt und herausgegeben von der Tageszeitung „Die Welt".

treten und eine Gruppe qualifizierter Mitarbeiter führen, dann ist er unser Mann. Oder: Uns fehlt eine Phonotypistin, die mindestens 200 Anschläge schreibt. Oder: Unsere neue Mitarbeiterin sollte keineswegs nur Schreibkraft sein, sondern alle Aufgaben beherrschen, die im Chefsekretariat eines Industriebetriebes (Maschinenbau) anfallen.

3.1.13. Altersangaben

Viele Stellenanzeigen enthalten Altersangaben. Entweder wird ein Mindestalter vorausgesetzt, oder ein Alter nach oben hin begrenzt. Solche Informationen sind immerhin schon besser als vage Angaben wie: der Bewerber könne jünger oder auch älter sein.
Interessanter ist, wenn in der Anzeige erwähnt wird, das Alter spiele keine Rolle. Allerdings sollte man sich fragen, wozu denn überhaupt noch derartige Formulierungen in eine Stellenanzeige aufzunehmen sind. Doch ist es möglich, damit die Einstellung des Unternehmens zu jüngeren und älteren Bewerbern zum Ausdruck zu bringen. Sie mißt den Wert der im Unternehmen beschäftigten Mitarbeiter nicht nach den Lebensjahren, sondern nach Können, Belastbarkeit, Verantwortungsvermögen, Qualität und Einsatzbereitschaft. Deshalb ist die Angabe des Alters keine Nebensache.
Um unerwünschte Zuschriften zu vermeiden, dürfte indes die Angabe des Mindestalters sinnvoll sein. Trotzdem werden sich auch jüngere Bewerber melden, die die gestellten Voraussetzungen noch nicht haben können – aber die Masse der Unerwünschten hält sich fern.
Bei der Festlegung des Alters ist einmal die Reife zu berücksichtigen, die für den ausgeschriebenen Arbeitsplatz erforderlich ist (Repräsentanten zum Beispiel). Dabei spielt auch die Altersstruktur des Betriebes und vor allem die auszuführende Tätigkeit eine Rolle. So wird bei der Anwerbung von Schichtpersonal ein mittleres Alter zwischen dreißig und vierzig bevorzugt. Ältere Bewerber sind im allgemeinen den erhöhten Anforderungen an Schichtarbeitsplätzen nicht mehr gewachsen. Jüngere verlassen sie nach ein bis zwei Jahren wieder, weil sie sich gern weiterbilden möchten, oder sie wollen abends ihre Freizeit haben.
Erheiternd wirken Anzeigen, in denen beispielsweise „ein Mitarbeiter, 30 Jahre alt, mit Doktorexamen und mit langjähriger Berufserfahrung" gesucht wird. Derartige Angaben sind ohne Maß. Gleichwohl sind sie relativ häufig anzutreffen.

Beispiele:
Wir glauben, diese Voraussetzungen sind erst bei Herren gegeben, die mindestens 35 bis 40 Jahre alt sind.
Oder: Die verantwortungsvolle Aufgabe kann nur eine gereifte Persönlichkeit übernehmen, die über entsprechende Berufs- und Lebenserfahrungen verfügt. Der Bewerber sollte daher das 40. Lebensjahr vollendet haben.
Oder: Wir erwarten Bewerbungen jüngerer Kräfte zwischen 25 und 30, die bereit sind, sich mit Fleiß für die übertragenen Aufgaben einzusetzen.
Oder: Wenn Sie nicht älter als 35 sind, bitten wir um Ihre Bewerbung.

3.1.14. Persönliche Eigenschaften

Wie aus Stellenanzeigen immer wieder zu ersehen ist, wird auch auf persönliche Eigenschaften Wert gelegt (Einfühlungsvermögen, Teamgeist, Anpassungsfähigkeit, Führungseigenschaften, Durchsetzungsvermögen, Überzeugungskraft, Organisationstalent). Abgedroschene Ausdrücke sind daher möglichst zu vermeiden, wie z. B. „starke Persönlichkeit", „beherrschendes Wesen", „charaktervolle Haltung" oder „positive Berufseinstellung".

3.1.15. Entgelt

Über die Hälfte der Anzeigen, die 1971/72 in überregionalen Tageszeitungen erschienen sind, enthalten Angaben über materielle Bedingungen der ausgeschriebenen Position doch sind die Angaben hierzu meist nur vage. In einigen Anzeigen wird auf die Bedeutung der Position hingewiesen, dementsprechend soll auch die Entlohnung sein. Andere machen eine gute Entlohnung davon abhängig, ob die Zusammenarbeit dauerhaft und zufriedenstellend ist, wieder andere Inserenten wollen das Gehalt in Beziehung sehen zur Leistung, Erfahrung und Erfolg. Gelegentlich werden auch Nebenleistungen, wie Gewinnbeteiligung, Prämien, Tantiemen, erwähnt. Werden Mitarbeiter mit Reisetätigkeit gesucht, finden sich Angaben über Bezüge aus Fixum, Spesen, Provision, Umsatzbeteiligung, Kilometergeld o. ä. Seltener sind Informationen, die auf die finanzielle Weiterentwicklung des Bewerbers eingehen.
Konkrete Gehaltsangaben sind hingegen ganz selten zu finden; sie werden schon mit Rücksicht auf die übrigen Belegschaftsmitglieder vermieden, besonders dann, wenn die Gehaltsstruktur uneinheitlich ist. In angelsächsischen Ländern ist es üblich, das Jahresgehalt anzugeben; daraus läßt sich schließen, welches Ordnungsgefüge dort vorherrscht.

Beispiele für Angaben, die unbedingt vermieden werden sollten: „Geboten werden die heute üblichen Bedingungen", „sehr hoher Verdienst", „zeitgemäße Bezüge", „ein interessantes Gehalt", „marktgerechte Bezahlung", „überdurchschnittliche Bezahlung", „gute materielle Bedingungen", „die finanziellen und sozialen Leistungen sind den heutigen Verhältnissen angepaßt", „über ihr Gehalt werden wir uns einig."

Aufgrund der vorstehenden Überlegungen läßt sich empfehlen: man macht entweder genaue Angaben, oder man erwähnt die Bezüge überhaupt nicht.

Beispiele für Gehaltsangaben:
Mit einem Anfangsgehalt von 2100,– DM honorieren wir Ihr Studium und Ihr Persönlichkeitsbild.
Oder: Die Vergütung setzt sich zusammen aus Festgeld, Provision, Spesenerstattung und (bei eigenem Wagen) Kilometergeld.
Oder: Vergütung erfolgt entsprechend BAT 2 A Ortsklasse S.

3.1.16. Einarbeitung und Weiterbildung

Vor allem bei der Suche nach jungen Mitarbeitern werden vielfältige Möglichkeiten der Einarbeitung und beruflichen Weiterbildung angeboten. Das beginnt mit der Einarbeitung als Starthilfe und geht hin bis zur Angabe, den neuen Mitarbeiter einzuführen. Man würde ihn durch Training, Schulung, Spezialausbildung auf seine künftigen Aufgaben vorbereiten. Der Akzent wird dabei so gesetzt, gleichzeitig die fachlichen und beruflichen Qualitäten zu fördern. Das geschieht durch engen Kontakt mit der modernen Entwicklung oder durch das Zusammentragen neuer Erkenntnisse und Erfahrungen. Dem Bewerber soll in diesen Fällen die Mitarbeit im Unternehmen als Sprungbrett für eine zukunftsreiche berufliche Laufbahn dargestellt werden.
Für den Umworbenen ist es immer interessant, wenn über Aus- und Weiterbildungsmöglichkeiten recht ausführlich berichtet wird. Das trifft um so mehr zu, je größer die Akzente auf jüngere Fachkräfte gelegt werden. Die Fachkraft wird es sicherlich auch interessieren, wenn die gesamte in- und ausländische Fachliteratur für die berufliche Weiterbildung zur Verfügung steht.

Beispiele:
Schulungs- und Fortbildungsprogramme empfinden wir niemals als Belastung – wir betrachten sie vielmehr als Investition. Und sie werden von vielen Mitarbeitern wahrgenommen.
Schließlich bilden wir auf diese Weise unsere Führungskräfte heran. Auf allen Ebenen, also bis hinauf in die Spitzenfunktionen. Denn es ist ein Prinzip der Firma, leitende Mitarbeiter nicht von außen zu gewinnen, sondern aus den eigenen Reihen aufzubauen.
Oder: Jeder Mitarbeiter drückt von Zeit zu Zeit die Schulbank. In bestimmten Positionen dauert die Ausbildung 18 Monate. Vielleicht ist das ein Grund, der so viele qualifizierte Bewerber dazu veranlaßt, ausgerechnet bei uns ihre berufliche Zukunft zu sehen. Sie wissen eben, zu einem zukunftssicheren, gutdotierten Arbeitsplatz gehört auch die Bereitschaft, sich dauernd weiterzubilden.
Oder: Die Schulungen finden während der Arbeitszeit statt und tragen dem Problem des ständigen Wandelns in der Technologie Rechnung. Freiwillige Fortbildungsprogramme der Firma liegen außerhalb der Arbeitszeit. Wie Sie sehen, hat bei uns jeder die Chance, die Stufenleiter zum Erfolg zielbewußt hochzusteigen. Wir freuen uns, wenn auch Sie das Gefühl haben: die Firma X ist ein Partner, bei dem es sich nicht nur vorübergehend, sondern auch ein Berufsleben lang aushalten läßt. Sprechen Sie uns darauf an.
Oder: Wir schätzen Spezialisten und bilden Sie dazu aus. Aber wir schulen Sie genauso gründlich für unser gesamtes Bauprogramm. Das entscheiden Sie. Wir geben Ihnen vernünftige Argumente. Machen Sie Ihren ganz persönlichen Erfolg daraus.
Oder: Wenn Ihre Schreibfertigkeit durch Ihr längeres Ausscheiden aus dem Berufsleben noch zu verbessern ist, helfen wir Ihnen. Wir haben dafür innerbetrieblich einen Fortbildungskursus eingerichtet.

3.1.17. Wohnungs- und Darlehenshilfen

Die Hilfe bei der Wohnraumbeschaffung spielt eine immer größere Rolle. In fast jeder Anzeige finden wir Hinweise darauf. Allerdings ist nicht immer zu erkennen, ob es sich bei der angebotenen Hilfe auch um eine finanzielle Unterstützung handelt. Oft ist lediglich daran gedacht, bei der Suche nach einer Wohnung zu helfen. Wird eine Wohnung verbindlich zugesagt, handelt es sich oft um eine Werkswohnung. Weiterhin sind Fragen zu beantworten: Wann steht sie zur Verfügung? Erst später oder sofort?
Nach der Probezeit? Wie groß ist die Wohnung und wie die Lage zum Betrieb? Welche Belastungen ruhen auf ihr?
Wenn Anzeigen in überregionalen Blättern erscheinen, ist es von Interesse, ob Kosten übernommen werden, die durch einen Umzug entstehen. Überzeugende Angebote sind zinslose Darlehen, für den Hausbau verbilligte Grundstücke (bei leitenden Angestellten) in der Umgebung des Werkes.
Falls es nicht möglich erscheint, die Wohnungsfrage mit Hilfe der Firma zu lösen, sollte man lieber darüber schweigen. Das Problem braucht dann in der Anzeige überhaupt nicht angeschnitten zu werden.
Bedenken Sie auch, wie viele Ehefrauen heute berufstätig sind. Sie müssen sich eine neue Beschäftigung suchen, wenn der Mann umzieht. Deshalb sollte geklärt werden, ob bei Wohnsitzwechsel auch die Ehefrau einen Arbeitsplatz finden kann, der ihren Fähigkeiten entspricht.

3.1.18. Soziale Leistungen

Eine Auswertung von Wochenendausgaben der überregionalen Zeitungen zeigte, daß in jedem dritten Fall das unsichtbare Gehalt genannt wurde. Bei den Sozialleistungen rangiert die betriebliche Altersversorgung als Mittel der Zukunftssicherung an vorderster Stelle. Weiterhin folgen Angaben über Beihilfen in Geburts-, Krankheits- und Todesfällen, Trennungsentschädigung, Beteiligung an Umzugskosten, betriebseigener Mittagstisch, günstige Einkaufsmöglichkeiten der von der Firma hergestellten oder vertriebenen Waren. Angaben über soziale Leistungen werden besonders von größeren Unternehmen gemacht, um sich als fortschrittlich, großzügig und sozial vorbildlich auszuweisen.
In diesem Zusammenhang ist vielleicht ein Umfrageergebnis interessant, bei dem ermittelt wurde, was sich männliche und weibliche Arbeitskräfte am häufigsten wünschen.

Männliche Arbeitskräfte:
1. Gute Bezahlung
2. Aufstiegsmöglichkeiten
3. Interessante Aufgaben
4. Mehr Selbständigkeit
5. Größere Verantwortung
6. Gute Arbeitsbedingungen
7. Anerkennung
8. Gesicherter Arbeitsplatz.

Weibliche Arbeitskräfte:
1. Gutes Betriebsklima
2. Geregelte Arbeitszeit
3. Freundlicher Arbeitsplatz
4. Angenehme Vorgesetzte und Arbeitskollegen
5. Sicherheit vor Entlassungen
6. Günstige Lage zur Wohnung
7. Guter Verdienst
8. Kantine
9. Möglichkeiten zur Weiterbildung und Aufstiegsmöglichkeiten.*

Der Oberbegriff Sozialleistung soll nur dann angeführt werden, wenn die darunter verstandenen Einrichtungen auch genannt werden. Für die Mehrzahl aller Arbeitnehmer sind die ärztliche Betreuung und die Pensionskasse von entscheidend größerer Bedeutung als Kulturabende und Gemeinschaftsräume. Auch die Kantine nimmt, wie schon oben angeführt, in der Wertskala nur einen Platz in der unteren Hälfte ein.
Angaben über Arbeitsbedingungen, die heute als Selbstverständlichkeit vorausgesetzt werden, wie saubere, helle Arbeitsräume, sind unnötig.

Beispiele:
Neben der Vergütung werden gewährt: Kinderzuschläge vom 1. Kind an, Beihilfen in Krankheits-, Geburts- und Todesfällen, Fortzahlung der Vergütung bei Krankheit je nach Dienstzeit bis zur Dauer von . . . Wochen, beitragsfreie, zusätzliche Alters- und Hinterbliebenenversorgung.

3.1.19. Arbeitszeit

Die Arbeitszeit wird vor allem in den Stellenausschreibungen für Mitarbeiter der unteren Tarifklassen von Interesse sein. Wenn Angaben über die Arbeitszeit gemacht werden, dann sollten diese unmißverständlich sein. Bei Verkaufspersonal ist beispielsweise die Angabe der 40 Stunden-Woche unvollständig. Interessant ist, wann samstags gearbeitet werden muß.
Immer häufiger finden sich als zusätzlicher Anreiz auch Angaben über die gleitende Arbeitszeit.

3.1.20. Angaben über Wehrdienstzeiten

Besonders bei der Suche nach jüngeren Mitarbeitern ist zu prüfen, ob Bewerber berücksichtigt werden können, die ihren Wehrdienst noch nicht abgeleistet haben. Dann sollte auf jeden Fall im Inserat ein entsprechender Hinweis erscheinen.

---

* Auswertung von verschiedenen Erhebungen:
Arbeitgeberverband-Groß-Außenhandel Hamburg;
Deutsche Gesellschaft für Personalführung, Düsseldorf.

3.1.21. Eintrittsdatum

In verhältnismäßig wenigen Anzeigen sind Hinweise auf das gewünschte Eintrittsdatum zu finden. Dazu müssen die Hauptkündigungszeiten berücksichtigt werden. Günstig ist es, vier bis fünf Wochen vorher zu inserieren. Absolventen von Hoch- und Fachschulen muß Gelegenheit zu rechtzeitiger Bewerbung vor der Prüfung gegeben werden. Dann ist noch genügend Zeit, die Angebote zu sammeln, Vorauswahl zu treffen und die Verhandlung mit dem Bewerber in Ruhe durchzuführen. Neben einer Angabe des Eintrittsdatums ist also auch der Zeitpunkt der Insertion wichtig.
Vielfach wird geraten, Mitarbeiter zum 1. April anzuwerben. Gründe: Ab 1. Juli beginnt die Urlaubszeit. Auch eine Kündigung zum 1. Januar ist im Hinblick auf die Weihnachtsgratifikation ungünstig. Enthält eine Anzeige den Hinweis auf einen spätesten Eintrittstermin, schränkt sich der Kreis der potentiellen Bewerber von selbst ein.
In der Zeitung findet ein Bewerber mehrere interessante Angebote. Will er alle Möglichkeiten ausschöpfen, so könnte er ein Wochenende nur damit verbringen, Bewerbungen zu schreiben. Die Enttäuschung wäre dann allzu groß, wenn er erfährt, er käme wegen seines langen Kündigungstermins nicht in Betracht.
Deshalb: Wenn möglich, sollte angegeben werden, wann der Mitarbeiter gebraucht wird. Vermieden werden sollen dehnbare Begriffe wie: Eintritt so schnell wie möglich, ehestmöglicher Eintritt zum kürzesten Termin.
Wenn eine gut funktionierende Planung vorhanden ist, sollte in dem Inserat erscheinen, daß sich auch diejenigen Bewerber melden könnten, die erst zu einem späteren Zeitpunkt einen Stellenwechsel planen. Ist aus zwingenden Gründen das Einschalten von Anzeigen auch zu einem ungünstigen Zeitpunkt erforderlich, sollte versucht werden, die daraus resultierenden Nachteile zu umgehen. In der Urlaubszeit kann beispielsweise darauf hingewiesen werden, daß ein evtl. geplanter Urlaub wegen eines Stellenwechsels nicht verschoben werden braucht.

Beispiel für Eintrittstermin:
Wir suchen zum Eintritt nach Vereinbarung einen erfahrenen Buchhalter. Im Rahmen der gegebenen Richtlinien soll er dazu in der Lage sein, die Geschäftsbuchhaltung dreier verbundener Gesellschaften eigenverantwortlich zu führen.
Oder: Suche für Saison ab 15. Mai oder später einen Jungkoch.
Oder: Zum Eintritt am 1. April 1970 suchen wir einen wendigen Einkäufer mit Industrieerfahrung.

3.1.22. Angaben über die verlangten Unterlagen

In der Regel soll ein Kontakt durch eine schriftliche Bewerbung erfolgen. Dies kann entweder direkt oder über einen beauftragten Berater geschehen. Von vielen Firmen wird zunächst nur eine Kurzbewerbung mit den wichtigsten Daten verlangt. Häufig wird auch auf eine schnelle Bearbeitung der Bewerbung hingewiesen.
Was an Bewerbungsunterlagen verlangt wird, ist sehr unterschiedlich. Die For-

mulierungen reichen hier von den üblichen Unterlagen bis zur Nennung der einzelnen gewünschten Zeugniskopien.
Bei der Nennung der Bewerbungsunterlagen sollte nicht unbedingt eine handschriftliche Bewerbung oder ein Lichtbild verlangt werden. Auch hier gilt wieder: Sich hineinversetzen in die Lage des Bewerbers, der nicht unbedingt vorhat, seine Stelle zu wechseln. Es ist möglich, daß jemand nur aus purer Neugier auf eine Zeitungsannonce stößt, die für ihn interessant sein könnte.
Werden in die Anzeige Hinweise auf Zeugnisse aufgenommen, dann sind nur Zeugnisabschriften zu verlangen und niemals Originale. Zeugnisoriginale würden das Unternehmen nur zusätzlich belasten.
Wird ein handschriftlicher Lebenslauf oder eine Handschriftenprobe verlangt, so könnte das Bewerber abschrecken. Sie wissen, wieviel Unheil Handschriftenproben schon angerichtet haben. Aber auch Mitarbeiter der unteren Gehaltsgruppen sträuben sich oft vor Handschriftenproben.
Die vollständigen Unterlagen sollten im allgemeinen erst dann angefordert werden, wenn eine Vorauswahl unter den Bewerbern erfolgt ist. Das gilt nicht für jeden Beruf. Die Einsendung aller Unterlagen erübrigt sich in den meisten Fällen bei der Einstellung von Arbeitern, Hilfskräften und Arbeiterinnen. Bei der Einstellung von Auszubildenden ist dagegen wieder anders vorzugehen.
Vor jeder Insertion ist unbedingt zu prüfen, ob eine Bewerbung ausführlich erfolgen soll, oder ob eine kurze aber übersichtliche Bewerbung ausreicht. Für den erfahrenen Personalchef genügt häufig die vorläufige Bewerbung. Es empfiehlt sich aber, von der Meisterebene an aufwärts ausführliche Bewerbungen zu verlangen.
Mit unkonventionellen Methoden vorzugehen, empfiehlt sich auch für die Art der Kontaktaufnahme. So haben sich Stellenanzeigen als erfolgreich erwiesen, die zum telefonischen Anruf beim inserierenden Unternehmen aufforderten. Der gesuchte dynamische Typ ist nämlich eher zu einem spontanen Anruf bereit als zu einer schriftlichen Bewerbung.
Für die telefonische Kontaktnahme muß der Anzeigentext vermerken, unter welcher Telefonnummer (Vorwahl) und zu welchen Zeiten Bewerber anrufen können. Auch sollte im Inserat der Name des Gesprächspartners genannt werden, der die Firma vertritt.
Sollen untere Angestellte, Aushilfskräfte und Arbeiterinnen eingestellt werden, sollte der Wunsch zur persönlichen Vorstellung mit der Bitte verbunden werden, die Arbeitszeugnisse mitzubringen.
Ein Personalchef, der nicht gleich die üblichen Unterlagen verlangt, scheut nicht etwa die Arbeit, solche zu prüfen. Er tut es vielmehr mit Rücksicht auf den Leser, den ein derartiger Papierkrieg womöglich von vornherein abschreckt. Eine solche Rücksichtnahme empfiehlt sich besonders, wenn z. B. gewerbliche Arbeitnehmer angesprochen werden sollen, die erfahrungsgemäß wenig schreibgewandt sind und die sich möglicherweise gar nicht bewerben, wenn sie aufgefordert werden, eine Bewerbung auch noch handschriftlich einzureichen.
Ein Ausweg aus dieser Situation ist möglich: Man kann zum Beispiel die Anzeige mit folgendem Fragebogen versehen, auf dem die entsprechenden Punkte nur noch anzukreuzen sind.

<table>
<tr><td colspan="2">Zuname   Vorname   Anschrift (mit Postleitzahl)   Telefon (mit Vorwahl)</td></tr>
<tr><td>Alter   Eintrittstermin   Führerschein ja/nein</td><td rowspan="4">Schulbildung   Dauer   Abschluß mit
Volksschule
Mittel/Oberschule
Fach/Hochschule
Kurse u. a.</td></tr>
<tr><td>Ihr jetziges Einkommen
bis 1300.– ☐   bis 1900.– ☐   bis 2750.– ☐   üb. 2750.– ☐</td></tr>
<tr><td>Würden Sie evtl. einem Wohnungswechsel zustimmen? ja/nein</td></tr>
<tr><td>Datum   Unterschrift</td></tr>
</table>

Beruflicher Werdegang (einschl. Lehre)/Arbeitgeber	Branche	von bis	Tätigkeit

Bei der Aufforderung, die Bewerbung einzuschicken, sollte außerdem eine möglichst einfache Ausdrucksweise gewählt werden. Formulierungen wie „Damen, die diese Chance wahrnehmen wollen, werden gebeten ihre Bewerbungsunterlagen . . ." sollten unbedingt vermieden werden.
Bei Placierung einer Anzeige in der Sommerzeit hat sich folgender Vermerk bezahlt gemacht: Eine Karte aus dem Urlaubsort, die Ihr Interesse an der Position bekundet, ist uns ebenso lieb wie eine umfangreiche Bewerbung. Alles weitere kann ja nach der Rückkehr geregelt werden.

Beispiele für die Einreichungsart:
Senden Sie Ihre Kurzbewerbung (tabellarischer Lebenslauf) an Herrn Strehmeier in Firma Moltifex.
Oder: Wir wollen Sie nicht gleich um eine ausführliche Bewerbung bitten. Geben Sie uns nur eine kurze Information, die dann zu einem Gespräch führen kann.
Oder: Reizt Sie eine nicht alltägliche Aufgabe, die Sie gestalten müssen, dann erwarten wir mit Interesse Ihr Angebot. Bitte wenden Sie sich mit handgeschriebenem Lebenslauf an . . .

Oder: Bitte leiten Sie eine Kontaktaufnahme in der Form ein, die Ihnen angenehm erscheint.
Oder: Schreiben Sie uns bitte und fügen Sie einen tabellarischen Lebenslauf bei.

3.1.23 Merkliste für das Abfassen von Anzeigen

Zum Inhalt der Anzeige sei abschließend eine Checkliste wiedergegeben, in der die wichtigsten Punkte stichwortartig zusammengefaßt sind:

I. Auskunft über das inserierende Unternehmen

1. Handelt es sich um ein großes, ein mittleres und/oder aufstrebendes Unternehmen einer bestimmten Branche?
2. Welche Stellung und Bedeutung hat das Unternehmen in seiner Branche?
3. In welchem Gebiet (Landschaft), Bundesland oder Stadt liegt das Unternehmen?
4. Welche Zukunftspläne hat das Unternehmen?
5. Wieviel Mitarbeiter sind beschäftigt?
6. Welche Absatzstrategie wird verfolgt?
7. Welches Produktionsverfahren wird angewendet?
8. Welcher Art ist das Lieferprogramm?
9. Hat das Unternehmen in der Branche Zukunftsaussichten?
10. Ist es angebracht, das Alter des Unternehmens zu erwähnen?
11. Würde es den Bewerber interessieren, wie er seine Freizeit gestalten kann (Kulturelle Einrichtungen, Sport, Spiel, Unterhaltung, Landschaft, Klima)?

II. Wer wird gesucht?

Ist die Stelle allgemeinverständlich bezeichnet?

III. Warum wird ein neuer Mitarbeiter gesucht?

1. Welcher Grund besteht, die Stelle neu zu besetzen (neues Arbeitsprogramm, Vergrößerung des Betriebes, Pensionierung oder Aufrücken des Vorgängers, Heirat usw.)
2. Mit welchem Aufgabenbereich ist die ausgeschriebene Position verbunden?
3. Welche Verantwortung ist mit der Position verbunden?
4. Bestehen Entwicklungsmöglichkeiten und Aufstiegschancen?
5. Wann ist mit einem Aufstieg zu rechnen?
6. Mit welchen Mitarbeitern wird der Neue zu tun haben?

IV. Was wird vom Bewerber erwartet?

1. Ist der Abschluß einer Lehre, einer Fachschule, des Abiturs oder einer Hochschule erforderlich!
2. Soll der Bewerber Erfahrungen mitbringen (in bestimmten Stellungen oder Abteilungen)?
3. Welche Art von Spezialkenntnissen oder besonderen Fähigkeiten werden vorausgesetzt?
4. Werden Fremdsprachen gewünscht?
5. Kann statt einer gewünschten Ausbildung auch eine langjährige Praxis ausreichen?

6. Welche physische und körperliche Belastbarkeit wird erwartet?
7. Zu welchem Zeitpunkt soll der Bewerber in das Unternehmen eintreten?
8. Werden bestimmte Führungseigenschaften gewünscht?
9. Wird für die ausgeschriebene Stellung ein gewandtes Auftreten verlangt?
10. Wird organisatorisches Geschick, vorbildliches Koordinieren und Delegieren erwartet?
11. Ist unternehmerisches Denken erforderlich?
12. Muß der Bewerber ausgesprochenes Durchsetzungsvermögen und ausgeprägtes Standvermögen besitzen?
13. Wird Anpassungsfähigkeit und Teamgeist erwartet?
14. Soll der Bewerber seinen Mitarbeiterstab weiterbilden?
15. Wird Verhandlungsgeschick erwartet?

V. Was wird vom Unternehmen geboten?

1. Ist die Position mit einer Dauerstellung verbunden?
2. Welche Dotierung ist vorgesehen?
3. Werden 13 oder 14 Gehälter gezahlt?
4. Gibt es Leistungszulagen?
5. Wird ein Gehalt nach freier Vereinbarung oder nach Tarif gezahlt?
6. Ist nach Bewährung eine Erhöhung des Gehaltes vorgesehen?
7. Wird Urlaubs- oder Weihnachtsgeld gewährt?
8. Ist die Beibehaltung des zu erwartenden Lebensstandards des Bewerbers gewährleistet?
9. Gibt es Erfolgsprämien?
10. Wird schon während der Ausbildungs- bzw. Einarbeitungszeit ein volles Gehalt gezahlt?
11. Kommt zum Gehalt noch eine Produktivitäts- oder Jahresabschlußprämie hinzu?
12. Wie lang ist der Zeitraum für die Einarbeitung des neuen Mitarbeiters?
13. Wo erfolgt die Ausbildung?
14. Hilft die Firma bei der Wohnungssuche?
15. Wird zunächst ein möbliertes Zimmer und nach erfolgreicher Einarbeitung eine Wohnung angeboten?
16. Steht ein Darlehen oder eine Mietvorauszahlung zur Verfügung?
17. Kann eine preisgünstige Wohnung beschafft werden?
18. Wird eine Werkswohnung gestellt?
19. Gibt es beim Errichten oder Einrichten eines Eigenheimes Finanzierungshilfen?
20. Werden Beihilfen, Trennungsentschädigung gewährt und werden die Umzugskosten vergütet?
21. Wird von der Firma ein Dienstfahrzeug gestellt?
22. Wird ein gesundes und preiswertes Mittagessen in der Kantine geboten?
23. Werden Kinderzuschläge gezahlt?
24. Sind Beihilfen in Geburts- und Krankheitsfällen vorgesehen?
25. Werden Erholungsaufenthalte geboten?
26. Ist eine betriebliche Altersversorgung geplant?

VI. Welche Art der Bewerbung wird gewünscht?

1. Wird eine ausführliche oder zunächst nur eine Kurzbewerbung erwartet?
2. Ist ein Bewerbungsbogen vorhanden, den Bewerber anfordern können?
3. Wird ein handgeschriebener Lebenslauf erwartet?
4. Ist ein Lichtbild erwünscht?
5. Soll der Bewerber seine Gehaltswünsche anmelden?
6. Werden lückenlose Zeugnisse gefordert?
7. Sind Referenzen erforderlich?
8. Soll der Bewerber seine Wohnungswünsche angeben?
9. Werden Arbeitsproben gewünscht?
10. Kann der Bewerber mit der schnellen Entscheidung über eine persönliche Kontaktaufnahme rechnen?
11. Wer soll die Bewerbung erhalten (Personalabteilung, Chiffre, Personalberater)?

3.1.24. Gestaltung von Stellenanzeigen

Wenn es darum geht, einen Arbeitsplatz anzubieten, vergessen die meisten Unternehmer, marktgerecht zu denken. Anbieten heißt nämlich: Verkaufen: Und Verkaufen ist immer am schwersten.

Begibt sich der Personalchef also auf den Arbeitsmarkt, muß er sich logischerweise marktgerecht und wie ein Verkäufer verhalten. Für den Käufermarkt wird das zur Existenzfrage.

Zweifellos erfüllt der deutsche Personalmarkt heute alle Kriterien des Käufermarkts. Das gilt ebenso für das Arbeitsplatzangebot wie für die Nachfrage nach einer geeigneten Beschäftigung. Deshalb kann es nur vernünftig sein, auch bei der Personalsuche Methoden anzuwenden, die sich auf anderen Märkten längst bewährt haben.

Das betrifft vornehmlich die Frage, wie eine Stellenanzeige zu gestalten ist. Den Käufermarkt übertragen auf den Arbeitsmarkt bedeutet: wir haben es mit einem Überangebot von Arbeitsplätzen zu tun. So wie der Unternehmer für seine Produkte wirbt, muß er sich gleichfalls um Arbeitskräfte bemühen, die für ihn arbeiten wollen.

Der Unternehmer muß daher versuchen, Stellenausschreibungen wirkungsvoller zu gestalten, zum Beispiel durch eine bessere Optik. Er muß neue Wege gehen und Stellenanzeigen von der Idee her gestalten.

Allgemeine Hinweise:

- Fette oder halbfette Umrandungen vermeiden. Sie wirken wie Traueranzeigen. Auffallen wird immer die Anzeige, die großzügig gestaltet ist, freien, weißen Raum hat und nicht mit Text überladen ist.

- Klare und nicht zu kleine Schrift verwenden. Texte in Absätze unterteilen. Eine kräftige Schlagzeile muß dem Leser gleich auffallen.

- Der Aufmerksamkeitswert kann durch Abbildungen erhöht werden. Aber Vorsicht mit Bildern! Je höher die Stellung, desto weniger wirksam werden Bilder sein. Für untere und mittlere Posten sind Graphiken und Photos dagegen geeignet. Hier können interessante Arbeitsplätze, schöne Ausblicke in hübscher

Umgebung liegender Unternehmen, eine Auswahl der Produkte usw. abgebildet werden. Graphiken sind dabei Fotos dann vorzuziehen, wenn durch den Raster, der bei Zeitungsdrucken grob sein muß, unklare oder verschmierte Bilder entstehen. Daher lautet der Grundsatz: lieber auf eine Abbildung verzichten, als sie kaum noch zu erkennen.

● Die Gestaltung beginnt mit der Auswahl der Grundschriften für den laufenden Text und der Auszeichnungsschrift für die Blickfangzeile.
Die gebräuchlichen Schriftarten mit Schriftbeispielen, dem dazugehörigen Schriftgrad und der Höhe einer Zeile sind bei jeder Tageszeitung erhältlich. Es empfiehlt sich, deshalb von den einschlägigen Tageszeitungen Broschüren anzufordern, in denen zahlreiche Beispiele einer optimalen Gestaltung wiedergegeben sind. Diese Broschüren werden unentgeltlich zur Verfügung gestellt. Deshalb sei an dieser Stelle auch nur kurz auf die Gestaltung eingegangen.

● Falls in dem inserierenden Unternehmen eine Werbeabteilung oder Presseabteilung vorhanden ist, sollte sie der Anzeige den letzten Schliff verleihen. Mangelnde Koordinierung schadet! Auch Stellenanzeigen sollen das einheitliche Firmenimage hochhalten.

● Bei der Gestaltung hilft, wie auch bei der allgemeinen Werbung, die anerkannte aida-Regel. Dabei bedeutet

a = attention (Aufmerksamkeit wecken),
i = interest (Interesse erzeugen),
d = desire (Wunsch, sich mit der Firma in Verbindung zu setzen),
a = action (Einsenden der Bewerbungsunterlagen).

Die Schlagzeile
Zu a (attention) zählt die Schlagzeile. Sie bereitet den Gestaltern einer Personalanzeige die größten Kopfschmerzen. Deshalb sollte, bevor mit Krampf nach einer Schlagzeile gesucht wird, auf diese verzichtet werden. Die Aufmerksamkeit und das Interesse durch ein starkes Herusheben der ausgeschriebenen Position und durch Hervorheben der inserierenden Firma wecken!
Nun soll ja die Schlagzeile die Aufmerksamkeit so stark erregen, daß der Interessent beim Überfliegen des Anzeigenteils gerade an dieser Stelle verweilt und den Inhalt liest.
Wichtig ist es dann aber, die Schlagzeile auf den Gesamttext auszurichten. So wäre es unsinnig, Raumpflegerinnen mit dem Slogan zu ködern: „Die Zukunft gehört dem Kunststoff XY".
Die Schlagzeile muß also ein Extrakt der Anzeige sein. Deshalb die Schlagzeile erst entwerfen, wenn der gesamte Text vorliegt. Die Raumordnung, das Layout vorzeichnen!
„Schlagzeile darf verblüffen, zunächst vielleicht sogar widersinnig erscheinen, und sollte eine gewisse Spannung erregen, eine Ergänzung und Fortführung herausfordern, aber immer muß sie ohne Bruch hinführen zu der eigentlichen werblichen Aussage".*

---

* Fellner, C., Handbuch des Werbeleiters, München 1960.

Um die Wirkung der Schlagkraft nicht zu verlieren, darf die Schlagzeile höchstens zehn bis zwölf Worte umfassen. Stecher* rät, Fragen als Schlagzeile zu vermeiden, da Überschriften wie: Wollen Sie sich verändern? Möchten Sie beruflich vorwärts kommen? jede Wirkung vermissen lassen.
Etwa 75% aller Stellenanzeigen sind Textanzeigen mit einem Firmenzeichen als graphischem Element. Auszeichnungsschriften in den Größen 48 bis 72 Punkte sind hier üblich.

Das Firmenzeichen

Das Firmenzeichen muß mit der Schlagzeile harmonieren. Scheuen Sie daher keine Kosten, ein altes Firmenzeichen zu modernisieren, oder verzichten Sie lieber ganz auf einen Blickfang, der seine Wirkung verfehlt.
An anderer Stelle, zum Beispiel am Fuß der Anzeige, in Verbindung mit der Firmenschrift, läßt es sich sonst in kleinerer Form einbauen. Dort stört es weniger.
Von Abbildungen eines neuen Gebäudes wird abgeraten. Ein moderner Neubau ist in heutiger Zeit keine Besonderheit und dementsprechend kein bedeutsames Argument. Fabrikgebäude waren Symbole für die Gründerzeit, aber auch damals nicht für die Personalwerbung, sondern allgemein für die Pflege des Images. Das wirkt heute altmodisch.
Anders ließe sich die graphische oder fotografische Darstellung zum Beispiel eines modernen Produkts beurteilen. Damit informiere man zusätzlich über das Unternehmen. Aus dem Unternehmensziel kann außerdem ein zukunftsorientierter Slogan begründet werden.

Technische Fragen

Die Zeitungssetzereien verwenden fast ausschließlich Umrandungen in den Stärken von ein bis zwei Punkten. Das bedeutet, daß die Trennung zu den anderen Anzeigen oft zu gering ist, da der Umbruch von Anzeigenseiten nicht einheitlich ist. Er ist abhängig vom technischen Ablauf in den einzelnen Verlagen (zum Beispiel Vordruck, Zusatzfarben, u. a.). Grundsätzlich kann nicht davon ausgegangen werden, daß zum Beispiel dreispaltige Anzeigen in glatter Folge (beide Außenspalten) auf einer Seite stehen. Anzeigen mit starker Negativen (Graphik oder schwere Schrifttypen), engen das Layout ein oder trennen es in halber Höhe der eigenen Anzeige oder sogar auf zwei Seiten.

- Das Inserat gewinnt, wenn Leistenrahmen und fette Blocks und Unterstreichungen erfolgen. Trotzdem, ein weißer Raum ist oft das stärkste Ausdruckmittel.
- Weißer Raum läßt Rückschlüsse auf die Bedeutung der Position und auf die Größe des Unternehmens zu.
- Mit Negativdarstellung sollte äußerst vorsichtig umgegangen werden. Sie sind unschön und abweisend.
- Bei der Grundschrift sollte zumindest der Schriftgrad Petit (acht Punkte) gewählt werden. Dann kann sie gerade noch angenehm gelesen werden, und sie wirkt auch nicht kleinlich.

---

* Stecher, R., Stellenangebote entwerfen . . . a. a. O.

- Ein Zeilendurchschuß von einem Punkt fördert Aussehen und Lesbarkeit.
- Der Text muß in sinnvolle Absätze gegliedert sein. So sind einzelne Gedankengruppen leichter zu erfassen.
- Lange Texte sind durch Zwischenüberschriften zu unterbrechen.

Viele Firmen verfügen naturgemäß nicht über eine eigene Werbeabteilung oder Pressestelle, die das Layout besorgt. Dann empfiehlt es sich aber, vom Verlag ohne Mehrkosten einen Probeabzug – Bürstenabzug – zu erbitten. Das setzt voraus, die Anzeige rechtzeitig aufzugeben. So kann vor Erscheinen einer Anzeige bereits ihre Wirkung beurteilt und sie eventuell noch verbessert werden. Insbesondere ist auch der Text auf seine Richtigkeit hin zu prüfen. Stimmt der spätere Text an einer Stelle nicht mit dem korrigierten Text und der Textvorlage überein, kann eine kostenlose Wiederholung der Anzeige verlangt werden. Bei kleineren Fehlern wird ein Preisnachlaß gewährt.
Und noch etwas ist zu beachten. Wenn der Probeabzug auf seine Wirkung hin zu beurteilen ist, muß bedacht werden: Das Layout wirkt für sich genommen immer anders als zwischen den anderen Stellenanzeigen. Daher muß die Vorlage auf einer Stellenseite hin und her geschoben werden, um zu prüfen, wo sie sich am besten placieren ließe. Oder die Entscheidung fällt zugunsten eines anderen Layouts. Eine Anzeige, die für sich bombastisch wirkt, kann unter vielen geradezu mickrig erscheinen.

Kosten
Die Größe der Anzeige richtet sich nach dem Textumfang, nach der Qualität, der Position und der Quantität der freien, zu besetzenden Stellen. Als Faustregel gilt: eine Anzeige soll soviel kosten, wie ein Monatsgehalt für die sie betreffende Position. Sind mehrere Positionen ausgeschrieben, dann entspricht die Größe der Anzeige der Summe der Bewerber und ihrer zu erwartenden Gehälter.
Falls bei der Gestaltung der Anzeige Schwierigkeiten auftreten sollten und kein eigener Werbefachmann zur Verfügung steht, kann man auch den zuständigen Anzeigenvertreter der Zeitung, an die der Auftrag gegeben werden soll, zu Rate ziehen.
Viele Zeitungen beschäftigen Graphiker, deren Aufgabe es ist, in Fragen der graphischen Gestaltung zu beraten.
Eine andere Möglichkeit besteht noch darin, eine Werbeagentur einzuschalten. Sie kann eine fehlende Werbeabteilung ersetzen und für einen Klienten den Anzeigenauftrag fachgerecht abwickeln.

3.2. Anwerbung durch Arbeitsämter

Die Anwerbung über das Arbeitsamt ist finanziell und arbeitsmäßig relativ wenig aufwendig. Diese Art der Anwerbung wird meist dann angewendet, wenn offene Stellen im unteren Bereich der Hierarchie gesucht werden. Obwohl die Arbeitsämter sich im Zuge der Verknappung auf dem Arbeitsmarkt anderen Aufgaben zuwenden (siehe Arbeitsförderungsgesetz), bleibt die Vermittlungstätigkeit bestehen, ja wird sogar verfeinert. So ist es für die Unternehmen nützlich,

mit den zuständigen Sachbearbeitern, die für die Vermittlung der verschiedenen Positionen eingesetzt sind, persönlichen Kontakt zu halten. Viele Unternehmen schicken daher ihre Personalsachbearbeiter regelmäßig zu den zuständigen Stellen in den Arbeitsämtern, um die verschiedenen Beschaffungsprobleme zu besprechen. Bei der Beschaffung ist es für die Arbeitsämter wichtig, ausführliche Stellenbeschreibungen und Beschreibungen der Arbeitsanforderungen zu erhalten. Dadurch kann von ihnen bereits eine bessere Vorauswahl getroffen werden.
Durch die veränderte Lage haben sich die Arbeitsämter auch mehr auf die Beschaffung von ausländischen Arbeitnehmer (siehe 10.5.) konzentriert. Gewissermaßen als Konkurrenz zu den Personal-Leasing-Unternehmen (ausführlich nachfolgend unter 3.4.) wird auch seit einiger Zeit Zeitpersonal in verschiedenen Städten vermittelt. Die Arbeitsämter sind auf regionale Bereiche festgelegt. Darüber hinaus gibt es die Zentralstelle für Arbeitsvermittlung in Frankfurt, die für das ganze Bundesgebiet zuständig ist. Sie arbeitet eng zusammen mit den Landesstellen für Arbeitsvermittlung in Hamburg, Kiel, Hannover, Düsseldorf, Frankfurt, Nürnberg, Stuttgart und München. Fachvermittlungsstellen bestehen ferner für den Bereich Bühne, Film, Fernsehen und für Künstler mit der Zentralen Bühnen-, Fernseh- und Filmvermittlung bei der Zentralstelle für Arbeitsvermittlung und mit den Künstlerdiensten in 7 Städten der Bundesrepublik. Weiterhin gibt es Vermittlungsstellen für Personal des Hotel- und Gaststättenwesens, für seemännische Angestellte, Kneippbademeister und Masseure, Berufe des Reit- und Fahrwesens, Binnenschiffer und landwirtschaftliche Fachkräfte.

Die Zentralstelle für Arbeitsvermittlung gliedert sich in folgende Abteilungen:

Büro-Führungskräfte der Wirtschaft
Akademikervermittlung
Zentrale Bühnen-, Fernseh- und Filmvermittlung
Auslandsabteilung für die Vermittlung Deutscher ins Ausland und von Ausländern in die Bundesrepublik außerhalb bestehender Anwerbevereinbarungen
Bundesausgleich und Redaktion für Stellen- und Bewerberanzeiger.

Die Kapazität der Zentralstelle für Arbeitsvermittlung beläuft sich auf 35000 Arbeitgeber- und Arbeitnehmergesuche pro Jahr; weiterhin hat sie etwa 20000 Postein- und ebensoviele -ausgänge. Pro Jahr werden etwa 15000 Vermittlungen erzielt.
Interessant dürfte auch das Büro für Führungskräfte der Wirtschaft sein. Die Bundesanstalt für Arbeit hat mit dem Verband der Unternehmensberater Grundsätze der Zusammenarbeit erarbeitet. Danach praktiziert sie eine enge, erfolgreiche und nicht von Konkurrenzdenken beeinflußte Kooperation zwischen Unternehmensberatern und ihrer Zweigstelle Büro- und Führungskräfte der Wirtschaft. Auch hier ein Zahlen-Beispiel: Jährlich kommen ca. 900–1000 Bewerber aus der Direktoren- und Vorstandsebene und lassen sich über den Markt für Führungskräfte orientieren und beraten. Auf der genannten Ebene, also über Prokuristenebene, werden hier jedoch kaum mehr als 200 Vermittlungen erfolgen.

Außerdem sei die Akademikervermittlung hervorgehoben. Sie ist in 10 Fachvermittlungsstellen untergliedert, und zwar für Ärzte, Zahnärzte, Tierärzte, Apotheker, Medizinalassistenten, Rechts- Wirtschafts- und Sozialwissenschaftler, Natur- und Geisteswissenschaftler und für Angehörige technischer Berufe (Ingenieure).
Die Zentralstelle für Arbeitsvermittlung arbeitet, wie schon erwähnt, auf Bundesebene. Sie wird deshalb für alle Bewerber tätig, die ihre Berufschancen in der ganzen Bundesrepublik nutzen wollen. Aber auch die Landesstellen für Arbeitsvermittlung sind zuständig für Akademiker und Hochschulabsolventen, die nicht nur in einem regional begrenzten Raum arbeiten möchten, sondern auch außerhalb. Die Akademikervermittlung hat sich gegenüber der Vermittlung von einfachen Tätigkeiten erheblich ausgeweitet.
Die Zentralstelle befaßt sich immer mehr mit Anfragen, die nicht nur auf eine Vermittlung abzielen. Sie bietet allgemeine Informationen über Berufschancen, Arbeitsmarktentwicklung, Berufsanforderungen, neuen Tätigkeitsbereichen usw. Der Aufklärungs- und Beratungsdienst gewinnt deshalb zunehmend an Bedeutung.
Für die Vermittlung von Akademikern, Technikern (Ingenieuren) sowie qualifizierten Führungskräften erscheint wöchentlich der zentrale Stellenanzeiger „Markt und Chance". Er ist bei allen Arbeitsämtern kostenlos erhältlich. In dem zentralen Stellenanzeiger werden in einer Ausgabe Stellenangebote von Bewerbern, und in einer gesonderten Ausgabe Gesuche von Arbeitgebern wiedergegeben. Im Durchschnitt werden wöchentlich etwa 500 Anzeigen von Stellensuchenden veröffentlicht. Der Schwerpunkt der Kräfteanforderungen liegt in den Berufszweigen Organisation und Verwaltung, Nahrungs- und Genußmittelhersteller, Industrie und Handwerk, Handel, Ingenieurwesen und Techniker verschiedener Fachrichtungen, technische Sonderfachkräfte, Gaststättenberufe, Erziehungsberufe. Um den Belangen der Westberliner Wirtschaft Genüge zu tun, erscheint auch ein Berliner Stellenanzeiger in einem dreiwöchigen Turnus. Für Absolventen der Universitäten und Technischen Hochschulen werden in unregelmäßigen Abständen Sonderausgaben herausgegeben. Der zentrale Bewerberanzeiger wird auf Anforderung den Betrieben kostenlos zugestellt.
Neuerdings wird auch Abiturienten eine erhöhte Aufmerksamkeit beigemessen. So kann ein Abiturient auf Anforderung ein Informationsprogramm mit Entscheidungshilfen erhalten. Mit Hilfe dieses systematischen Trainings- und Entscheidungsprogrammes (STEP) kann der Abiturient selbst testen, welcher Beruf für ihn am geeignetsten erscheint. Da wegen des in den nächsten Jahren zu erwartenden Überangebotes von Abiturienten Studienplätze knapp werden, besteht für die Unternehmen in zunehmendem Maße die Möglichkeit, für Führungspositionen im mittleren Management Abiturienten einzustellen, die durch die Arbeitsämter vermittelt werden.
Die Zentralstelle der Arbeitsvermittlung muß durch ihre vielfältigen Vermittlungsaufgaben besondere Fachkenntnisse und spezielle Vermittlertechniken anwenden. Sie ist ein Beispiel dafür, wie die Bundesanstalt für Arbeit moderne Aufgaben aktiv annimmt. „Die erreichten Vermittlungserfolge und die darin zum Ausdruck kommende Leistung sind die einzige Rechtfertigung für das Vermittlungsmonopol. Dabei sollte man allerdings nicht zu sehr an einen Einschal-

tungsgrad denken, denn die Aufgabe ist es nicht, sich einzuschalten, sondern als Dienstleistungsbetrieb einen, dem Marktbedürfnis gerecht werdenden Service zu leisten."*

3.3. Vermittlung über Personalberatungsgesellschaften

Bei ca. 10% aller Stellenanzeigen in den überregionalen Zeitungen sind Unternehmensberatungen und Expeditionen zwischengeschaltet.
Bei der Stellenausschreibung über Dritte hat der Arbeitgeber meist triftige Gründe, zunächst nicht in Erscheinung zu treten. Ein solcher Grund liegt vielleicht dann vor, wenn er selbst keine Personalabteilung hat, die die Anzeigen aufgibt. In diesem Fall erfüllt der Unternehmensberater freiberuflich die Funktion einer Personalabteilung hinsichtlich der Einstellung neuer Mitarbeiter.
Natürlich wird man durch diese Art der Inserierung nicht das mit vollem Firmennamen versehene Inserat ersetzen. Dennoch ist der Weg über den Unternehmensberater bisweilen erfolgreicher als die Chiffreanzeige. Der Bewerber sieht in dieser Institution eine Absicherung gegen die sogenannte Bumerangbewerbung. Er läuft weniger Gefahr, sich bei der eigenen Firma zu bewerben. Einige Unternehmensberater haben sich in den einschlägigen Tageszeitungen bereits soweit durchgesetzt, daß sie durch ihren Namenszug einen gewissen Markencharakter prägten.
Bei der etablierten Unternehmensberatungsgesellschaften beruht die Mithilfe nicht nur auf einer Anzeigenaufgabe. Sie helfen darüber hinaus bei der Besetzung offener Stellen.
Personalberatung erstreckt sich vor allem auf Führungskräfte. Aber auch bei der Suche nach Fachkräften, wie Sachbearbeiter, Konstrukteure, Korrespondenten, Reisende, Sekretärinnen, Betriebsingenieure, Meister und ähnliche, wirken Personalberater mit.

Folgende Dienstleistungen können z. B. in Anspruch genommen werden:
1. Erarbeiten der Aufgabenstellung, der Stellenanforderung und der organisatorischen Einordnung der Stelle; auf Wunsch schriftliche Zusammenfassung in einer Stellenbeschreibung mit Arbeitsanweisung.
2. Formulierung und Gestaltung einer aussagefähigen Anzeige für die Veröffentlichung in geeigneten Zeitungen und Zeitschriften. Der Kunde hat die Wahl, Anzeigen entweder unter seinem Firmennamen oder unter Kennummer einer Anzeigenexpedition oder Zeitung erscheinen zu lassen.
3. Prüfen und vergleichende Bewertung der eingehenden Bewerbungsunterlagen.
4. Durchsprache der Ausschreibungsergebnisse mit dem Auftraggeber.
5. Durchführen von Bewerbergesprächen mit geeignet erscheinenden Bewerbern; umfassende Beurteilung.
6. Einholen von Auskünften (Referenzen) im Bedarfsfall und deren Auswertung.

---

* Minta, H., Aus der Arbeit der Zentralstelle für Arbeitsvermittlung in Bundesarbeitsblatt 1/70.

7. Vorstellung der ausgewählten Bewerber beim Auftraggeber; Mitwirken beim Vorstellungsgespräch; Beraten bei der Entscheidung.
8. Beratung bei der Festlegung der Anstellungsbedingungen.

Die Preise einer Personalberatung bei der Suche und Auswahl von neuen Mitbeitern gliedern sich in Honorar und Sachkosten. Das Beratungshonorar wird auf der Basis der verwendeten Zeit kalkuliert und als Vergütung der Beratungsleistung berechnet. Es ist nicht erfolgsabhängig und hat keinen Provisionscharakter. Es umfaßt als Grundgebühr die gesamte Auftragsabwicklung einschließlich Formulierung, Gestaltung und Mitwirkung bei der Aufgabe der Anzeige.
Unter Sachkosten sind die Bearbeitungsgebühr je Bewerbung, die Sichtung, Verwaltungsschriften, Telefonverkehr mit den Bewerbern und dem Auftraggeber zu verstehen. Hinzu kommen Fahrkosten, Telegramme, Telefongespräche, Fernschreiben, die je nach Anfallen in Rechnung gestellt werden. Berechnet werden außerdem Vorstellungskosten für den Bewerber, Nebenkosten und Fahrauslagen und Tagesspesen. Schließlich zählen auch die Insertionskosten, die abhängig sind von der Größe der Anzeigen, der Zeitung oder Zeitschrift, in der veröffentlicht wird, zu den Sachkosten.
Zu der Vermittlung über Dritte muß noch das sog. Head-Hunting gezählt werden. Ins Deutsche übersetzt würde es die etwas anrüchige Bezeichnung „Kopfjagd" erhalten. Worum geht es? Personalberater erhalten beispielsweise den Auftrag, eine Spitzenkraft zu finden. Dabei geht das suchende Unternehmen von der Überlegung aus, nur Kräfte, die in ihrer Tätigkeit zufrieden sind und nicht vorhaben zu wechseln, seien gut. Deshalb müssen sie angesprochen werden, ob sie Interesse haben, eine andere Position in einem anderen Unternehmen zu übernehmen.
Wie gehen diese Berater vor? Die Aufgabe soll etwa darin bestehen, einen marketing-orientierten Generalmanager für eine deutsche Pharmafirma zu besorgen. Zunächst wird eine Liste aller pharmazeutischen Fabriken Deutschlands zusammengestellt. In einer dieser Firmen muß der richtige Mann zu finden sein. Sind die Namen und Adressen erstellt, werden sie ausgewertet. Es entsteht ein Bild über die ersten, zweiten und dritten Kräfte und vielleicht auch über die Projektmanager. Meint der Berater, dieser oder jener Manager sei vielversprechend genug, wird er ihn ansprechen, um zunächst zu klären, ob der Betreffende überhaupt bereit ist, mit ihm über die angebotene Veränderung zu verhandeln.
Als Vermittlungsgebühr werden bei einem derartigen Handel im allgemeinen 25% des ersten Jahresgehaltes verlangt. Es handelt sich also um einen Dienst, der wirkungsvoll und diskret, aber teuer ist. Deshalb wird dieser Weg von deutschen Unternehmen oftmals noch gescheut. In Amerika ist solche Vermittlung bereits gang und gäbe. Wegen dieser unkonventionellen Vorgehensweise gerät diese Methode leicht in den „Geruch" der Abwerbung. Da seitens dieser Berater Mitarbeiter von Firmen nicht planmäßig abgeworben werden (auf eine Firma konzentriert), ist keine Abwerbung im gesetzlichen Sinne darunter zu verstehen (siehe auch Kap. 11).

3.4. Personal-Leasing

Im Investitionsbereich der Industrie kennt man heute neben dem Ankauf von Maschinen und Anlagen die Anmietung, kurz Maschinen-Leasing genannt. Wir mieten uns ein Taxi, nehmen uns einen Leihwagen, das Telefon ist gemietet usw. Noch nicht ganz so selbstverständlich, aber trotzdem immer stärker tritt ein anderer Begriff in die Öffentlichkeit: Personal-Leasing, „Zeit-Arbeit" oder auch „Leih-Arbeit" genannt.

Personal-Leasing als neue Form der Dienstleistung hat und wird sich besonders in der nahen Zukunft einen festen Platz überall da erobern, wo Personalprobleme auftreten und zu lösen sind. Während besonders der Start dieser Dienstleistung in der Öffentlichkeit mit starkem Mißtrauen und Zögern begleitet war, war in Wirklichkeit diese Entwicklung nur mit einer zeitlichen Verzögerung in die Bundesrepublik gelangt. In den europäischen Nachbarländern wie auch in Amerika hatte die Wirtschaft die Vorteile des Personal-Leasing bereits klar erkannt und in das volkswirtschaftliche Gesamtbild völlig integriert.

Anfängliche Widerstände basierten, wie das häufig der Fall ist, auf mangelnder Sachkenntnis. Man hatte sich z. B. nicht der Mühe unterzogen, den Arbeitsmarkt bis in den letzten Winkel hinein zu durchleuchten. Dort gibt es nämlich eine Gruppe von Menschen, die zwischen Erwerbstätigen und Erwerbslosen steht. Diese Menschen wollen keineswegs untätig sein, andererseits sich aber nicht ohne weiteres in den normalen Arbeitsprozeß eingliedern lassen.

Die nachfolgende Statistik, die aus einer Umfrage eines Zeit-Arbeitsunternehmens bei ihren Zeit-Angestellten hervorging,* zeigt detailliert, aus welchen Beweggründen sich diese Menschen für keine Dauerbeschäftigung, sondern für Zeit-Arbeit entscheiden.

Zwischen zwei Dauerstellungen befinden sich	28%
In der Umschulung oder Fortbildung befinden sich	12%
Aus familiären Gründen können keine Dauerstellung annehmen	32%
Vor einem Auslandsaufenthalt oder Ortswechsel befinden sich	7%
Es haben nicht nötig zu arbeiten, möchten aber den Kontakt zum Berufsleben nicht abreißen lassen	10%
Keine Dauerstellung finden (Alter usw.)	5%
Handelsschüler oder Studenten	2%
Könnten eine Dauerstellung annehmen, bevorzugen aber Zeit-Arbeit	4%
	100%

Aber nicht nur der Arbeitnehmer hat spezielle Motive, sondern auch die Industrie. In den letzten Jahren betrugen die Fehlzeiten in den Betrieben, bedingt durch Krankheit oder Urlaubsabwesenheit, rund 13 Prozent**. Natürlich waren sie nicht gleichmäßig verteilt, sondern traten schwerpunktmäßig auf. Hinzu kommt, daß je nach Branche des Betriebes mehr oder weniger stark ausgeprägte saisonale Schwankungen in der Produktion auftreten.

* Von Fa. Manpower zur Verfügung gestellt.

** Auswertung verschiedener Statistiken, u. a. der Deutschen Gesellschaft für Personalführung Düsseldorf.

Hier kann sich die Industrie durch bewußte Personalplanung das zum Ausgleich notwendige Personal für begrenzte überschaubare Zeiträume anderweitig beschaffen. Die Unternehmen für Zeit-Arbeit sind in diesem Gesamtrahmen als Regulativ zwischen beiden Bedürfnissen zu sehen. Ihr unternehmerisches Ziel ist die rechtzeitige und wirksame Erledigung der beiderseitig auftretenden Nachfrage. Mit dieser Zielsetzung wird der Industrie ein neuer Arbeitsmarkt erschlossen.
Die Bundesanstalt für Arbeit hat diesen Dienstleistungsbereich anfänglich hart bekämpft. Insbesondere wurde immer wieder ins Feld geführt, daß es sich nicht um Verleih, sondern um einen Verstoß gegen das von der Bundesanstalt gehütete Monopol der Arbeitsvermittlung handele. Allerdings hat die Bundesanstalt diese Vorwürfe nicht aufrechterhalten können. In einem jahrelangen Rechtsstreit gegen die Firma „adia interim" hat die Bundesanstalt zunächst 1967 vor dem Bundesverfassungsgericht und 1970 vor dem Bundessozialgericht einsehen müssen, daß es sich nicht um Vermittlung handeln kann.
Grundlage dieser Überlegungen bildete der § 37 Abs. 3 des damals gültigen AVAVG; er bestimmte:

„Als Arbeitsvermittlung gilt ferner die Zuweisung von Arbeitnehmern, deren Arbeitskraft der Zuweisende regelmäßig dritten Personen für eine Beschäftigung zur Verfügung stellt, ohne selbst die Arbeit auf eigene Rechnung ausführen zu lassen und ohne selbst die Ausrüstung mit den erforderlichen Werkzeugen für die zugewiesenen Arbeitskräfte zu übernehmen."
3. Die Arbeitsverträge zwischen Verleiher und Leiharbeitnehmer müssen grund-
Wurde 1967 zunächst festgestellt, daß der ehemalige § 37 Abs. 3 des AVAVG verfassungswidrig war, so stellte das Bundessozialgericht klar heraus, daß Arbeitsvermittlung dann zu verneinen ist, wenn der Schwerpunkt der arbeitsrechtlichen Beziehungen beim Verleihunternehmen verbleibt.
Das Urteil von 1970 war für den Gesetzgeber der Anlaß, ein „Gesetz zur Regelung der gewerbsmäßigen Arbeitnehmerüberlassung (Arbeitnehmerüberlassungsgesetz)" vorzubereiten, das am 12. Oktober 1972 in Kraft getreten ist (BGBl. 72 I S. 1393). Dieses Gesetz enthält u.a. folgende Regelungen:

1. Arbeitnehmerüberlassung bedarf einer Erlaubnis (Art. 1 § 1).
2. Ein Arbeitnehmer darf nicht länger als drei Monate bei demselben Entleiher sein (Art. 1 § 3 Abs. 1 Nr. 6).
3. Die Arbeitsverträge zwischen Verleiher und Leiharbeitnehmer müssen grundsätzlich unbefristet sein. Eine Befristung ist nur dann statthaft, wenn sich aus der Person des Arbeitnehmers ein sachlicher Grund ergibt (Art. 1, § 3 Abs. 1, § 9).
4. Der Entleiher hat jeden Entleihfall der zuständigen Krankenkasse anzuzeigen und haftet wie ein selbstschuldnerischer Bürge für die Erfüllung der Zahlungspflicht durch den Verleiher (Art. 3, § 1).

Dem Gesetzgeber kommt es mit diesem Gesetz in erster Linie darauf an, den Arbeitnehmer vor unseriösen Praktiken einer Reihe von Leiharbeits-Unternehmen zu schützen. Leider gab es immer wieder Verleih-Firmen, die ihre Arbeit-

geberpflicht in der unsozialsten Weise wahrnahmen. So wurden vielfach Beiträge zur Kranken- und Rentenversicherung etc. zwar einbehalten, aber nicht abgeführt. Gerade hier will das Gesetz, wie oben gezeigt, endgültig einen Riegel vorschieben.
Eine Schutzfunktion bei der Auswahl von Verleihfirmen übt der 1969 gegründete Unternehmensverband für Zeit-Arbeit (UZA) aus, dem z. Zt. 26 Mitgliedsfirmen angehören. Dieser Verband hat bereits vor der gesetzgeberischen Initiative die Arbeitgeberverpflichtung klar erkannt und aus diesem Grunde 1970 mit der DAG einen Mantel- und Lohntarif erarbeitet. Dieser Tarif wird nicht zu Unrecht von Experten als einer der fortschrittlichsten Sozialtarife bezeichnet. Daß er so modern und zukunftweisend werden konnte, lag einmal daran, daß man auf keine früheren Vereinbarungen Rücksicht zu nehmen brauchte. Weiterhin kam hinzu, daß seriöse Verleihfirmen bereits lange Zeit vor dem Zustandekommen folgende Prinzipien der Zeit-Arbeit festgelegt und praktiziert hatten:

1. Der Arbeitnehmer hat während seiner gesamten Beschäftigungsdauer nur mit einem Arbeitgeber zu tun – dem Unternehmen für Zeit-Arbeit.
2. Während der Vertragsdauer hat der Arbeitnehmer Anspruch auf alle sozialen Leistungen.
3. Das Unternehmen für Zeit-Arbeit hat während der Vertragsdauer das volle Direktionsrecht. Lediglich die Arbeitsanweisungen am Arbeitsplatz sind an den Kunden delegiert.
4. Der Arbeitnehmer erhält gemäß seiner beruflichen Qualifikation einen vorher festgelegten Stundenlohn, der unabhängig von Alter oder Geschlecht ist.
5. Es ist eigentlich selbstverständlich, daß Zeit-Arbeit nicht dazu mißbraucht werden darf, schwebende Lohn- bzw. Tarifverhandlungen im Streikfalle einseitig zu beeinflussen. Hieraus resultiert die Verpflichtung, in bestreikte Betriebe kein Zeit-Personal zu entsenden.

Entscheidend für den Entschluß, diesen Dienstleistungszweig in Anspruch zu nehmen, ist natürlich der Preis und damit zusammenhängend die Frage der Wirtschaftlichkeit. Allerdings sollte man nicht primär auf den Preis und seine Relation zu anderen Preisen schauen. Leider verbirgt sich allzu oft hinter einem niedrigen Preis ein unseriöses Unternehmen, für das der Entleiher aufgrund des Arbeitnehmerüberlassungsgesetzes subsidiar mithaftet. Oft verbirgt sich hinter dem Preisunterschied auch ein Qualitätsunterschied. Nicht alle Firmen testen vor dem Verleih die Fähigkeiten ihrer Mitarbeiter. So garantiert z. B. ein Verleihunternehmen, das diese Prüfungen fachlich einwandfrei und präzise durchführt, in seinen Geschäftsbedingungen, daß das Zeit-Personal von der ersten Stunde an mit voller Effektivität arbeitet.
Sollte dies jedoch nicht der Fall sein, nimmt die Firma nach vier Stunden kostenlos den Arbeitnehmer zurück.
Zur Frage der Wirtschaftlichkeit hat ein Unternehmen das folgende Kalkulationsschema veröffentlicht:

A **Direkte Kosten**			
a) Lohn Zeitpersonal		47,5 %	
b) Lohnnebenkosten			
Krankenversicherung	5,2 %		
Rentenversicherung	8,5 %		
Arbeitslosenversicherung	0,65 %		
Lohnsummensteuer	1,7 %		
Berufsgenossenschaft	0,5 %		
Krankheitsrisiko	5,0 %		
Weihnachtsgeld	8,3 %		
Urlaubsanteil (20–24 Tage)	9,0 %		
	ca. 39 % vom Lohn	18,5 %	
Direkte Kosten gesamt			66 %
B **Indirekte Kosten**			
a) Gehälter (Stammpersonal)		8,0 %	
b) Buchhaltung		2,0 %	
c) Werbung und PR		3,0 %	
d) Personalbeschaffung und Betreuung		7,5 %	
e) Verschiedenes Mieten, Gebühren, AfA, Steuern		10,5 %	
f) Gewinn		3,0 %	
Indirekte Kosten gesamt:			34 %
C Kundenpreis:		100 %	100 %

Daraus ist ersichtlich, daß nur etwa $^1/_3$ des zu zahlenden Betrages auf die interne Verwaltung des Verleihunternehmens entfällt. Demgegenüber sind $^2/_3$ des Preises lohngebundene Bestandteile. Diese Anteile sind aber auch zu zahlen, wenn statt Zeit-Personal eigenes Personal fest angestellt wird.

Die Frage nach der Wirtschaftlichkeit liegt also im letzten Drittel. Zeit-Personal wird, im wesentlichen dann angefordert wenn Krankheit, Urlaub, erhöhte vorübergehende Produktions- oder Verwaltungsspitzen abzubauen sind, d. h. wenn für einen absehbaren terminierten Zeitraum ein Personalengpaß abzufangen ist. Sollte man sich hier zur Festanstellung entschließen, wo von vorne herein feststeht, daß nach einigen Wochen oder Monaten der Personal-Engpaß überwunden ist? Wir wissen (spätestens nach Parkinsons' Gesetz) daß sich das zum Bumerang für den Personalleiter herausstellt. Denn im nächsten Jahr ist der Personalüberbestand so selbstverständlich geworden, daß weiteres Personal benötigt wird, bei sinkender Effektivität der Arbeit.

Auch aus anderer Sicht kann Zeit-Arbeit wirtschaftlich sein:

Wir rechnen heute in der Industrie bereits mit Personalsuch- und -einstellungskosten von ein bis zu zwei Monatsgehältern. Da unterstellt werden kann, daß Zeit-Personal bei seinem Arbeitgeber etwa gleichwertig zur Industrie entlohnt

wird – gleiche Qualifikation vorausgesetzt – sind $^2/_3$ des Preises in jedem Fall als „durchlaufende Posten" zu betrachten. Bei Annahme von nur einem Monatsgehalt als Personalsuchkosten ist Zeit-Personal also bereits drei Monate lang wirtschaftlich, bei zwei Monatsgehältern bereits bis zu sechs Monaten. Der weitere Vorteil liegt, wie bereits erwähnt, darin, daß durch Vortests eine Einsatzeffektivität von der ersten Stunde an erzielt werden kann.
Eine zweite Betrachtungsweise zur Wirtschaftlichkeit kann wie folgt dargestellt werden. Man geht davon aus, daß in jeder größeren Abteilung bei mindestens einem Arbeitnehmer keine volle Auslastung erreichbar ist, weil im Grunde die Arbeitsanforderungen für diesen „Grenz-Angestellten" intervallartig auftreten, wobei in den dazwischen liegenden Zeiten nur sehr niedrige Effektivität erreicht wird.
Die nachfolgende Zeichnung macht das besonders deutlich:

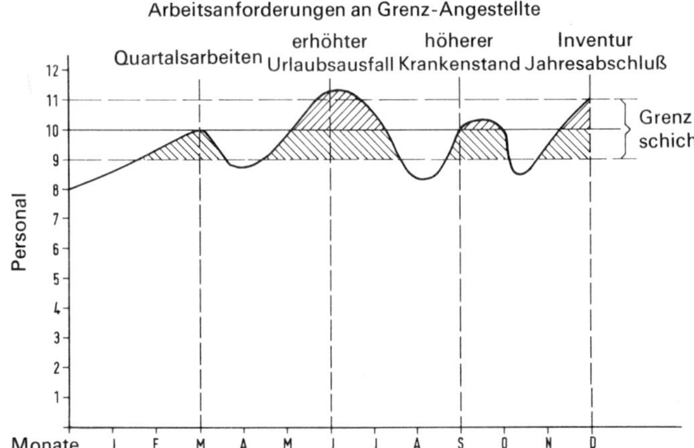

Für einen in der Grenz-Schicht tätigen Arbeitnehmer kann folgende Überlegung angestellt werden:

1.	Monatsverdienst z. B.	DM	1 500,—
2.	Lohnnebenkosten, ca. 39%	ca. DM	590,—
3.	Lohnaufwand	DM	2 090,—
4.	Jahres-Lohnaufwand	DM	25 080,—
5.	Der Grenz-Angestellte habe eine Effektivität von		65%
6.	Das entspricht bei 2000 Jahresstunden einem genutzten Zeitanteil von		1300 Std.
7.	Zeit-Personal gleicher Qualifikation kostet pro Std. ca.	DM	18,50
8.	Das entspricht bei 1300 Nutzstd. jährlich	DM	24 050,—

Daraus resultiert, daß bei einem Auslastungsgrad nur von 65 bis 70% bereits die Wirtschaftlichkeit einsetzt.

Wie wird nun Zeit-Arbeit von derjenigen Industrie, die bereits Erfahrungen sammeln konnte, und wie von Stamm-Angestellten, die mit Zeit-Personal zusammengearbeitet haben, beurteilt?
Nach einer Statistik der Firma Manpower beurteilt die Industrie das Zeit-Personal wie folgt:

sehr gut = 25%
gut = 63%
mittelmäßig = 12%

Die Frage, ob man die gleiche Person im Bedarfsfalle wieder beschäftigen möchte, beantworten 94% mit „ja".

Den zweiten Teil der Ausgangsfrage beantwortet die Infratest-Untersuchung Nr. 6083/70, durchgeführt bei einem Repräsentativquerschnitt von Arbeitnehmern in Dauerstellung. Danach sehen 83% der Befragten ihren Arbeitsplatz durch Zeit-Arbeit nicht als gefährdet an. Rund 60% sind überzeugt, daß Zeit-Arbeit in der Zukunft zunehmen wird. 62% sind der Ansicht, daß die Existenz von Zeit-Arbeit die Schaffung neuer Arbeitsplätze nicht aufhalten wird.

3.5. Weitere Möglichkeiten der Anwerbung

Die Anwerbung von Mitarbeitern durch einen Aushang am Eingang des Unternehmens, durch Verbindung mit Schulen und Hochschulen, durch Handzettelaktionen oder ähnliches sind weitere Möglichkeiten.

3.5.1. Anwerbung über Mitarbeiter

Diese Methode wird hauptsächlich bei einer angespannten Arbeitsmarktsituation anzutreffen sein. Hat eine Firmenleitung sich einmal dazu entschlossen, über Mitarbeiter neue Kräfte anzuwerben, so muß sie sicher sein, daß das Firmenimage im Kreise der Mitarbeiter positiv ist. Nur so kann eine Werbewirksamkeit entstehen.
Wie die Mitarbeiter veranlaßt werden, neue Kräfte zu werben, hängt unter anderem von der Größe des Unternehmens ab. Größere Unternehmen werden in ihrer Werkzeitschrift ausführlich über die Personalknappheit berichten und die Mitarbeiter um Mithilfe bitten. In kleineren Unternehmen kann diese Bitte um Mithilfe mit dem Lohn- oder Gehaltszettel, am schwarzen Brett, oder in Besprechungen an die Mitarbeiter herangetragen werden.
Ein Unternehmen hat beispielsweise der Werkzeitschrift folgendes Blatt beigelegt, in dem die Mitarbeiter zur Mithilfe aufgefordert wurden. Der Erfolg ging über die Erwartungen hinaus:

Chancen bei den XY-Werken

Sie haben sich für die XY-Werke entschieden und Sie werden Ihre guten Gründe dafür haben. Sie wissen, was Sie – bei allen gelegentlichen Einwänden und Verbesserungswünschen – an den XY-Werken haben. Und die XY-Werke wissen, was sie an Ihnen hat: Insgesamt eine hervorragende Belegschaft. Lieber als vom ziemlich anonymen Arbeitsmarkt würden wir daher von Ihnen empfohlene neue Mitarbeiter einstellen. Und vielleicht halten auch Sie es für gut, Verwandte und Freunde zu uns zu bringen, in „Ihre" Firma.
Berichten Sie Ihnen doch einmal, was Sie selbst an Ihrem Arbeitsplatz, an Ihrer Arbeit und Ihrer Firma schätzen. Sie brauchen dabei natürlich nicht zu verschweigen, was noch besser werden könnte.
Die Erfahrung hat gezeigt, daß wir in sozialer Hinsicht in allem, was dem Mitarbeiter zukommen muß, vorankommen. Die Schritte sind mal größer, mal kleiner. Im Vergleich zu anderen Unternehmen liegen wir nicht schlecht. Ist das nicht Grund genug, uns zu empfehlen und uns gute Mitarbeiter zuzuführen? Das könnte ein Grund sein, Ihren Freunden und Verwandten zu empfehlen, sich uns anzuschließen.
Durch die Größe unseres Unternehmens bieten sich zahlreiche Chancen in verschiedenen Berufszweigen und auf allen Ebenen, auch für Halbtagskräfte. Gute, d. h. aktive, mitdenkende und aufgeschlossene Mitarbeiter werden bei uns sicherlich ihren Weg machen.
Bitte, schauen Sie sich doch mal um. Vielleicht kennen Sie jemanden, mit dem Sie bei Ihrer Empfehlung keine Seite der neuen Partner enttäuschen werden. Wenn sich aus dem Gespräch mit dem Interessenten ergeben sollte, daß er sich nur nach der Dienstzeit mit uns in Verbindung setzen kann, dann rufen Sie uns doch an (Tel. xxx). Wir stehen selbstverständlich auch Sonnabends oder nach Feierabend für ein unverbindliches Gespräch zur Verfügung. In der Werkzeitschrift werden wir Ihnen regelmäßig mitteilen, für welche Berufe die Aussichten bei uns gerade besonders gut sind.

Personalabteilung

Name ______________________ geb. am ______________________

Wohnort ______________________ erlernter Beruf ______________________

bewirbt sich als ____

In einer Werkzeitschrift wurde folgender Text veröffentlicht:
„Die allgemeine Personalknappheit wirkt sich nicht nur bei uns aus. Viele Firmen klagen darüber, daß trotz intensiver Werbung sehr wenige bereit sind, ihre Stellung zu wechseln. Trotzdem müssen wir uns bemühen, die aufgetretenen Lücken zu schließen, denn diese Lücken bedeuten ja auch für unsere Mitarbeiter eine zusätzliche Belastung. Zwei Mitarbeiter unseres Hauses haben sich auch darüber Gedanken gemacht und in einem Verbesserungsvorschlag angeregt, Mitarbeitern eine Prämie zu zahlen, wenn sie einen Interessenten aus Ihrem Bekanntenkreis werben, ein Arbeitsverhältnis mit uns einzugehen. Dieses Thema diskutierten wir schon vor langer Zeit und verwarfen diese Idee, weil sie als ‚Kopfprämie' angesehen werden und deshalb als unseriös gelten könnte. Ein Mitarbeiter hat jedoch dieses Problem von einer anderen Seite gesehen. Er argumentierte: Wenn wir nachweislich Anzeigenkosten sparen, weil einer unserer Mitarbeiter einen Interessenten anwirbt, sollte der Mitarbeiter einen Teil dieser eingesparten Summe für sich beanspruchen dürfen. Wir meinen, daß das richtig ist und darin dieselbe Logik liegt wie beispielsweise in der Prämierung von Verbesserungsvorschlägen, wo ja auch der Einsender einen Teil der Einsparungen (15%) erhält. Diesen Vorschlag wollen wir daher einführen, zunächst probeweise, um damit Erfahrungen sammeln zu können. Ab sofort also erhält jeder Mitarbeiter der einen ‚Neuen' anwirbt, 15% der eingesparten Anzeigenkosten entsprechend unserer Prämienordnung des betrieblichen Vorschlagwesens.

Kennen Sie also jemanden, der sich für eine Tätigkeit in unserem Haus interessiert, so nennen Sie der Personalabteilung Namen und Anschrift und wir werden dann alles weitere erledigen.
Ist unter Ihren Bekannten jedoch jemand, der keinen der genannten Berufe ausübt, aber zu uns möchte, dann sollten Sie ihn trotzdem auffordern, sich bei uns zu bewerben. Es kann ja sein, daß wir in absehbarer Zeit eine entsprechende Position zu besetzen haben, und dann auf diese Vornotierung zurückgreifen können. Auch in diesem Falle erhalten Sie einen Teil der eingesparten Anzeigenkosten. Es lohnt sich also künftig, Mitarbeiter anzuwerben".

Die Anwerbung über Mitarbeiter hat jedoch schon vielfach zu gewissen Auswüchsen geführt. So werden beispielsweise hohe Kopfprämien pro vermitteltem neuen Mitarbeiter gezahlt. Ein Unternehmen sollte sich, bevor es diesen Schritt unternimmt, wirklich überlegen, ob derartige Anwerbungsmethoden zum Stil des Hauses passen, und ob sie sich am Ende auch bezahlt machen.
Verwandte, die über Mitarbeiter angeworben werden, sollten allerdings nach Möglichkeit in einer anderen Abteilung eingesetzt werden als in der des Anwerbers. Es besteht sonst die Gefahr der Cliquenbildung.

3.5.2 Aushang am Werktor

Der Erfolg dieser Aushänge ist in der Regel besonders in den Großstädten ziemlich gering. Deshalb ist es wichtig, die Aushänge von Zeit zu Zeit gestalterisch zu ändern. Vorübergehende Berufstätige, die täglich diesen Aushang sehen, werden nach 2 bis 3 Tagen nicht mehr darauf achten, da er schon zum gewohnten Straßenbild gehört. In verschiedenen Konsumgüterunternehmen, die vor allem junge Leute ansprechen wollen, hängen beispielsweise popartige Illustrationen aus, die auf einen Bedarf hinweisen.
Unternehmen mit dezentralisierten Stellen müssen die jeweiligen Aushänge immer up-to-date halten, da sich sonst Bewerber auf einen Aushang melden, der schon längst überholt ist.
Ein größeres Unternehmen hat sich von einer Werbeagentur einen Aushang entwerfen lassen, der durch große informative Farbfotos interessante und gesuchte Arbeitsplätze darstellt. Um die Aufmerksamkeit dieser Farbfotos noch zu erhöhen, wurde außerdem eine mit großer Intensität strahlende Blitzlampe angebracht. Der Erfolg dieses Aushangs war gut, da innerhalb kürzester Zeit hierdurch mehr Kräfte angeworben werden konnten als durch Anzeigen, die die gleichen Kosten verursachten.

3.5.3. Verbindung mit Ausbildungsstätten

Ein Werbemittel für Nachwuchskräfte ist der Aushang am schwarzen Brett in den verschiedenen Ausbildungsstätten. Hierzu empfiehlt es sich, laufend Kontakt mit den jeweiligen Büros solcher Institute zu halten. Ist eine Schule oder Hochschule in der Nähe des Unternehmens, in dem am Aushang ein Stellenangebot hängt, so sollte von Zeit zu Zeit geprüft werden, ob dieses noch vorhanden ist. Nicht selten entfernen Studenten Angebote, um sich die Mühe des Abschreibens zu ersparen.

Auch bei Aushängen am schwarzen Brett sollte genauso wie bei Anzeigen vorgegangen werden. Eine gute Aufmachung bringt garantiert bessere Ergebnisse, als wenn nur auf einer Schreibmaschinenseite lieblos eine Stellenbeschreibung abgetippt wurde.
Die Verbindung mit Schulen und Hochschulen führt vielfach zu Einladungen ganzer Klassen oder Teile eines Semesters zu Informationsveranstaltungen. Bei Informationsveranstaltungen sollte die Anwerbung nicht aufdringlich sein. Das massive Hinweisen und Loben des eigenen Unternehmens wirkt auf Studenten vielfach abstoßend. Im Gegenteil sollte möglichst in sachlicher Form auf die verschiedenen Einsatzmöglichkeiten, auf Vor- und Nachteile einer Mitarbeit hingewiesen werden. Bei diesen Veranstaltungen ist vor allen Dingen darauf aufmerksam zu machen, daß bei speziellen Fragen Einzelgespräche vorteilhaft sind.
In kleineren Orten empfiehlt es sich immer, gute Kontakte zu den Schulen zu halten. Durch sachliche Information über die Produktion und über betriebliche Einrichtungen wird der Schüler indirekt beeinflußt. Vielleicht überlegt er schon, ob er sich bei der Berufswahl nicht auch hier bewerben soll. Oftmals wirbt bereits eine gute Ausbildung der Berufsanfänger für sich selbst. Es spricht sich bald herum, welches Unternehmen seinen Nachwuchs ordentlich ausbildet.

3.5.4. Anwerbung durch Handzettel

Für einfachere Tätigkeiten ist diese Art der Anwerbung ohne weiteres praktikabel. So können beispielsweise Hausfrauen, die früher einmal als Stenotypistinnen tätig waren, durch folgenden Handzetteltext angesprochen, werden:

Wollen Sie „nebenbei" etwas verdienen . . .?

. . . dann kommen Sie zu uns!

Wir suchen

Maschinenschreiberinnen

für eine Teilzeitbeschäftigung in unserem Schreibdienst.
Sie arbeiten zwanzig Stunden in der Woche (erste oder zweite Wochenhälfte, oder vor- bzw. nachmittags)
Wir bieten Ihnen leistungsgerechtes Gehalt, Gewinnbeteiligung, Weihnachtsgeld, vier Wochen Urlaub, einen preiswerten Mittagstisch und vielfältige soziale Leistungen.

Falls Sie Ihre Schreibfertigkeit noch verbessern wollen, helfen wir Ihnen!

Dafür haben wir innerbetrieblich einen Kursus eingerichtet. Die Ausbildungskosten tragen wir und Sie erhalten während dieser Zeit bereits Gehalt.
Bitte, informieren Sie sich durch einen Anruf oder besuchen Sie uns.
XY-WERKE
Personalabteilung

Allerdings sei vor Anwerbungsmethoden über gezielte Postwurfsendungen für Spezialisten gewarnt. Das ist nämlich die Kehrseite einer verstärkten Personalwerbung, die bei Arbeitskräftemangel bis zur Abwerbung vorstößt.
Bestehende Absprachen – sei es über Verbände oder auf regionaler Grundlage – helfen Auswüchse zu vermeiden. Dieses Vorgehen wurde bereits erfolgreich praktiziert.

3.5.5 Plakate

Vor allem in größeren Städten finden wir immer häufiger Plakate auf Litfaßsäulen, in Straßenbahnen, Bussen und anderen Verkehrsmitteln auf denen Personal geworben wird.
Eine Firma hat die Suche nach Auszubildenden auf diese Weise betrieben. Mit Hilfe bunter Popp-Plakate konnten in kürzester Zeit und mit relativ geringem Aufwand alle offenen Lehrstellen besetzt werden. Das verwendete Plakat hatte im übrigen die Aufmachung eines Posters und konnte von Interessenten angefordert werden.
Die Suche nach qualifizierten Facharbeitern o. ä. dürfte jedoch auf diese Weise problematisch sein, da man sich beim Vorübergehen kaum die Firma einprägen wird. Anders ist es da schon auf Bahnhöfen und in Verkehrsmitteln. Hier wird der Wartende automatisch auf die Plakate gestoßen. Die Auswahl der auf diese Weise angeworbenen Arbeitskräfte wird allerdings häufig dadurch eingeschränkt, daß der jeweilige Verkehrsbetrieb, der als Werbeträger auftritt, gerade die gleichen Mitarbeiter sucht. Dann wird dieser kaum eine entsprechende Werbung zulassen. Bevor diese Möglichkeit jedoch zur Seite geschoben wird, sollte auf jeden Fall ein Gespräch mit den Verantwortlichen erfolgen.

3.5.6. Besichtigungen

Einen weitaus größeren Erfolg als der bloße Hinweis in Anzeigen, daß diese oder jene Position zu besetzen ist, bringt der Zusatzvermerk, daß am Wochenende die Möglichkeit besteht, die jeweilige Betriebsstätte zu besichtigen, für die Mitarbeiter gesucht werden; die Familie sei bei dieser Besichtigung ebenfalls willkommen. Eine Hamburger Firma konnte auf diese Weise erheblich größere Erfolge erzielen als durch die üblichen Anzeigen. Es empfiehlt sich jedoch, in der Anzeige eine feste Uhrzeit anzugeben, damit die „Veranstaltung" einen geschlossenen Rahmen erhält.

Der Ablauf einer derartigen Anwerbeaktion kann wie folgt verlaufen:

1. Raumfrage in Betriebsstätte klären (Kantine? – ist der Raum gesäubert, da häufig eine Säuberung erst am Montagmorgen erfolgt).
2. Informationsmaterial bereitstellen (wichtige Daten des Unternehmens, Leistungen der Firma – Bewerbungsbogen).
3. Eventuell Getränke bereitstellen.
4. Klären, welcher Weg bei der Betriebsbesichtigung genommen werden soll (Absperrungen, Schutzhelme und andere Arbeitssicherheitsmaßnahmen).
5. Vereinbaren, welche Führungskräfte bei der Besichtigung anwesend sein

sollten (die Erfahrung zeigt, daß nicht mehr als 10 Interessenten von einem Vorgesetzten geführt werden sollten).

6. Pförtner benachrichtigen, damit dieser weiß, wo er die Bewerber hinzudirigieren hat (eventuell Richtungsweiser anbringen).
7. Nach Eintreffen der Interessenten kurze Begrüßung durch den Personalmitarbeiter mit Hinweis, warum Anwerbung erfolgt (Ausweitung neuer Produkte etc.).
8. Vortrag des Betriebs- bzw. Bereichsleiters über jeweilige Arbeitsstätten und Aufgabenbereiche.
9. Aufteilung der Gruppen (eventuell aufteilen nach Ausbildung wie Schlosser, Elektriker usw.).
10. Besichtigen und Zeigen der Arbeitsplätze.
11. Nach Rückkehr von der Besichtigung
    - in kleinen Gruppen mit Personalmitarbeiter und jeweils einem Bereichsvorgesetzten zusammensetzen und detailliert über Arbeitsbedingungen berichten (Lohn, soziale Leistungen, Aufstiegsmöglichkeiten etc.) – es empfiehlt sich, Zettel vorzubereiten, in die lediglich noch die Beträge einzufügen sind (Bleistifte gegebenenfalls bereithalten).
    - Hinweis geben, daß diese Veranstaltung nur eine oberflächliche Information darstellen kann. Wer interessiert ist, sollte sich noch einmal im Personalbüro melden (eventuell Termin bekannt geben, wann Besuch möglich – auf keinen Fall schon auf eine Entscheidung drängen).
    - Falls Kinder mitgebracht wurden, muß die Möglichkeit bestehen, daß sie während des Gespräches betreut werden.
12. Verabschiedung (eventuell mit kleinem Präsent für die Ehefrau und mitgebrachte Kinder).

Die Veranstaltung sollte mit Rücksicht auf die Familie auf keinen Fall länger als 2 Stunden dauern. Das schließt nicht aus, daß die Personalmitarbeiter sowie die Fachvorgesetzten noch zu speziellen Gesprächen auf Wunsch auch danach noch zur Verfügung stehen.

3.5.7. Informationsveranstaltungen außerhalb des Standortes

Stellt sich heraus, daß der örtliche Arbeitsmarkt weitgehend erschöpft ist, kann bei Anwerbungen auf die nähere Umgebung ausgewichen werden. Dabei sind folgende Punkte zu klären:

1. In welchen Orten sind Informationsveranstaltungen vorgesehen?
2. Welche Zeitungen werden in diesen Orten gelesen?
3. Ist am jeweiligen Ort ein Arbeitsamt vorhanden (über vorgesehene Aktion informieren, damit eventuell vornotierte Interessenten sich an dieser Veranstaltung beteiligen können)?
4. Suchen eines geeigneten Lokals mit separatem Raum. Dieses Lokal darf nicht zu feudal sein. Der Interessent scheut sich sonst unter Umständen, das Lokal zu betreten. Außerdem muß das Lokal verkehrsgünstig liegen. Mit dem Geschäftsführer Termin absprechen (möglichst nach 18 Uhr). Miete des Raumes

vereinbaren. Prüfen, ob elektrischer Anschluß vorhanden (für eventuelle Filmvorführung).

5. Kann Wohnraum für auswärtige interessierte Bewerber beschafft werden? (Eventuell Zimmer für Interessenten, die am Wochenende nach Hause wollen – Pendler –.)
6. Besteht die Möglichkeit, ein Fahrzeug (Bus) für die täglichen Pendler bereitzustellen?
7. Zusammenstellen von Informationsmaterial für Interessenten einschließlich Bewerbungsbogen.
8. Einschalten entsprechender Anzeigen in der Regional-Presse mit Hinweis, daß Mitarbeiter der Firma an einem bestimmten Ort und zu einer bestimmten Zeit zu Gesprächen zur Verfügung stehen. Da diese Information nur global sein kann, sollte ebenfalls ein bestimmter Zeitpunkt angegeben werden, zu dem sich die Interessenten einfinden möchten.
   Ansonsten ist der weitere Ablauf ähnlich wie unter 3.5.6. beschrieben. Da eine Besichtigung in diesem Falle nicht möglich ist, empfiehlt sich, eine Kurzfilm- oder eine Tonbildschau über das Unternehmen vorzuführen.
9. Abschließend sollte vor der Verabschiedung noch darauf hingewiesen werden, daß bei einem Besuch der Firma selbstverständlich Fahr- und Tagegeld gezahlt werden.

4. Bearbeitung der Bewerbung

Der organisatorische Ablauf wurde bereits im Kap. 2 dieses Buches behandelt. An dieser Stelle sind einige zusätzliche Erläuterungen zur Bearbeitung der Bewerbung erforderlich.
Nach Rücksendung des Personalfragebogens durch den Bewerber mit den angeforderten Zeugniskopien kann eine intensive Analyse dieser Unterlagen erfolgen. Mehrere Bewerber sind besser zu vergleichen wenn der Personalfachmann, die wesentlichen Angaben des Bewerbers auf eine Liste überträgt (Formular A/9).
Sobald diese Liste ausgefüllt ist, läßt sich auf einen Blick erkennen, welcher Bewerber in Frage kommt, welcher die besten Voraussetzungen für die zu besetzende Position mitbringt.

4.1. Analyse der Bewerbungsunterlagen

Die genannte Zusammenstellung der verschiedenen Bewerbungsunterlagen in einer Liste ist die Grundlage für eine genaue Analyse. Bei erster Sichtung ist es zweckmäßig, Notizen über die Aufmachung, Vollständigkeit, Sauberkeit der Blätter, übersichtliche Zusammenstellung, Satzbau, Rechtschreibung und Interpunktion zu machen.
Bewerbungsunterlagen, die zeigen, daß der Einsender für die ausgeschriebene Position nicht geeignet ist, sollten gar nicht erst in der Übersicht erfaßt werden.

Bei Durchsicht der Bewerbungsunterlagen darf eine Auswahl nicht nur nach den in der Stellenanzeige geforderten Anforderungen erfolgen. Vielmehr muß gleichzeitig überlegt werden, ob dieser oder jener Bewerber nicht für eine andere Position im Unternehmen geeignet ist. Eine gründliche Analyse der Daten in der Zusammenstellung erleichtert die Mühe der persönlichen Prüfung, da die Zahl relativ klein bleibt.
Die Vorauswahl wird zweckmäßigerweise einmal vom Personalfachmann und zum anderen von der anfordernden Abteilung getroffen. Für den Auswerter ist es von vornherein günstig, wenn in jeder Spalte möglichst alle Daten eingetragen sind. Ein Bewerber kann leicht deshalb aus dem Rennen geworfen werden, wenn Daten nachgefordert werden müssen.
Nachdem die Übersicht erstellt worden ist, hat eine genaue Analyse der einzelnen Unterlagen zu erfolgen. Hier wird zunächst das Bewerbungsschreiben kritisch zu betrachten sein.

4.1.1. Das Bewerbungsschreiben

Aufmachung und Anordnung
Es hat sich als vorteilhaft erwiesen, zunächst einmal den Gesamteindruck auf sich wirken zu lassen. Entsprechend lassen sich die Anschreiben kennzeichnen mit beispielsweise einem Ausrufungszeichen (!) für engste Auswahl, einem Kreuz (+) für die engere Auswahl, einem Strich (—) für guten Durchschnitt und schließlich eine Null (0) für weniger geeignet.
Besondere Aufmerksamkeit verdient beim Bewerbungsschreiben die äußere Aufmachung: besteht eine klare Gliederung, ist die Bewerbung in ein Päckchen verschnürt, ist sie in einen sauberen Aktendeckel geheftet, ist jedes Blatt einzeln in eine Plastikhülle verpackt und in einem Ordner zusammengefügt?
Neben der lässigen und ausgesprochen nachlässigen Anordnung gibt es auch eine ästhetisch geradezu perfekte Aufmachung. Für den Betrachter bieten diese Extreme eine Reihe von Deutungsmöglichkeiten an.
Aus einer nachlässig und unordentlich geschriebenen Bewerbung kann gefolgert werden, daß die Gesamtpersönlichkeit des Bewerbers wenig ausgeprägt ist, oder daß der Bewerber wenig anstrengungsbereit ist und Aufgaben unbedacht durchführt und aus einer gewissen naiven Blindheit oder primitiven Ichbezogenheit nicht fähig ist, den Anforderungen eines geordneten Lebens und Arbeitens nachzukommen.
Wesentlich schwieriger ist die Beurteilung gewisser Lässigkeiten bei der Bewerbung. Hier ist die Deutung komplizierter. Dabei wird man zwischen Bewerbern im technischen und kaufmännischen Sektor zu unterscheiden haben.
Techniker legen, wie die Erfahrung zeigt, bei Bewerbungen im allgemeinen weniger Wert auf die äußere Form. Abgesehen von dieser Unterscheidung kann die etwas lässig gestaltete Bewerbung Ausdruck sehr verschiedener Haltungen und Einstellungen sein.*
Die lässig formulierte und gestaltete Bewerbung kann aber auch ein Anzeichen dafür sein, daß der Bewerber den Erfolg seiner Bewerbung nicht so wichtig

* Vgl. Lückert, H. R., Mitarbeiter auswählen, beurteilen und führen, München 1966.

nimmt. Möglich ist auch, daß dadurch eine gewisse Überheblichkeit zum Ausdruck kommt, mit der er zeigen will, die Firma könne froh sein, wenn sie ihn überhaupt bekomme.
Andererseits kann aber auch die sehr exakte und ansprechende Bewerbung von einem unsicheren Bewerber stammen. Genauso aber ist es möglich, einen Pedanten oder Blender vor sich zu haben.
Wichtig ist deshalb, sein Augenmerk auch auf Abweichungen von der Norm zu richten. So kann ein ungewöhnliches Papierformat oder die Art des Papieres und der Tinte darauf hinweisen, daß es dem Bewerber um Effekthascherei geht oder er so naiv ist, nicht zu erkennen, daß derartige Abweichungen bei dem Betrachter eine negative Reaktion auslösen.
Auch bei der Durchsicht der Unterlagen auf Vollständigkeit kann ein weiterer Anhaltspunkt für die Beurteilung gefunden werden. Hier ist es notwendig darauf zu achten „ob das Weglassen bestimmter Unterlagen glaubwürdig oder fadenscheinig begründet, ganz verschwiegen oder übergangen wird. Es ist der erste Auftrag der Firma und man kann aus der Ausführung schon gewisse Anhaltspunkte für das weitere Verhalten entnehmen. Gelegentlich wird das handschriftlich angeforderte Schreiben unterschlagen. Der Beurteiler wird sich auch hier fragen müssen, ob es Absicht war oder vergessen wurde. Im letzteren Falle können unbewußte Motive des Protests oder des Selbstschutzes (aufgrund von Selbstunsicherheit) eine Rolle spielen, evtl. auch einfache Bequemlichkeit und Nachlässigkeit."*
Bei den Bewerbungen auf ein Inserat hin ist zu prüfen, ob sich der Bewerber mit den gestellten Anforderungen auseinandergesetzt hat. Entscheidend ist hier: ist er eindeutig darauf eingegangen, oder hat er sich über die einzelnen Punkte einfach hinweggesetzt. „Bei Posten, die in erster Linie Auftragstreue erfordern, wie das bei den meisten ausführenden Tätigkeiten der Fall ist, ist die Vernachlässigung unserer Anforderungen selbstverständlich ein schlechtes Prognostikum. Ein anderer Maßstab gilt bei Positionen, die Selbständigkeit, Initiative und Eigenverantwortlichkeit erfordern. Hier wird man auch Eigenwilligkeit in Kauf nehmen müssen, was sich praktisch dahin auswirkt, daß Sie fehlende Unterlagen mit eigener Langmut anmahnen. Übrigens verstehen es gerade sehr qualifizierte Bewerber meist geschickt, einen Mittelweg zwischen ihren und unseren Intentionen zu finden."**
Oftmals ist bei Bewerbungsschreiben ein schablonenhafter Aufbau erkennbar. Hierbei ist zu berücksichtigen: Schablonenhafte Wiedergaben stammen von Persönlichkeiten, die in Normen denken. Sie sind im allgemeinen für mittlere und untere Positionen geeignet.

Der Stil des Bewerbungsschreibens
Zum Stil der Bewerbung ließe sich viel schreiben. Es seien deshalb hier nur die wichtigsten Dinge zusammengestellt.
In der Art und Weise, in dem Stil, in dem das Bewerbungsschreiben aufgesetzt ist, spiegelt sich viel Gewolltes und Ungewolltes aus dem Wesen des Bewer-

* Lückert, H. R., a. a. O.
** Kroeber-Kenneth, L., Wie findet man qualifizierte Mitarbeiter. Düsseldorf 1960.

bers wider. Wird der Stil der Sprache, der Aussage betrachtet, so kann indirekt etwas über Zielsetzung und Einstellung der Person, über die Arbeitsgesinnung, die Selbsteinschätzung und über den Lebensstil erfahren werden. Der Stil zeigt, wie sich der Bewerber einschätzt, was er will, wie er von anderen gesehen werden möchte.
Ein Bewerber, der temperamentvoll schreibt, kann kein Pedant sein. Ein Bewerber jedoch, der bis auf das i-Tüpfelchen genau ist und fassadenhaft schreibt, kann kaum aufgeschlossen, lebendig und beschwingt sein. Die Durchgängigkeit des Stils zeigt sich typisch beim Bewerbungsschreiben. Gelegentlich wird jedoch dieser gewohnheitsmäßige Stil von aktuellen Einbrüchen fremder Stilelemente überlagert. Dieser aktuelle Stil unterscheidet sich vom gewohnheitsmäßigen dadurch, daß er beispielsweise durch Elemente eines hochgespannten Satzes etc. überlagert wird. Gelegentlich wird aber auch der gewohnheitsmäßige Stil hinter einem aktuellen Stil (Stilelemente der Frechheit und Arroganz) verborgen. Wichtig ist es also auf jeden Fall, durch sehr sorgfältige Beobachtung des Bewerbungsschreibens festzustellen, was am Stil gewohnheitsmäßig und was aktuell ist.
Der Stil selbst kann dynamisch oder statisch sein. Hier lassen sich nach Korff verschiedene Stiltypen unterscheiden: „Die beiden Extreme sind: der extrem dynamische Stil, der disharmonisch, uneinheitlich und chaotisch ist, und der extrem statische Stil, der sich ebenfalls disharmonisch, aber auch monoton einheitlich oder starr und verkrampft darbietet. In der Mitte liegt der mehr dynamische und mehr statische Stil. Diese beiden Stilarten wirken harmonisch, einheitlich, ebenmäßig rhythmisch, wohlgeordnet, beschwingt und gelöst, wobei die größere Einheitlichkeit, das größere Regelmaß, die größere Wohlgeordnetheit bei dem mehr statischen Stil, die größere Beschwingtheit und Gelöstheit bei dem mehr dynamischen Stil anzutreffen ist."*
Dynamisch ist beispielsweise ein Text, wenn er lebendig geschrieben ist und deutlich zeigt, daß ein unmittelbarer Bezug zur Wirklichkeit besteht. Dagegen ist ein Text statisch, wenn die Darstellung mehr formal und sachlich ist.
Beim Prüfen der Bewerbungsschreiben ist weiter darauf zu achten, daß sie vergleichbar bestimmten Werbeaussagen eine gewisse Fassade tragen. Im Bewerbungsschreiben sind deshalb speziell die berufstypischen Äußerungen zu suchen. Trotzdem muß man das Bewerbungsschreiben immer wieder ganzheitlich auf sich wirken lassen, ohne sich am Anfang in Einzelheiten der Darstellung zu verlieren. Erst beim Betrachten im Detail ist zu analysieren: ob im Bewerbungsschreiben eine gewisse Unaufrichtigkeit versteckt ist, oder ob ein Überrumpelungsmanöver durch geschickte Aufschneiderei oder Verschleierung versucht wird. Satzschnörkeleien oder viele Umschreibungen sind deshalb mit Vorsicht zu genießen.

Es gibt allerdings auch eine verfeinerte Art der Hochstapelei, die nach dem Motto handelt: je abstrakter die Dinge dargestellt sind, desto geistreicher und intelligenter werden sie beim Leser erscheinen.
Das „geistige Format" des Bewerbers ist u. a. aus der Lebendigkeit seiner Aus-

* Korff, Menschen beurteilen und Menschen führen, Heidelberg 1960.

führungen zu erkennen, wobei vor allem der „dynamische Stil" auffällt. Benutzt der Bewerber Zeitwörter im Aktiv, einfache aber treffende Ausdrücke, keine Wortschnörkeleien, wenig Fremdworte? Das geistige Format ist außerdem erkennbar am Einfallsreichtum, an der Lebendigkeit, am aktiven Stil, an der Kürze der Sätze.
Die Denkart des Bewerbers ergibt sich aus der sinnvollen Gliederung. Ist das Bewerbungsschreiben formal ansprechend und sinnvoll unterteilt? Sind die Absätze am richtigen Fleck? Besteht ein logischer Bezug im Ablauf der Sätze, aus denen eine klare Gedankenführung erkennbar ist?
Eine Beurteilungsskala läßt sich aus den Fragen wie folgt bilden:

1. *Der Ausdruck*

vorwiegend verbaler Stil:	lebendig, frisch, ungekünstelt, ungezwungen
vorwiegend Aktiv:	energisch
vorwiegend Passiv:	handelt abwartend, betrachtend, versachlicht
vorwiegend substantivischer Stil:	distanziert bis steif, gemacht, schwerfällig, manieriert, affektiert

2. *Der Satzbau*

vorwiegend einfacher Satzbau:	schlicht, unkompliziert, direkt
vorwiegend verschachtelter Satzbau:	unbeholfen, umständlich, geschroben, arrogant

3. *Die Satzverbindungen*

flüssig:	wendig, intelligent
steif und unbeholfen:	ungeschickt, Anpassungsmangel, Mangel an Einfühlung

4. *Der Wortumfang*

groß:	vielseitig, intelligent
gering:	unbeholfen, einseitig, unbeweglich

4.1.2. Das Lichtbild

Es ist umstritten, ob ein Lichtbild den Bewerbungsunterlagen beigefügt werden soll. Es hat sich nämlich vielfach die Meinung durchgesetzt, ein Lichtbild könne nicht viel Anhaltspunkte bieten. Es ist nicht bekannt, wie alt die Aufnahme ist und ob sie den Bewerber günstig oder ungünstig wiedergibt. Wenn zu den Bewerbungsunterlagen ein Lichtbild verlangt wird, dann meistens deshalb, weil man einen ersten oberflächlichen Eindruck gewinnen möchte. In der Praxis aber zeigt sich immer wieder der Unterschied zwischen diesem ersten Eindruck und der wirklichen Erscheinung. Manchmal kann aber auch die Art des Bildes auf den Bewerber Rückschlüsse zulassen. Hierin liegt eher ein Grund, Lichtbilder bei Bewerbungen zu fordern. Grundsätzlich aber wird ein Lichtbild nur sehr vage Anhaltspunkte liefern können.
Im Einzelfall können Lichtbilder dann geeignet sein, die Vorauswahl zu erleichtern, wenn Bewerber gesucht werden sollen, die das Unternehmen in der Öffentlichkeit zu vertreten haben. Denn dann muß man sich von vornherein fragen,

welcher Bewerber hat als Repräsentant die besten Voraussetzungen oder welcher Vertreter wird am schnellsten Zutritt zu neuen Kunden gewinnen oder welcher Mitarbeiter hat die günstigsten Voraussetzungen für eine optimale Öffentlichkeitsarbeit? Hier muß man bereits die Klischeevorstellungen der breiten Masse in seine Überlegungen einschließen. Ein Reisender oder Vertreter ist beispielsweise unter solchen Vorzeichen im Vorteil, wenn er neben guten Fachkenntnissen und einer wohlklingenden Stimme ein schmales Gesicht, eine hohe Stirn und ein gepflegtes Äußeres vorweisen kann.
Er wird einen intelligenteren Eindruck hinterlassen als ein Kollege mit aufgeschwemmtem Gesicht und großer Knollennase. Vom Gesicht sollen eben solche Ausstrahlungen ausgehen, die für bestimmte Repräsentationstätigkeiten am besten geeignet sind.
Bewerberphotos geben aber, wie erwähnt, auch andere Hinweise, die natürlich durch ergänzende Untersuchungen bestätigt werden müssen. Die Art der Kleidung spricht für Kultur und Lebenseinstellung. Werden Krawatte oder Fliege getragen, ist er streng oder salopp gekleidet, wie ist die Form seiner Brille? Das Verhältnis von Kleidung zum Charakter kann sich in folgenden Äußerlichkeiten widerspiegeln. Wird eine Fliege anstatt einer Krawatte getragen, so ist der Wunsch des Trägers herauszulesen, möglichst einmalig zu sein. Es handelt sich also um eine Selbstwerteinschätzung des Dargestellten. Ähnlich verhält es sich auch für Bartträger. Ob ein akkurater Krawattenknoten oder ein nachlässig gebundener gezeigt wird, läßt auf das ästhetische Empfinden des Trägers schließen. Es gibt Menschen, die diesen Dingen wenig Aufmerksamkeit schenken. Es ist ihnen relativ gleichgültig, ob ihre Krawatte schief sitzt oder ob aus der Art und Weise des Tragens Korrektheit und Geschmack sprechen. Werden farbige Bilder eingesandt, kann das Empfinden für farbliche Harmonien abgelesen werden.
Es darf jedoch nicht übersehen werden, daß viele Bewerberphotos durch die Art und Weise der Aufnahme geprägt werden. Dies ist vor allen Dingen bei der Pose des abgebildeten Bewerbers zu berücksichtigen. Eine Person wird als abschätzend und hochmütig, stolz oder aufrecht bezeichnet, wenn sie sich in bestimmten Posen darstellt. Daher sollten Analysen über die Pose anhand des Photos unterbleiben. Etwas ähnliches gilt für das Bildformat. Allerdings sollten eingesandte Gruppenbilder, auf denen ein Pfeil den Bewerber hervorhebt, zu denken geben.
Zu berücksichtigen ist schließlich das Alter des Dargestellten. Bei älteren Menschen sind die Gesichtszüge vom Leben geprägt. Die Art der Mundverformung, die Art des Blickes können von Erfolgen oder Enttäuschungen, von Erfahrungen, die das Leben prägten sprechen. Ist ein Bewerber lange Zeit vom Mißerfolg begleitet, so hat er ein anderes Aussehen, als ein erfolgsgewohnter Mensch.

4.1.3. Zeugnisse

4.1.3.1. Schulzeugnisse

Schulzeugnisse haben eine gewisse Aussagekraft, wenn das Niveau einer Schule bekannt ist. Jeder weiß, wie unterschiedlich im allgemeinen Leistungen beurteilt werden. Das trifft besonders bei den Fächern zu, in denen die Persön-

lichkeit des Schülers ihre individuelle Prägung erhält. Hierzu zählt vor allem das Fach „Deutsch" (Aufsätze). Als Ausdruck einer absoluten Leistungseinstufung ist die Zeugnisnote unbrauchbar. Die Schulzeugnisse verschiedener Kandidaten können deshalb auch nicht miteinander verglichen werden. Das Zeugnis ist außerdem ein Produkt, an dem Lehrer, Klasse und Schüler gemeinsam beteiligt sind. Die Leistung ein und desselben Schülers würde unter anderer Führung möglicherweise ganz anders geartet sein. Versucht man die Wissensleistungen verschiedener Bewerber zu vergleichen, so ist ein sicheres Mittel nur die Wissenprüfung in Form von konkreten Angaben. Diese Wissensprüfung wird vor allen Dingen bei Auszubildenden durchzuführen sein.
Vorbehaltlich dieser allgemeinen Einschränkungen lassen sich etwa folgende Überlegungen anstellen. Haben gute oder schlechte Zeugnisnoten gemeinsame Ursprünge? Es ist bekannt, daß Sprachbegabte häufig in mathematisch-naturwissenschaftlichen Fächern schlechte Noten aufweisen. Auf jeden Fall lassen gute Noten in bestimmten Fächern spezielle Interessen erkennen. Fächer wie Betriebswirtschaftslehre, Gemeinschaftskunde, Geschichte sind reine Paukfächer. Mit einem gewissen Einsatzwillen wird hier jeder eine befriedigende Leistung erzielen. Werden keine guten Noten erreicht, könnte man auf Willensschwäche oder Lahmheit schließen. Bei Sprachen gilt in gewissem Rahmen ähnliches, da das Erlernen der Vokabeln reine Fleißsache ist. Große Aussagekraft haben auch Fächer wie Musik, Sport, Zeichnen, Werken, Handarbeit und Singen. Hier wird das vitale Feld umrissen, in dem der Zwang zum Mitmachen besteht. Hieraus läßt sich bereits eine positive oder negative Einsatzbereitschaft herauskristallisieren. Wer in Sport und Singen schlechte Noten aufweist, zeigt einen Hang zur Isolierung. Die individuelle Ausprägung bestimmter Merkmalsdimensionen läßt sich aus den einzelnen Unterrichtsbereichen herausschälen. So sind gute Noten in

Mathematik, Rechnen, Chemie und Physik auf Konzentrationsfähigkeit, Zahlensinn und Abstraktionsvermögen zurückzuführen;
in Geschichte, Sprache, Gemeinschaftskunde auf Willenseinsatz;
in Sport, Turnen und Spiel auf Einsatzfreudigkeit;
in Werken und Singen auf Anpassungsfähigkeit;
in künstlerischen Fächern auf Gefühlsfähigkeit;
in Musizieren, Zeichnen und Malen schließlich auf Produktivität und Phantasiebegabung.

Wenn mehrere Schulzeugnisse vorliegen, besteht eher die Möglichkeit, sich über die Richtigkeit bestimmter Merkmale zu vergewissern. Gute Zensuren sagen zum Teil etwas Positives über den Bewerber aus. Ist es ihm gelungen, sich an die Ordnung anzupassen? Hat er sich an das System der Schule gewöhnt und wurde er den damit verbundenen Pflichten gerecht? Lassen sich in mehreren Zeugnissen die gleichen Merkmale erkennen, so wird der Bewerber auch im Unternehmen ähnliche Eigenschaften zeigen. Allerdings ist nicht zu vergessen: es gibt im Grunde nur zwei Typen, die sich schwer anpassen, nämlich die Superintelligenten und die Unterentwickelten.
Zu Schulzeugnissen sei abschließend gesagt: Es darf nie der Fehler gemacht werden, Diplome oder Spitzenzeugnisse als Ersatz für betriebliche Praxis anzu-

sehen und diesen Bewerbern sofort Spitzenstellungen zuzutrauen. Der Betrieb verlangt hier statt Anpassung Eigenständigkeit, Verantwortung und Urteil im Handeln. Die Praxis hat häufig gezeigt, daß auf solche Weise aus Klassenbesten für die betrieblichen Belange enttäuschende Mitarbeiter wurden.
Die Fähigkeit der Anpassung muß nicht für jeden Posten im Unternehmen vorteilhaft sein. Ein Mitarbeiter mit diesen Eigenschaften wird nie eine hervorragende Führungskraft sein, da er kaum zu eigenen Ansichten neigt, Durchsetzungskraft zeigt und Verantwortung übernehmen will. In der Praxis zeigt sich daher immer wieder, daß höhere Führungskräfte selten glanzvolle Schulzeugnisse vorweisen können.

4.1.3.2. Arbeitszeugnisse

Bei Arbeitszeugnissen kommt es darauf an, aussagefähige Hinweise auf die Erfahrungen, die körperlichen Eigenschaften und fachlichen Fähigkeiten zu finden. Selbstverständlich lassen sich aus solchen Zeugnissen stichhaltigere, positivere Aussagen entnehmen als aus Bewerbungsschreiben. Aber es gilt auch bei ihnen, was für Schulzeugnisse gilt. Absolute Objektivität beinhalten sie kaum. Bei der Abfassung können Fehleinschätzungen, Abneigungen, Zuneigungen, ja sogar Ungeschicklichkeiten der Ausdrucksweise den Aussagewert herabsetzen. Auch das sogenannte Wegloben kommt nicht selten vor.
Wie soll nun die Aussagefähigkeit eines Zeugnisses überprüft werden? Einmal spielt der Name der ausstellenden Firma oder Person eine wichtige Rolle. Meistens wissen die Personalleiter schon, welche Namen eine gute Bürgschaft für Verläßlichkeit eines Zeugnisses bedeuten.
Sodann ist es immer erforderlich, zwischen den Zeilen zu lesen und den Tenor der verschiedenen Zeugnisse miteinander zu vergleichen. Notfalls können auch Rückfragen bei Firmen, in denen die Zeugnisse ausgestellt werden, zur Klärung beitragen. Sagen mehrere Zeugnisse gleiches oder ähnliches aus, erhöht dies die Zuverlässigkeit ihrer Aussage.
Aus dem Einzelzeugnis können berufliche Mängel herausgelesen werden, wenn es beispielsweise heißt: er wurde im Einkauf und Versand eingesetzt. Im Versand hat er seine Arbeit stets aufmerksam und zufriedenstellend verrichtet. Hier wird angedeutet, daß der Betreffende also im Einkauf nicht besonders gut war. Erfolgte eine Entlassung aus charakterlichen Mängeln, so wird dies kaum im Zeugnis zu finden sein. Es ist nur zu vermuten, wenn der Grund des Ausscheidens vollkommen fehlt und das Zeugnis durch knappe Formulierungen schroff wirkt.
Deshalb ist das Prüfen von mehreren Zeugnissen desselben Bewerbers besonders aufschlußreich. Hier ergeben sich dann gute Vergleichsmöglichkeiten, besonders soweit es Fleiß, Zuverlässigkeit und Fachwissen betrifft. Der Leistungswert eines Bewerbers läßt sich in einem solchen Fall verhältnismäßig klar aus dem Querschnitt von fachlich gleichgerichteten Zeugnissen erkennen. Der Wert des Einzelurteils kann dabei durch den Vergleich auf anderen Aussagen bestätigt oder neutralisiert werden. Ist in jedem eingereichten Zeugnis eine andersartige Tätigkeit beurkundet, dann sind nur die allgemeinen Eigenschaften durch Vergleich zu klären.

Zeitlich eng aufeinander folgende Zeugnisse zeigen zum Teil die geistige und fachliche Entwicklung des Bewerbers. Dies wird vor allem in der Veränderung ihrer Aussage vom ersten bis zum letzten Zeugnis erkennbar. Es ist dann verhältnismäßig leicht zu ersehen, ob der Bewerber berufliche Fortschritte gemacht hat oder nicht, ob sein Verantwortungsbereich im Laufe der Zeit erweitert worden ist oder nicht. Weiterhin ist erkennbar, welche Verschiebungen in der Tätigkeit auftraten. Wodurch sind sie bedingt gewesen? Sind sie für die ausgeschriebene Position positiv oder negativ zu bewerten? Waren die Zeitspannen der verschiedenen Tätigkeiten kurz oder lang? Steigern sie sich in der Verantwortung? Sind sie eine Folge der Anerkennung von Leistungen in einem und demselben Unternehmen? Oder hat der Bewerber nur geschickt gewechselt, um bei einer Firma, die mehr bietet, zu avancieren?

Aus all diesen Komponenten läßt sich die Art und Stärke der inneren Antriebe, der Zielstrebigkeit und der Begabung erkennen. Sind aus den Zeugnissen große zeitliche Lücken zwischen den einzelnen Tätigkeiten feststellbar, ist die berufliche Qualität nicht stabil. Bei längeren Tätigkeitspausen gehen häufig fachliche Kenntnisse oder gar Fähigkeiten verloren. Eine Schwächung der Leistung ist die Folge. Ist man trotzdem gewillt, den Bewerber zu berücksichtigen, so sollte er fachlich geprüft werden. Es sei denn, die letzten Zeugnisse weisen seine fachlichen Qualitäten hinreichend aus. Fachliche Prüfung empfiehlt sich aber, wenn ein Bewerber nur Zeugnisse eingesandt hat, die vor langer Zeit verfaßt worden sind.

Auch der Stimmungsgehalt, der aus dem Stil eines Zeugnisses ausfließt, ermöglicht gewisse Rückschlüsse. Ein Urteil kann auf achtungsvolle, nüchterne, herzliche Weise mittelbar etwas über die Wirkung des Bewerbers als Mensch und Mitarbeiter aussagen. Bei solchen Stimmungsbewertungen ist aber auch Vorsicht am Platze. Persönliche Abneigung oder Zuneigung eines Vorgesetzten könnte sie verursacht haben. Auch bei einem offensichtlichen Weglobungszeugnis kann der Stimmungsgehalt anzweifelbar sein. Sind jedoch über eine Person mehrere Urteile gleichermaßen bestimmt, so kommt dem Stimmungsgehalt eine gewisse Aussagekraft zu.

Bei genauer Betrachtung wird sich oft sehr schnell feststellen lassen, was der jeweilige Arbeitgeber aussagen wollte. Es kommt hier manchmal weniger darauf an, was im Zeugnis steht, als vielmehr auf das, was weggelassen worden ist. Darüber hinaus ist es immer wieder aufschlußreich, ob Beschäftigungsanfang und Endtermine in den Urkunden mit den Angaben des Lebenslaufes übereinstimmen. Weiterhin gibt besonders der letzte Absatz im Zeugnis Aufschluß.* Hier sind meistens verschiedene Formulierungen zu finden wie:

- „Ausscheiden auf eigenen Wunsch" (kommt am häufigsten vor, hieraus ist wenig zu erkennen).
- Das Ausscheiden wird „mit Bedauern" oder sogar „mit außerordentlichem Bedauern" kommentiert (in diesem Falle handelt es sich offensichtlich um einen guten oder sehr guten Bewerber).

---

* Vgl. Knebel, H., Inhalt und Technik des erfolgreichen Vorstellungsgesprächs in „Das Personal-Büro in Recht und Praxis", Gr. 9, S. 95.

– Das Ausscheiden erfolgt in „beiderseitigem Einverständnis" oder „Einvernehmen" (hier ist Vorsicht geboten; ein Nachforschen beim Arbeitgeber ist geboten).
– Auch „organisatorische Gründe" und „interne Reorganisation" als Grund für die Aufgabe einer Position sind mit Vorsicht zu genießen, da es oft nur vorgeschobene Gründe sind.

Weiterhin sind besondere Formulierungen in den Zeugnissen zu beachten:

– Mit gedrechselten Formulierungen im Zeugnis wird häufig versucht, etwas zu verbergen.
– „Hat sich bemüht", „hat versucht", „hatte Gelegenheit, dies oder jenes zu tun", deutet darauf hin, die Leistungen waren schwach.
– Auch die Bestätigung der Pünktlichkeit oder gar der Vertrauenwürdigkeit in Zeugnissen sehr qualifizierter Bewerber bedeutet häufig eine bewußte Abwertung.
– Die Betonung besonderer Genauigkeit läßt zum Beispiel auf Mängel in der Arbeitsschnelligkeit schließen. Das gilt auch umgekehrt. Auch hier ist es bedeutungsvoll, wenn sich solche Formulierungen in verschiedenen Zeugnissen wiederfinden.

Es ist natürlich problematisch, sich bei der Auswertung von Zeugnissen auf die vorgenannten Abstufungen zu verlassen. Der Verfasser eines Zeugnisses kann nicht wissen, ob der nächste Auswerter des Zeugnisses diese Abstufungen kennt. Weiterhin besteht die Möglichkeit, daß ein Beurteiler die Formulierungen entsprechend auswertet, obwohl der Verfasser des Zeugnisses die Abstufungen nicht kannte.
Viele Zeugnisse werden auch nur nach dem Schema verfaßt:
Sage nur Gutes oder sage gar nichts. Nun ist bekannt, daß bei bestimmten Positionen auch ganz bestimmte Qualifikationen zu erwarten sind. Sind solche erwarteten Aussagen nicht vorhanden, dann ist das Zeugnis nicht in Ordnung. Das Beurteilungsloch dient dann dazu, die mangelnde Qualifikation auszudrücken.*

4.1.4. Referenzen

In der Bewerbung angegebene Referenzen können bereits bezeichnend für den Bewerber sein. Handelt es sich um sachliche oder Imponierreferenzen? Erstere beziehen sich auf die Persönlichkeiten, die etwas über die Leistung des Bewerbers aussagen können; letztere sind dazu bestimmt, Eindruck zu erwecken. Teilweise werden dann hochgestellte Persönlichkeiten genannt, bei denen schon von vornherein anzunehmen ist, daß der Bewerber diese nur flüchtig kennt. Der Bewerber versucht dadurch einen gewissen Lähmungseffekt zu erreichen. Denn je honoriger seine Referenzen zu sein scheinen, desto mehr glaubt er, der Beurteiler würde vor Ehrfurcht erschauern.

* Siehe auch: Küchle, Hessel, Zeugnismuster für die betriebliche Praxis, Stuttgart 1970.

Selbstverständlich fallen die Bewertungen von Referenzen sehr subjektiv aus. Trotzdem kann es von Fall zu Fall sinnvoll sein, eine Referenzüberprüfung vorzunehmen. Je präziser dabei die Fragen gestellt werden, je mehr sie Beziehung zu den Zeugnissen und dem Bewerbungsschreiben des Bewerbers haben, desto nützlicher werden die Antworten für die Analyse ausfallen. Deshalb sollte ein konkreter Frageplan für das Einholen von Referenzen zum Abrunden des Bildes entwickelt werden. Noch nicht ganz geklärte Fragen des sozialen und psychischen Verhaltens, der Qualität und Wissensbreite, der beruflichen Fähigkeiten einer Führungspersönlichkeit können meist im positiven oder negativen Sinne beleuchtet werden. Widersprüchliche Erscheinungsbilder von Persönlichkeiten werden häufig transparenter.
Die Voraussetzungen für die Bewertung der Antworten schafft in erster Linie der Befragte selbst. Deshalb soll durch die ersten Fragen ein möglichst präzises Bild vom Befragten geschaffen werden und das Verhältnis zum Bewerber durch Zusatzfragen zum Kandidaten geklärt werden. Die Frage, wie lange der Bewerber den Befragten kennt, gibt häufig schon Klarheit darüber, ob das Gespräch abgebrochen oder fortgesetzt werden kann. Erscheint eine Fortsetzung sinnvoll, müßten folgende Fragen beantwortet werden können:

Wurde Herr X mit den Aufgaben fertig, die an ihn bisher gestellt wurden?
Wurden bei der Lösung dieser Aufgaben die grundsätzliche Begabung, das Verhandlungsgeschick oder sein individuelles Wissen so eingesetzt, daß es dafür ausschlaggebend war?

Ein weiteres Nachhaken gibt dann bald Aufschluß über Vorgesetztenfunktion, Krankheit, Fehltage, Dauer der Beschäftigung, die finanziellen Belastungen oder auch eventuelle familiäre Probleme.
Auch Angaben über die Weisungsabhängigkeit und Pflichten des Bewerbers sollten in dieser Phase bereits besprochen werden. Erst dann ist erkennbar, ob der Bewerber mehr Stabs- oder Verwaltungsarbeiten durchführen kann. Weiter ist zu klären, wie das Verhältnis zu seinen Mitarbeitern, wie sein Führungsstil war." Das Nachdenken über die funktionellen Anlagen einer Persönlichkeit kann überraschende und unvermittelte Antworten hervorrufen. Nicht selten ergeben sich aus ihnen bereits kritische Einschränkungen eines sonst womöglich positiven Urteils. Bei einer Fortführung des Gesprächs sollte man sich um Informationen über das soziale Verhalten des Kandidaten bemühen."*
Meist liegt nun schon ein sehr detailliertes Ergebnis vor. Der doppelte Ansatz, also Erfragen der funktionellen Eigenschaften und das private Erscheinungsbild, geben eine Ausgangsbasis für die Auswertung der Ergebnisse. Trotzdem muß man sich davor hüten, diesen Eindruck als gegeben hinzunehmen. Deshalb müssen unbedingt Fangfragen in das Interview eingebaut werden. Sie können lauten: Was sind die größten Vorzüge und die größten Schwächen des Kandidaten? Erst danach kann die Frage folgen: Warum hat er seine alte Stellung verlassen?
Im Verlauf eines solchen Interviews werden sich genügend Ansatzpunkte als Grundlage für eine Entscheidung ergeben. Die Interviewtechnik läßt sich natür-

---

* Frank, B., Was nützen Referenzen in: Blick in die Wirtschaft" 1. 9. 69.

lich methodisch beliebig differenzieren. Das gilt besonders für das Einholen weiterer Referenzen. Dennoch sollte das einmal gewählte Frageprogramm beibehalten werden, um Fehlinterpretationen möglichst zu vermeiden.

4.1.5. Der Lebenslauf

Von allen Bewerbungsunterlagen ergibt der Lebenslauf die meisten Ansatzpunkte für ein systematisches Erfassen der Eigenschaften des Bewerbers. Ein intensives Studium bringt zahlreiche Feststellungen hervor, die in Verbindung mit dem späteren Vorstellungsgespräch eine Beurteilung des Bewerbers vertiefen können. Geht aus dem Lebenslauf hervor, daß der Bewerber seine Arbeitsplätze häufig gewechselt hat, so kann das zweierlei bedeuten: Entweder wollte er durch häufiges Wechseln seine Berufserfahrungen vergrößern, um sich eine breite Grundlage für die spätere Berufstätigkeit zu schaffen, oder er war bei auftretenden Schwierigkeiten schnell bereit, eine Stellung aufzugeben und sein Glück woanders zu versuchen. Ob die eine oder andere Auslegung richtig ist, kann nicht ohne weiteres aus den Unterlagen der Bewerbung herausgeholt werden. Aus dem Lebenslauf wird aber zumindest zu erkennen sein: Ist die bisherige Entwicklung zielgerecht und kontinuierlich verlaufen oder sind Sprünge und Brüche zu verzeichnen?*

Aufschlußreich ist weiter, ob Lücken zwischen den verschiedenen Arbeitsverhältnissen oder Ausbildungsabschnitten bestehen. Solche Stellen im Lebenslauf müssen während des Interviews angesprochen werden. Dabei kristallisieren sich dann manchmal wichtige und aufschlußreiche Widersprüche zwischen den schriftlichen und mündlichen Angaben des Bewerbers heraus.

Bei Durchsicht des Lebenslaufs muß das Entscheidende der Inhalt und nicht die Handschrift sein. Deshalb genügt auch, um die allgemeine Sauberkeit und Ordnungsliebe des Bewerbers zu ermitteln, die Einsicht in einen maschinengeschriebenen tabellarischen Lebenslauf. Jedes Schriftstück hat eine bestimmte Form, die sich aus der Anordnung des Textes, aus dem Papier, der allgemeinen Sauberkeit, dem Zeilenabstand und schließlich der Art des Papieres von alleine ergibt. Selbst wenn der Bewerber den Lebenslauf von einem anderen schreiben läßt, ist die Form des Schreibens in gewissem Grad für die Analyse aussagefähig.

Aus manchen Lebensläufen ist sofort zu erkennen, daß die jeweiligen Bewerber nicht die erforderlichen Voraussetzungen mitbringen. Es handelt sich meistens um Personen, die sich falsch einschätzen; oder um solche, die eine andersartige Berufslaufbahn aufgeben wollen.

Bewerber, deren Lebenslauf Lücken aufweist und deren Berufslaufbahn uneinheitlich wirkt, zeigen im allgemeinen undisziplinierte Züge, sie sind willensschwach oder abenteuerliche Naturen. Aber auch hier bestätigen Ausnahmen die Regel. Nicht immer verschuldet der Bewerber seine Entwicklung selbst. Jüngeren Bewerbern fällt es häufig schwer, sich in das straffe Arbeitsleben eines Unternehmens einzufügen. Vielleicht wird man diese Bewerber einstellen, wenn sichergestellt ist, daß sie unter Aufsicht eines energischen Vorgesetzten arbeiten werden.

* Vgl. Dirks, H., Psychologie 1964.

Möglichkeiten, sich hinsichtlich der Tätigkeit, des Verdienstes oder auch nur des Wohnortes zu verbessern, können Anlaß zum Stellenwechsel gegeben haben und zwar nicht immer aus Selbstsucht, sondern wegen der Familie, damit der Sohn studieren oder ein krankes, anderorts wohnendes Familienmitglied gepflegt werden kann oder aber, damit notwendige Anschaffungen gemacht werden können.
Für die Analyse des Lebenslaufes hat sich bewährt, von dem auszugehen, was objektiv feststellbar ist, nämlich:

1. die äußere Form,
2. die einzelnen Ausbildungsabschnitte (Schulen, Schulwechsel),
3. Familienangaben,
4. Wohnorte,
5. Dauer der einzelnen Betriebszugehörigkeiten und Tätigkeiten,
6. Lückenlosigkeit des Zeitablaufes.

Nach Raschke* ergibt sich aus diesen objektiv prüfbaren Angaben ein Fragenkomplex, den eine Analyse des Lebenslaufes beantworten kann:

1. Strukturelle Merkmale des Lebenslaufes (allgemeine Entwicklungstendenz, qualitative Ausprägungen).
2. Das soziale Niveau des Bewerbers (soziologische Einflüsse und Auswirkungen).
3. Individualtypische Thematik des Lebenslaufes (charakterologische und schicksalspsychologische Strukturen).

Die strukturellen Ausprägungen sind erkennbar, wenn man gewisse Lebensabschnitte berücksichtigt. Es ist klar, daß ein 18-jähriger Abiturient einen anderen Lebenslauf schreibt als ein 14-jähriger Schüler. Ein ausgereifter Bewerber schreibt einen Lebenslauf, der sich mehr wie eine Kette von Einzelgliedern darstellt. Aus dem ganzen ist dann ein inneres Gefüge zu erkennen, wobei eines in das andere übergeht.
In den ersten zwei Jahrzehnten wird die Lebensgeschichte eines Menschen wesentlich geprägt. Hier werden vor allen Dingen die Weichen für die weitere berufliche Laufbahn gestellt. Allerdings ist nicht auszuschließen, daß einschneidende Veränderungen des Lebensmilieus einen Stilwechsel verursachen können. Der plötzliche Tod des Vaters, der die Ausbildung finanziert hat, kann Ursache dafür sein, das Studium vorzeitig abzubrechen. Die Erkenntnis, die eingeschlagene Laufbahn befriedigt nicht, kann die volle Entfaltung der Persönlichkeit einschränken, wenn man nicht rechtzeitig umsattelt.
Ein Heranwachsender wird sein Berufsziel bildlich ausgedrückt, spiralförmig ansteuern. Hieran wird sich eine gewisse Zeit des Wechsels und des Experimentierens anschließen, das um das dreißigste Lebensjahr beendet sein sollte. Nun wird eine längere Betriebszugehörigkeit angestrebt.
Vom 30. bis 40. Lebensjahr wird deshalb die zweite große Lebensphase einsetzen. Sicherung der Existenz und des Besitzes rücken in den Vordergrund der Interessen. Regelmäßigkeit des Einkommens, Aufstiegsmöglichkeiten, Lohn

* Raschke, H., Taschenbuch für Bewerberauslese, Heidelberg 1969.

und Gehalt sind nun die Hauptprobleme des Lebensabschnittes. Bei diesem zweiten Lebensabschnitt sollte folgendes gelten: Zunehmende Reife soll auch längere Zeitstrecken mit sich bringen. Wenn dies nicht der Fall ist, sind Störungen zu vermuten, die analysiert werden müssen.
So kann es sein, daß sich der Bewerber in seiner persönlichen Qualifikation überschätzt hat oder aber daß Schwierigkeiten mit Kollegen oder Vorgesetzten auftraten. Diese Schwierigkeiten sind besonders oft Auslöser für einen häufigen Wechsel des Arbeitsplatzes oder des Berufes.
Eine optimale Leistung des Menschen in Güte und Menge läßt sich nicht exakt festlegen. Bühler bringt dies wie folgt zum Ausdruck: „Je mehr das Vitale eine Rolle spielt, desto früher, je mehr das Geistige eine Rolle spielt, desto später."*
Ist der optimale Leistungsgrad erreicht, wird man häufig den beruflichen Werdegang in zwei Richtungen verfolgen können. Die einen wechseln immer häufiger, während bei den anderen der Beruf kontinuierlich fortgesetzt wird.
Allgemein kann gesagt werden, daß vom 40. Lebensjahr an eine gewisse Verfestigung eintritt. Die Eigenschaften und Haltungen sind nicht mehr so flexibel und es besteht eine Neigung zur Beibehaltung des Gewohnten und Hergebrachten. Trotzdem zeigt die Erfahrung, daß vor allen Dingen im dritten Lebensabschnitt höchste geistige Leistungen erbracht werden.
Aus dem Lebenslauf lassen sich weiterhin Rückschlüsse auf das soziale Niveau ziehen. Zwar ist das soziale Niveau nicht unbedingt identisch mit der Leistung eines Menschen; doch ist es auch nicht ganz unabhängig davon.
Nicht selten orientiert sich der Mensch an dem Vorbild von Vater und Mutter. So bestimmen die Eltern über die erste Anpassungsfähigkeit und das Verhalten wird geformt durch das, was die Eltern abverlangen und was sie geben. So spielt es häufig eine Rolle, ob die Eltern das Kind schon in frühesten Jahren verwöhnen oder überfordern. „Die typische Bilanz von Entwicklungshilfe und Leistungserwartung läßt sich häufig durch das ganze Leben verfolgen. Ein solches Familienbild bleibt oft lange psychisch wirksam und führt immer wieder zu Konflikten."*
Das Studium des Lebenslaufes gibt also zahlreiche Hinweise für Ergänzungsfragen im persönlichen Gespräch und es ist deshalb unbedingt anzuraten, bei der Durchsicht des Lebenslaufes entsprechende Notizen zur Gesprächsvorbereitung zu machen.

4.2. Der Personalfragebogen

4.2.1. Allgemeine Überlegungen

Ein wichtiges Mittel der Analyse einer Bewerbung kann der Personalfragebogen sein. Dieses Hilfsmittel dient der Erfassung aller für die Einstellung eines Mitarbeiters wichtigen Angaben zur Person. Entweder wird er dem Bewerber nach

---

* Bühler, C., Der menschliche Lebenslauf als psychologisches Problem, 2. Auflage, Göttingen 1959.
** Raschke, H., Taschenbuch für Bewerberauslese, Heidelberg 1969.

einer schriftlichen Kontaktaufnahme zum Ausfüllen übersandt oder persönlich überreicht. Er kann auch durch einen Mitarbeiter der Personalabteilung in Anwesenheit des Bewerbers ausgefüllt werden. Ein lückenlos ausgefüllter Bogen ist in vielen Fällen neben den üblichen Bewerbungsunterlagen ein gutes Entscheidungshilfsmittel.

In vielen Betrieben werden unterschiedliche Formblätter für Angestellte, Arbeiter, Aushilfskräfte, leitende Angestellte und jugendliche Bewerber ausgegeben. Im Zuge einer Rationalisierung empfiehlt es sich jedoch, möglichst einheitliche Bögen herauszugeben. Dabei sei jedoch nicht verschwiegen, daß in den unteren Tarifbereichen ein Personalbogen abschreckend wirken kann, vor allem wenn auch noch ein ausführlicher Lebenslauf verlangt wird. Besonders in einer angespannten Arbeitsmarktsituation ist es deshalb vorteilhaft, den Bewerbungsbogen unmittelbar bei der persönlichen Vorstellung ausfüllen zu lassen. Teilweise wird nämlich mit der Zusendung des Formulars der Kontakt durch den Bewerber abgebrochen.

Bei dem Entwurf eines Personalfragebogens sei ausdrücklich davor gewarnt, Fragen aufzunehmen, die aus betrieblichen Gründen nicht unbedingt notwendig sind. Bei manchen Fragebogen sind außerdem noch Fragen enthalten, die aufgrund der wirtschaftlichen Weiterentwicklung längst überholt sind. Es ist daher wenig empfehlenswert, schon seit Jahren bestehende Formulare zu verwenden. In solchen Fällen wertet sich die Befragung von selbst ab. Außerdem ist der Umfang des Fragenkomplexes mancher Fragebogen so groß, daß bezweifelt werden muß, ob die Angaben wissenswert, geschweige denn notwendig sind.

Welche Angaben nun in einem Personalbogen enthalten sein müssen, darüber ist in der Betriebspraxis, wie auch in der Literatur keine einhellige Meinung vorzufinden. Goossens* beispielsweise vertritt die Auffassung, ein Personalbogen müsse ein möglichst vollständiges Persönlichkeitsbild wiedergeben. Andererseits werden „die über das unerläßlich notwendige Maß der Offenbarungspflicht hinausgehenden Fragen" mit der Unantastbarkeit der menschlichen Würde für unvereinbar und daher unstatthaft deklariert.**

„Bei allem Respekt vor der privaten Sphäre des Bewerbers, dem man die Beantwortung verletzender und mit dessen Arbeit im Betrieb nicht im Zusammenhang stehender Fragen selbstverständlich ersparen sollte, wird man den Grundsätzen einer auf den Menschen bezogenen Betriebsgestaltung nicht gerecht, wenn man sich auf wenige und nüchterne Personaldaten beschränkt."***

Auch bei dieser Frage spielt das aufgeworfene Problem eine Rolle, ob zwischen Arbeitern und Angestellten, Aushilfskräften usw. unterschieden werden sollte. Von Fachleuten wird geraten, bei einem einheitlichen Personalbogen von Fall zu Fall die Abschnitte durchzustreichen oder auszuklammern, die für die Bewerbung keine Bedeutung haben.

---

* Goossens, F., Personalleiter Handbuch, München 1966.

** Schleßmann, Grenzen des Fragerechts in Bewerbungsbogen „Mensch und Arbeit" April 1955.

*** Wistinghausen, J., Der Personalbogen in „Soziale Betriebspraxis", Lose-Blatt-Sammlung, Neuwied.

4.2.2. Form und Inhalt des Personalbogens

Die Form muß ansprechend und übersichtlich sein. Zu klein gedruckte Fragen werden oftmals nur unvollständig beantwortet. Als Druckfarbe eignen sich am besten dunkle Buchstaben. Ein Hinweis darauf ist deshalb notwendig, weil aus Geschmacksgründen oftmals hellgraue Buchstaben etc. verwendet werden, die sich schlecht vom Untergrund abheben. Das Format des Personalbogens hat zweckmäßigerweise die DIN A 4-Form. Maximal sollten 4 Druckseiten verwendet werden.
Die Fragen lassen sich in verschiedene Hauptabschnitte aufgliedern. Diese können z. B. sein:

1. Vorgesehene Beschäftigung
2. Personalien
3. Ausbildung
4. Beruflicher Werdegang
5. Wehrdienst
6. Sonstiges.

Wie die Unterfragen gegliedert sein können, ist aus dem Formular A/8 ersichtlich. Besonders hervorzuheben ist dabei die Trennung der Fragen nach der Schulausbildung, Berufsausbildung einschließlich der „Lehrlings"- und Praktikantenausbildung und dem beruflichen Werdegang.
In manchen Fragebogen werden Angaben über Vorstrafen erbeten. Der Bewerber braucht diese Angaben nur dann zu machen, wenn die Art des zu besetzenden Arbeitsplatzes die Kenntnis evtl. Vorstrafen erfordert. Es ergeben sich deshalb grundsätzliche Bedenken, diese Frage überhaupt in den Bogen aufzunehmen. Es wird daher empfohlen, die Fragen auf die für den Beruf und die betreffende Stellung einschlägigen Vorstrafen zu beschränken: Bei Buchhaltern und Kassierern beispielsweise auf Unterschlagungen, Betrug, Untreue, Urkundenfälschung oder bei Berufskraftfahrern auf Trunkenheit am Steuer oder Unfallflucht.
Entbehrlich sind auch Fragen nach dem Beruf des Vaters oder der Eltern, der Nummer des Ausstellungsdatums des Ausweises für Aussiedlerflüchtlinge und Spätheimkehrer, nach dem Aktenzeichen von Rentenbescheiden, nach Nummer und Datum der Zuzugsgenehmigung sowie der ausstellenden Behörde etc.
Angaben über die Konfession sind in vielen Fällen überflüssig, weil sie für die Besetzung eines Arbeitsplatzes uninteressant sind. Die erforderlichen Angaben über die Abführung der Kirchensteuer ergeben sich aus der Lohnsteuerkarte. Allerdings können Ausnahmen dann sinnvoll sein, wenn Vorgesetzte Bewerber einer bestimmten Konfession bevorzugen, und dem entgegengewirkt werden soll, indem von der Personalabteilung dieser Punkt kritisch beobachtet wird.
Fragen über den Gesundheitszustand sollten ebenfalls ausgeklammert werden, weil auf jeden Fall eine Eignungsuntersuchung erfolgen sollte. Dies trifft auch für die Frage nach bestehender Schwangerschaft bei den weiblichen Bewerbern zu. Über den Gesundheitszustand sollte deshalb in einem besonderen Fragebogen Antwort gegeben werden, die der Werks- oder Vertragsarzt als Unterlage für seine Untersuchung benutzt und die bei diesem ausgefüllt wird.

Die oft gestellte Frage, ob sich der Bewerber schon einmal bei der Firma beworben hat, kann entfallen, wenn hierüber eine zentralgeführte Kartei vorhanden ist.
Die Forderung nach einem lückenlosen Tätigkeitsnachweis in den Fragebögen ist aus zahlreichen Gründen vorteilhaft: In Ergänzung zu den anderen Bewerbungsunterlagen und den Angaben des Personalfragebogens lassen sich wertvolle Schlüsse ziehen: planmäßige oder planlose Veränderungen und Entwicklung im Beruf, Stetigkeit im beruflichen Werdegang.
Die Frage, ob die wirtschaftlichen Verhältnisse geordnet sind, kann bedeutsam sein. Viele Firmen gehen aus Gründen des Images nicht gern Lohnabtretungsbescheide ein. Eine weitere Frage, ob Verwandte des Bewerbers in der Firma beschäftigt sind, ist ebenfalls von Interesse. Man kann verhindern, den Bewerber in der gleichen Abteilung unterzubringen.
Empfehlenswert kann auch die Frage nach einer Nebentätigkeit sein. Sie wird im Zuge der weiteren Arbeitszeitverkürzung ständig an Bedeutung gewinnen. Eine Nebentätigkeit wird von vielen Betrieben nur dann gestattet, wenn die eigene Arbeit im Unternehmen dadurch nicht gefährdet ist. So wurde zum Beispiel in einem süddeutschen Unternehmen eine unerfreuliche Erfahrung gemacht: Die Nebenbeschäftigung eines Versicherungsvertreters, die von zahlreichen Mitarbeitern wahrgenommen wurde, führte zu einer Minderung der Leistung im Betrieb. Viele notwendige Telefonate und Terminabsprachen erfolgten schon während der Arbeitszeit. In einer anderen Firma managte ein Mitarbeiter den Bau mehrerer Häuser von seinem Arbeitsplatz aus.
Doch bei aller Skepsis, die einer Bewerbung gegenüber geboten erscheint, muß auch und gerade beim Personalfragebogen beachtet werden: der Bewerber darf niemals das Gefühl haben, man stehe seiner Person mißtrauisch gegenüber. Darüber hinaus soll der Personalbogen nicht nur eine bessere und schnellere Personalauslese ermöglichen, er soll auch eine wichtige Unterlage für die Personalkartei sein. Damit dient er zugleich als Handwerkszeug des Personalleiters sowie der Vorgesetzten für die Personalführung.
Bei Einführung eines Personalfragebogens ist zu berücksichtigen, daß nach § 94 BVG ein Zustimmungsrecht des Betriebsrates besteht. Über die Verwendung jedoch entscheidet ausschließlich der Arbeitgeber. „Der Betriebsrat kann insoweit lediglich Vorschläge unterbreiten".*

4.3. Dauer der Bearbeitung

Leider verbleiben Bewerbungsunterlagen oft monatelang in Händen eines Unternehmens. Dem Bewerber wird noch nicht einmal mitgeteilt, wie es um seine Chancen steht.
Bei einfachen Tätigkeiten in den unteren Tarifgruppen hängt von der Dauer der Bearbeitung oftmals der Erfolg überhaupt ab. Deshalb sollte gerade hier auf übertriebenen Formalismus verzichtet werden. Der Bewerber muß auf sein

* Galperin, H., Das Betriebsverfassungsgesetz 1972, Leitfaden für die Praxis, Heidelberg 1972.

Kontaktangebot sofort eine Ablehnung oder eine Einladung zu einem persönlichen Gespräch erhalten.
Bei qualifizierten Tätigkeiten kann es allerdings einige Wochen dauern, bis eine Vorauswahl getroffen wird. In diesen Fällen müssen diejenigen, die von vornherein ausscheiden, sofort einen Absagebrief erhalten. Er braucht nicht immer wieder neu diktiert und geschrieben zu werden. Allerdings macht es einen schlechten Eindruck, wenn hektographierte Briefe beim Bewerber eingehen. In vielen Unternehmen, in denen Automatenschreiber installiert sind, kann der Absagebrief mit dieser Einrichtung geschrieben werden. Dieser Brief kann etwa wie folgt lauten:

Sehr geehrter Herr A.!

Wir danken Ihnen für Ihre Bewerbung. Leider können wir von Ihrem Angebot keinen Gebrauch machen. Bitte fassen Sie unsere Entscheidung nicht als Werturteil auf und lassen Sie sich hierdurch bei der Suche nach einem neuen Wirkungskreis nicht entmutigen.
Die anliegenden Bewerbungsunterlagen senden wir Ihnen zu unserer Entlastung zurück.

Mit freundlichen Grüßen

Bei Zwischenbescheiden, die erforderlich sind, wenn sich eine größere Anzahl von Bewerbern meldet, kann man etwa wie folgt an den Bewerber schreiben:

Sehr geehrter Herr!

Wir bestätigen den Eingang Ihrer Bewerbung und danken Ihnen für das Interesse, das Sie unserem Unternehmen entgegenbringen. Die Prüfung der Unterlagen wird eine gewisse Zeit in Anspruch nehmen, bitte gedulden Sie sich für kurze Zeit, bis Sie weitere Nachrichten von uns erhalten.
Sollten Sie sich in der Zwischenzeit anderweitig binden, bitten wir um kurze Nachricht.

Mit freundlichen Grüßen

Wenn irgend möglich, sollte die Prüfung und Bearbeitung der Bewerbungsunterlagen nie länger als vier Wochen dauern. Es gibt aber eine Reihe von Gründen, die Entscheidungen hinauszögern. Sie sollten möglichst schon einkalkuliert werden, bevor beispielsweise eine Stellenanzeige aufgegeben wird. Dann kann die Anzeige zu dem Zeitpunkt erscheinen, von dem an eine zügige Bearbeitung möglich ist.
Mit der ersten Kontaktaufnahme empfiehlt es sich, dem Bewerber bereits Informationsmaterial über das Unternehmen zuzuschicken. Verschiedentlich sind bereits spezielle Informationsschriften zu diesem Zweck herausgegeben worden, die etwa folgenden Inhalt haben:

1. Einleitung;
2. Was erwartet das Unternehmen vom Bewerber?

3. Vorstellung des Unternehmens;
4. Vorstellung der Bereiche mit Einsatzmöglichkeiten;
5. Gehaltspolitik – Verdienstmöglichkeiten;
6. Aufstiegsmöglichkeiten, Aus- und Weiterbildung;
7. Soziale Leistungen.

Für Positionen im gewerblichen Bereich sollte die Schrift hauptsächlich Bild-Informationen enthalten. Für qualifizierte Bewerber ab Techniker kann dagegen die schriftliche Information dominieren.

5. Die Vorstellung

Beim Vorstellungsgespräch fällt gewöhnlich die Entscheidung über Einstellung schen zu beobachten und zu beschreiben. Dieses Ergebnis kann dann mit Erfah-oder graphologische Gutachten eingeholt werden. Auf sie verzichtet man insbesondere dann, wenn es sich um Bewerber der unteren Tarifgruppen handelt. Deshalb sind gewisse Voraussetzungen zu schaffen, um als Interviewer in der Lage zu sein, eine möglichst objektive Auswahl zu treffen. Dazu ist eine vor allem gute Menschenkenntnis entscheidend. Menschenkenntnis basiert in erster Linie auf Erfahrungen. Es gibt aber auch hier eine Reihe von Dingen, die erlernbar sind. Deshalb seien hier nur kurz einige psychologische Grundlagen genannt, die für die Beurteilung von Bewerbern erforderlich sind.

5.1. Objektivierung der Beurteilung

Nach einer gewissen Schulung ist es nicht schwierig, das Verhalten eines Menschen zu beobachten und zu beschreiben. Dieses Ergebnis kann dann mit Erfahrungen verglichen werden, die früher gesammelt wurden, und hieraus wiederum können Schlüsse gezogen werden. Für das Vorstellungsgespräch genügt der Vergleich. Das Aneignen der dafür erforderlichen „Menschenkenntnis" hängt also zunächst davon ab, ob hinter die Fassade eines Menschen geschaut werden kann. Das setzt eine Schulung der Beobachtungsgabe voraus. Darüber hinaus muß der Interviewer beschreiben können, was er beobachtet hat, um es dann im Hinblick auf die zu leistende Arbeit auswerten zu können.
Um ein bestimmtes Verhalten eines zu Beurteilenden zu verstehen, ist es wichtig, folgende Regeln zu beachten, die Korff aufgestellt hat:*

1. Der Mensch reagiert nicht nur vom Verstand her, also rational. Viel öfter wird sein Verhalten durch gefühlsmäßige (emotionale) Regungen bestimmt.
2. Die Reaktionen des Menschen erfolgen nicht immer bewußt, also beabsichtigt. Sie laufen meist unbewußt, also unbeabsichtigt, und vom Ich ungesteuert ab.

---

* Korff, G., Betriebspsychologisches Taschenbuch für Vorgesetzte, Heidelberg 1964.

3. Der Mensch ist von Haus aus kein Individualist, sondern eher ein soziales Wesen. Er wünscht Kontakte und Geborgenheit in der Gruppe. Egoisten sind Sonderlingsnaturen.
4. Die Antriebskräfte des Menschen entstammen der vitalen Sphäre, die im Unterbewußtsein liegt. Steuern lassen sich diese Kräfte durch Einsicht und Willenseinsatz des bewußten Ich.
5. Der Mensch verfügt über ein bestimmtes Maß von vitalen Energien, die er verschwenden, sinnlos zum Einsatz bringen oder auch ungenützt liegen lassen kann.
6. Der Mensch ist zwar ein denkendes Wesen, er kann nach Einsichtnahme in einen Sachverhalt sich entscheiden und handeln. Doch macht er von dieser Möglichkeit nicht immer Gebrauch, weil nämlich jede Entscheidung Mut zum Wagnis voraussetzt, und jedes Handeln mit Verantwortung verbunden ist. Nur wenige Menschen besitzen diese Eigenschaft. Sie scheinen zur Führung berufen zu sein, während die große Zahl der anderen geführt werden muß.

5.1.1. Kurzgefaßte Typenlehre

Diese menschlichen Strukturenmerkmale sind entscheidend für das Verständnis der individuellen Verhaltensweisen des Menschen. Ergänzt werden diese Merkmale durch typische Eigenschaften und Kennzeichen, nach denen die Menschen unterschieden werden können. Die sogenannte Typologie wird oftmals unbewußt angewandt. So wird beispielsweise gesagt, der eine habe ein typisches Boxergesicht, oder der andere habe eine Ausdrucksweise wie ein Vertreter. Hier wurden die hervorstechenden Eigenschaften zum Ausgangspunkt einer Typologie gemacht. Da die Typologie ein wesentlicher Ansatzpunkt für eine systematische Beurteilung des Bewerbers ist, sollen nachfolgend kurz einige der wesentlichen Unterscheidungsmodelle genannt werden. Dabei ist jedoch zu bedenken, daß es im Prinzip zahlreiche Unterscheidungsmerkmale gibt. Der Mensch kann in seinen Begabungen ja einen hohen oder niedrigeren Ausprägungsgrad haben. Der Schwerpunkt seiner Begabung kann einmal auf dem einen oder anderen Gebiet liegen.
In seinem Standardwerk „Psychologie" hat Dirks die verschiedenen Typologien und charakterologischen Unterschiede zusammengestellt. Er unterscheidet dabei unter anderem zwischen der Charakterlehre nach Theophrast, den Konstitutionstypen nach Kretschmer, den psychologischen Typen C. G. Jungs und der Charakterologie von Ludwig Klages.*

a) *Theophrast** hat eine Charakterlehre aufgebaut, die als wichtigsten Punkt des Typus immer ein hervorstechendes Verhaltensmerkmal nennt. Danach lassen sich beispielsweise, wie es häufig geschieht, zeichnerisch Charaktere darstellen, die durch eine bestimmte Eigenschaft geprägt werden (z. B. der Empfindliche, der Egoist, der Angeber).

* Ausführlich dazu: Dirks, H., Psychologie, eine moderne Seelenkunde, Gütersloh 1964.

b) *Die Konstitutionstypen nach Kretschmer**
Kretschmer sagt, der Körperbau habe eine Beziehung zu den charakteriologischen Eigenschaften des Menschen. Allerdings ist diese Erkenntnis nicht neu. Schon immer sind drei Grundtypen, wie der Dicke, der Dünne und der Kraftvolle, unterschieden worden. Diesen drei Typen hat man auch schon früher bestimmte seelische Eigenschaften zugeordnet. So sagte man: Dicke sind meist gemütliche Menschen, Dünne dagegen neigen sehr leicht zur Nervosität; sie sind deshalb leicht erregbar während die Kraftvollen eine gewisse innere Sicherheit in sich tragen. Kretschmer hat in umfangreichen klinischen Untersuchungen diese Behauptungen belegt.

c) *Die psychologischen Typen von C. G. Jung***
Jung sah in seiner Untersuchung und der Festlegung der Typen im Vordergrund das Verhältnis des Menschen zur Umwelt. Dabei hat er zwei Typen deutlich voneinander unterschieden, den sogenannten extravertierten und den introvertierten Menschen. Gemeint ist damit einmal der nach außen gerichtete und zum anderen der nach innen gerichtete Typus. Weiterhin unterscheidet er danach, ob für ihre Wesensart das Denken, Fühlen, Empfinden oder die Intuition bestimmend sind.
Bei dem extravertierten Typus stellt man fest, seine ganze Einstellung ist nach außen gerichtet. Er stellt sich also mehr auf seine Umwelt ein. Die Umwelt wird für ihn ein Schauplatz seines Handelns. Die seelische Innenwelt dagegen tritt bei ihm zurück. Seine Aktivität empfängt er auch meist von außen her. Zu anderen findet er leicht Kontakt, da er diesen Kontakt mit ihnen und der Umwelt braucht, um sich zu bestätigen.
Der introvertierte Typus dagegen sieht seine Entfaltung in einer ausgiebigen Beschäftigung des eigenen Innenlebens. Im Verhältnis Mensch zur Umwelt steht der Mensch im Vordergrund. Durch die objektiven Erscheinungen der Umwelt läßt er sich also nicht oder nur zum Teil beeinflussen. Er versucht vielmehr, das menschlich Eigene seiner Person zum Ausdruck zu bringen. Er ist also nach innen gekehrt und kapselt sich dadurch von der Außenwelt ab. Ihr mißt er ohnehin keine große Bedeutung zu.
Diese Typenlehre kann für die zweckmäßige Besetzung von Arbeitsplätzen von einiger Bedeutung sein. So wird man einen introvertierten Typ kaum als Vertreter ansetzen.

d) *Die Charakterologie von Ludwig Klages****
Nach Klages werden zur Kennzeichnung des Menschen Eigenschaftsbegriffe, die Fähigkeiten und Begabungen sowie das Verhalten beschrieben. Er unterscheidet die einzelnen Eigenschaften des Charakters wie folgt:
– Stoff des Charakters (Mengeneigenschaften)
Dabei unterteilt er Funktionen und Begabungen. Sie bilden die Grundlage des Seelischen überhaupt. Genannt sind hier Intelligenz, Abstraktionsvermögen, Auffassungsgabe, Differenzierungsvermögen, Weitblick, Urteilsfähigkeit, Sensi-

---

* Kretschmer, E., Körperbau und Charakter, Berlin, Göttingen, Heidelberg 1951.
** Jung, C. G., Psychologische Typen, Zürich 1950.
*** Klages, L., Grundlagen der Charakterkunde, Bonn 1964.

bilität, Formsinn, Gestaltungskraft, Gedächtnis, Gedankenreichtum, Phantasie, Geschicklichkeit, Reaktionssicherheit, Koordinationsfähigkeit der Hände, Aufmerksamkeitsverteilung.
Charakteristisch für diese Fähigkeiten ist, daß die Unterschiede quantitativ sind, daß es sich immer um ein Mehr oder Weniger handelt.

– Artung des Charakters (Richtungseigenschaften)
Danach kann ein Mensch eine gute intellektuelle Begabung haben, aber es bleibt immer die Frage offen, wie er diese Begabung nutzt, ob und wofür er sie einsetzt. Das wird durch die Antriebe und Interessen bestimmt.

– Gefüge des Charakters
Klages sieht den seelischen Ablauf durch zwei Faktoren charakterisiert: Durch den Antrieb und durch den Widerstand.
Eine Handlung kann durch einen starken Antrieb entstehen. Sie kann aber ebenso durch einen geringen Widerstand zustande kommen, ohne daß der Antrieb besonders stark wäre. Hinter der Frage, wie reagiert der Mensch, steht die weitreichendere Frage, warum reagiert er so. Die Antwort auf die letzte Frage ergibt sich immer aus dem Verhältnis von Antrieb und Widerstand.

– Charakteraufbau (Aufbaueigenschaften)
Wenn das vielfältige seelische Geschehen betrachtet wird, dann kann das Nebeneinander und Gegeneinander der verschiedenen Beeinflussungen sehr unterschiedliche Formen hervorbringen. Je nach Zusammenwirken der unterschiedlichen Merkmale wird dann von dem ausgeglichenen oder unausgeglichenen Charakter, von einem harmonischen oder disharmonischen, von einem einheitlichen oder widerspruchsvollen, von einem festen oder labilen, von einem zerissenen oder geschlossenen Charakter gesprochen.

– Charakterhaltung (Betragenseigenschaften)
Hier ist die Frage zu klären, wie benimmt sich der Mensch, oder wie verhält er sich gegenüber den Anforderungen der Umwelt. Hier geht es im wesentlichen um das Verhalten des Menschen gegenüber der menschlichen und sachlichen Umgebung und ihrer Anforderungen.
Höflichkeit, Bescheidenheit, Liebenswürdigkeit, Takt, Verträglichkeit, Schüchternheit usw. kennzeichnen diese äußere Schale der menschlichen Persönlichkeit.
Sie sind einmal vom dynamischen Geschehen innerhalb der Persönlichkeit geprägt, zum anderen von den Einflüssen der Umwelt die auf den Menschen treffen.

Natürlich wird nach Lesen dieser Kurzdarstellung der Einwand kommen, diesen oder jenen Typ könne es in Wirklichkeit gar nicht geben. Es ist deshalb wichtig, beim Begriff der Typen folgende drei Gruppen zu unterscheiden:

- Allgemeine Eigenschaften, die jeder mit allen normalen Menschen gemeinsam hat,
- individuelle Eigenschaften, die nur einer Person zukommen,
- individuelle Eigenschaften, die nur eine Gruppe von Personen gemeinsam hat.

Daraus folgt: die Typen- oder Charakterbestimmung kann nie die individuelle Eigenart, also das Einmalige einer Persönlichkeit erfassen. Deshalb sollte man auch besonders vorsichtig sein, einen Bewerber irgendeinem vorgebebenen Typus zuzuordnen und alle anderen Eigenschaften nicht zu sehen.
Daher darf die Typen- oder Charakterlehre auch nur als ein Rädchen im Getriebe der Verhaltenskunde gesehen werden.
Eine Schwierigkeit bei der Typenzuordnung besteht auch darin, daß der Typ wohl ein festes Zentrum, aber keine eindeutigen Grenzen hat. Es ist demnach nicht möglich, eine Gruppe unter dem Gesichtspunkt der Typenzugehörigkeit abzugrenzen und von jeder anderen separat zu betrachten. Als typisch ist zum Beispiel ein ausgesprochenes Namens-, Zahlen und Ortsgedächtnis anzusehen. Das sind vorherrschende Merkmale, die einer Anzahl von Menschen gemeinsam sind.
Bei den typologischen Verfahren ist also stets zu beachten: Die Variationsbreite der seelischen Dispositionen innerhalb einer Typengruppe ist groß. Daher sind Mischtypen (wobei der Extremfall 50% von dem einen und 50% von dem anderen Typ in sich trägt) bedeutend häufiger als der eine bestimmte Typ in reiner Ausprägung. Die Typologie darf also, um das noch einmal zu wiederholen, nur als der erste Schritt in der Diagnose der Persönlichkeit angesehen werden.

5.1.2. Subjektive Beeinflussungen

Wie schwierig eine objektive Beurteilung ist, wird deutlich, wenn man verschiedenen Menschen Gelegenheit gibt, unabhängig voneinander eine bestimmte unbekannte Person zu beurteilen. Bei einem zu diesem Zweck durchgeführten Test konnten die Interviewer die zu beurteilenden Person so lange interviewen, wie sie wollten. Nach der Auswertung ergab sich, daß ca. 80% der Beurteilungen voneinander abwichen. Es soll deshalb nachfolgend kurz zusammengefaßt werden, wodurch unterschiedliche Beurteilungen entstehen können und wie die dabei auftretenden Fehler einzuschränken oder zu vermeiden sind.
Die Wahrnehmungen des Menschen werden durch individuelle Erfahrungen und subjektive Einstellungen beeinflußt, so daß die Umwelt in einer sehr persönlichen Weise gesehen und manches überhaupt nicht wahrgenommen wird. Dadurch entstehen ganz bestimmte Eindrücke. Die individuellen Einstellungen und Meinungen sind daher bei einer Beurteilung als Störfaktoren anzusehen, durch die das Urteil negativ beeinflußt werden kann. Das sei an dem einfachen Beispiel eines jungen Industriekaufmanns verdeutlicht, der sich bei zwei Personalleitern beworben hatte. Von dem einen erhielt er eine positive, von dem anderen eine negative Beurteilung. Der Grund: Personalleiter A erfuhr in dem Gespräch, daß der Industriekaufmann ein leidenschaftlicher Autofahrer war und schon oft an Ralleys teilgenommen hatte. Personalleiter A war ebenfalls ein begeisterter Autofahrer. Er kam deshalb zu der Meinung, daß ein guter Autofahrer auch ein kühl denkender Kopf sein müsse. Personalleiter B dagegen meinte, Ralleyfahrer setzten ihr Leben zu leichtfertig aufs Spiel.
Die jeweiligen Einstellungen und Meinungen der beurteilenden Personalchefs haben also zu Urteilen geführt, die gegensätzlich sind. Weitere subjektive Einstellungen sind: Stimmungen und Gefühle, Wünsche und Bedürfnisse. Wie da-

durch selbst erfahrene Personalleute beeinflußt werden, das kann während der angespannten Arbeitsmarktsituation immer wieder beobachtet werden. Wenn beispielsweise dringend Programmierer einzustellen sind, werden sich auch Bewerber vorstellen, die nur teilweise die entsprechenden Voraussetzungen mitbringen. Dann wird die Notwendigkeit, Programmierer einzustellen, die Sichtweite des Personalmannes beeinflussen. Er wird ein Auge zudrücken und hoffen, daß der Bewerber die erforderlichen Kenntnisse schon noch erlernen werde.
Die Praxis zeigt weiter, daß Gefühle, wie Freude, Furcht, Trauer, Beurteilungen stark beeinflussen können. Ein und derselbe Beurteiler kommt dann an verschiedenen Tagen zu unterschiedlichen Urteilen. Es ist also immer damit zu rechnen: Eine Beurteilung von Bewerbern wird durch unbewußte Faktoren beeinflußt oder verfälscht.
Besonders trifft das eigenartigerweise bei Menschen zu, die sich auf dem Gebiet der Personalauslese als besonders erfahren einschätzen. Diese Menschen sind der Gefahr eines Fehlurteils häufig stärker ausgesetzt als unerfahrene Anfänger. „Vermeintliche Überlegenheit nämlich steigert die Gefahr, unrichtige Urteile abzugeben. Denn, wer sich sehr sicher fühlt, begnügt sich schneller mit nur flüchtigen Eindrücken und vergißt dabei, manches Wichtige zu beachten. Vor allen Dingen ist ein solcher Mensch nicht zu Selbstkritik bereit, und hat so nicht die Möglichkeit zu einer Korrektur seiner Urteile."*
Die Auswirkungen subjektiver Faktoren lassen sich jedoch einschränken. Am besten einigt man sich deshalb über allgemeine Beurteilungskriterien und betrachtet den Bewerber nach einheitlichen Gesichtspunkten. Ein norddeutsches Unternehmen benutzt beispielsweise bei der Einstellungsverhandlung ein Schema, nach dem folgende 7 Merkmale zu berücksichtigen sind:

1. Ausbildung
2. Berufserfahrung
3. Auftreten
4. Zielstrebigkeit und Wille zum Weiterkommen
5. Intellektuelle Leistungsfähigkeit, Auffassung
6. Sprachlicher Ausdruck
7. Eignung für die gebotene Stelle (siehe auch Formular A 10)

Subjektive Faktoren wirken sich aber auch dann aus, wenn ein Personalmann nicht den Gesamteindruck gelten läßt, sondern sich durch Einzelheiten beeinflussen läßt.
So kann einer bewußt oder unbewußt den Händedruck, ein anderer die Sitzhaltung und wieder ein anderer die Stimme als Hauptkriterium seines Urteils heranziehen. Deshalb nachfolgend einige typische Fehlerquellen dieser Art.

Der Überstrahlungseffekt

Bekannt ist, wie leicht der Mensch geneigt ist, dem Urteil nach dem ersten Eindruck eine feste Richtung zu geben. Das Bild des Beurteilten wird dadurch oft in negativer Weise ohne Möglichkeit späterer Nachprüfung vereinfacht. Ein

---

* Franke, J., Frech, A., Die Mitarbeiterbeurteilung, Wiesbaden 1968.

Beispiel: Einem Bewerber wurde mitgeteilt, er möge um 10 Uhr zu einem Vorstellungsgespräch erscheinen. Er verspätet sich. Wegen der Verspätung ist er selbst verlegen und entschuldigt sich nicht gerade überzeugend. Der Personalmann ist darüber verärgert, weil er nun nicht mehr genügend Zeit für das Interview hat. Sein Urteil ist abwertend, weil er glaubt, der Bewerber sei unzuverlässig. Tatsächlich war dem Bewerber die Verspätung sehr peinlich, weil er ein pflichtbewußter Mensch ist und wegen dieser Einstellung seine Entschuldigung nicht sehr glaubwürdig vorzubringen vermag. Dadurch kommt es zu der vorschnellen Meinung, der Bewerber sei ungeschickt und unzuverlässig. Kommt es dennoch zu einer Einstellung und zeichnet sich eine gute Entwicklung ab, so wird der Personalleiter vielleicht aufgrund seines ersten Eindrucks annehmen, der Neue habe nur ein paar gute Tage.

Dieser nachteilige erste Eindruck kann durchaus für die weitere Einstellung des Personalleiters bestimmend bleiben. Beobachtungen, die nicht diesem ersten Eindruck entsprechen, werden dann entweder gar nicht registriert oder aber als Ausnahme hingestellt.

Beim Vorstellungsgespräch ist daher unbedingt darauf zu achten, daß ein hervorstechender Eindruck nicht verallgemeinert wird. Wird dies zum Prinzip gemacht, ist es leichter, neue Beobachtungen auf sich einwirken zu lassen.

Geht man nun davon aus, daß der erste Eindruck aus einer Fülle subjektiver Impressionen gewonnen wurde, dann muß der zweite Eindruck in der Regel eine Objektivierung und entscheidende Verdichtung der Eindrücke bringen. Deshalb ist es bei der Einstellung qualifizierter Mitarbeiter auf jeden Fall angebracht, ein zweites Gespräch zu einem späteren Zeitpunkt stattfinden zu lassen. Im ersten Gespräch wird allgemein in 30 Minuten im Personal- und im Fachbereich herauszufinden sein, ob ein zweites Gespräch wünschenswert ist. Mehr sollte vom ersten Gespräch nicht erwartet werden.

Beim zweiten Gespräch läßt sich oftmals mit Staunen feststellen, wie sich manche Bewerber entwickeln. Ein zunächst aussichtsreicher Bewerber ist zum Beispiel ganz erpicht darauf zu zeigen, daß gute Intelligenz nicht gleichzeitig auch Lebensklugheit bedeutet.

Kritiksucht, Besserwisserei und vorlautes Gebaren können sich in solchen Fällen ebenso entfalten, wie Beobachtungsgabe, bedeutsames Urteil und taktisches Geschick. Darin liegt die bedeutsame korrigierende Funktion des zweiten Eindruckes.

Er ist also viel rationeller und sachbezogener. Bei wichtigen Entscheidungen ist daher das zweimalige Treffen unbedingt zu empfehlen.

Urteilsverfälschungen können im übrigen nur dann wirksam bekämpft werden, wenn die eigenen Einstellungen, Wünsche usw. bekannt sind. Sind sie einmal erkannt, so besteht kaum noch die Neigung, anderen Menschen eigene Fehler anzuhängen.

Der Überstrahlungseffekt kann deshalb beispielsweise dadurch vermindert werden, daß ein Vorstellungsgespräch nicht in besonders schlechter oder besonders guter Stimmung vom Personalmann durchgeführt wird.

Überformung

Es wurde schon gesagt, wie schnell von einem Bewerber ein falsches Urteil zustande kommen kann. Wie ein Bewerber sitzt, wie er sich bewegt, wie er mit dem Personalchef spricht, wird zusammengefaßt und zu einem Urteil umgeformt. Es kommt leicht die Meinung auf, die Erscheinung stelle das Wesen des Menschen dar. Dabei ist aber zu bedenken, daß sich die Gesamterscheinung eines Menschen sehr stark und schnell ändern kann. Wenn dieser sich einen Bart wachsen läßt, sich eine Brille zulegt oder aber einen neuen Hut trägt. Der Bewerber wird, wenn er sich woanders vorstellt, nach dieser Veränderung bestimmt anders beurteilt werden.

Das Urteil des Personalmannes kann also von Äußerlichkeiten beeinflußt sein, die mit dem wahren Charakter des Bewerbers nichts zu tun haben.

Ein lascher Händedruck braucht noch nicht auf Energielosigkeit hinzuweisen und, was häufiger vorkommt, ein kräftiger Händedruck braucht kein Beweis für große Energie zu sein.

Franke-Frech unterscheiden drei Arten der Überformung:

„1. Sie kann durch bewußte Beherrschung von Ausdrucksbewegungen (z. B. willentliches Zusammenziehen der Augenbrauen) zustande kommen.
2. Sie kann durch relativ dauerhafte körperliche Mängel oder Veränderungen (schiefe Nase, Schielen, Narben, Ausschlag, Schönheitsoperationen, Body-Building, Verletzungen) hervorgerufen werden.
3. Sie kann durch äußerliche, zeitweilige Veränderungen (Frisur, Bart, Brille, Kleidung, Kosmetika, Sonnenbräune) entstehen."*

Das Erscheinungsbild wird also in diesen Fällen durch äußere Mittel beeinflußt. Ein Bewerber kann aber nicht nur sein Erscheinungsbild, sondern auch sein ganzes Verhalten überformen, wenn er beispielsweise von dritter Stelle vor der Vorstellung angehalten wird, sich gut zu benehmen. Verhaltensüberformung täuscht also Charaktereigenschaften oder Gefühlslagen wie Höflichkeit, Hilfsbereitschaft, Aufmerksamkeit, Freude, Schmerz vor. Der einstellende Personalleiter oder Sachbearbeiter muß sich deshalb immer darüber im klaren sein, daß die Beziehung zwischen Erscheinen und Wesen nicht immer eindeutig ist. Daher muß auch hier der Rat wiederholt werden, immer mit einer gewissen Skepsis den eigenen Eindrücken gegenüberzustehen.

Um eine weitere Fehlerquelle, nämlich die der äußeren Situation, zu eliminieren, sollte bei wichtigen Bewerbungen nach Möglichkeit Vorstellungen an verschiedenen Orten stattfinden. „Überstrahlung" wie auch „Überformung" werden dadurch leichter erkennbar. Überdies: die äußere Situation beeinflußt auch den einstellenden Personalleiter oder Sachbearbeiter.

Schließlich ist zu beachten, daß Bewerber und Einsteller ihr Verhalten gegenseitig beeinflussen. Den Bewerber steuert das Wissen um die kritische Beobachtung durch den Personalfachmann. Von dessen Eindruck wird es ja abhängen, ob es zu einer Zu- oder Absage kommen wird. Dabei ist naturgemäß der Unterschied zwischen alten und jungen Bezugspersonen besonders bedeutsam. Ein junger Personalchef kann einen jungen Bewerber ganz anders sehen

---

* Franke, J., Frech, H., Die Mitarbeiterbeurteilung a. a. O.

als ein alter Personalchef einen jungen. Auch der junge Bewerber wird sich anders gegenüber dem jungen als gegenüber dem alten Personalchef verhalten.

5.1.3. Empfehlungen für die Praxis

Um zu einem möglichst objektiven Urteil über den Bewerber zu kommen empfiehlt es sich, folgende Punkte zu beachten:

1. Selbstzufriedenheit verhindert die angestrebte Objektivität. Deshalb das eigene (schnelle) Urteil erst einmal in Frage stellen.
2. Mögliche Fehlerquellen vor der endgültigen Beurteilung zunächst bei sich selbst suchen. Dabei hilft es, sich erst einmal in einer neutralen Gefühlslage selbst zu beurteilen.
3. Keinesfalls sich selbst zum Maßstab machen. Jeder hat seine Stärken und seine Schwächen; nur sind sie bei jedem anders gelagert. Es wäre überdies sehr unklug, nur gleichgesinnte Mitarbeiter um sich scharen zu wollen. Für die Führungskraft könnte es zwar bequem sein, dem Unternehmen käme es aber nicht zugute.*
Deshalb sollte der Personalchef grundsätzlich mitbeurteilen. Er kennt die Stärken und Schwächen des Vorgesetzten und kann dementsprechend regulierend einwirken.
4. Genügend Zeit für das Beurteilungsgespräch reservieren. Das sog. „Durchpeitschen" von Gesprächen führt zu undifferenzierten und oberflächlichen Urteilen.
5. Den Bewerber unter speziellen Gesichtspunkten interviewen. Nicht der Gesamteindruck, der meist oberflächlich und gefühlsbetont ist, sondern eine bestimmte Zielrichtung im Gespräch ist entscheidend. Der bereits beschriebene Einstellungsbogen bietet dafür eine geeignete Grundlage.
6. Um eine Schulung des Urteilsvermögens bemüht bleiben. Das ist dadurch auf einfache Weise möglich, daß beim Bewerbungsgespräch schriftlich festgehalten wird, wie sich der Bewerber voraussichtlich entwickeln wird. Ein Vergleich dieses ersten Urteils mit einer späteren Beurteilung zeigt, ob bei späteren Gesprächen mit Bewerbern andere Maßstäbe zugrunde gelegt werden müssen.

5.2. Das Vorstellungsgespräch

5.2.1. Allgemeines

In verschiedenen großen Unternehmen gibt es für den Ablauf eines Vorstellungsgespräches feste Regeln, die sowohl von der Personalstelle als auch von den Fachvorgesetzten zu berücksichtigen sind. Solche Regelungen beginnen vielfach schon mit der schriftlichen Einladung zu einem Gespräch.
Bereits in diesem Schreiben ist beispielsweise herauszustellen, daß die Firma Fahrtkosten und Spesen erstattet. Für die Abrechnung empfiehlt sich ein Vor-

---

* Vgl. Parkinson, C. N., Parkinson's Blick in die Wirtschaft, Düsseldorf 1968.

druck (A 11). Fehlen noch wichtige Unterlagen, sollte in dem Schreiben darum gebeten werden, diese unbedingt mitzubringen.
Um den Bewerber bei der Terminabsprache nicht mit unnötigen Telefonkosten zu belasten, können im Anschreiben ein oder mehrere Termine vorgeschlagen werden. Der Bewerber braucht sich dann nur noch kurz zu entscheiden. Ungünstig ist es, auswärtige Bewerber darum zu bitten, sie möchten in der Firma anrufen, um einen Vorstellungstermin auszumachen. Meist werden derartige Gespräche ziemlich teuer, da dann zunächst einmal eine Abstimmung mit dem Fachbereich über den Vorstellungstermin erfolgen muß.
Es klingt zwar selbstverständlich, wenn darauf hingewiesen wird, der Pförtner müsse wissen, wohin er einen Bewerber zu schicken hat. Aus zahlreichen Gesprächen mit Bewerbern mußte aber festgestellt werden, daß in vielen Firmen hierüber Unklarheit herrscht und zunächst herumtelefoniert wird. Keiner weiß Bescheid, wo der Bewerber sich melden kann.
In der Regel sollte sich ein Bewerber zunächst in der Personalabteilung vorzustellen haben. Erst dann ist der Fachbereich einzuschalten, und schließlich kann unter erneuter Hinzuziehung der Personalabteilung ein abschließendes Gespräch stattfinden, in dem die Konditionen zu besprechen sind.
Doch bevor das Vorstellungsgespräch beginnt, muß Klarheit über das Ziel und den Zweck des Gespräches bestehen. Das könnte sein:

a) Feststellen, ob das Anforderungsprofil des Bewerbers mit der Stellenbeschreibung übereinstimmt.
b) Informieren über das eigene Unternehmen und Wecken von Interesse.
c) Schaffen eines positiven Eindrucks, auch wenn das Interview negativ ausläuft.

Eine weitere Voraussetzung für ein positives Gespräch ist dann die Vorbereitung. Denn neben der bereits erwähnten Analyse der Unterlagen ist auch das Vorstellungsinterview vorzubereiten und für eine entsprechende Gesprächsatmosphäre zu sorgen. Keinesfalls darf das Gespräch ein Verhör oder gar Kreuzverhör sein. Deshalb sollte auch das Gespräch zunächst nur von einer Person geführt werden. Das setzt voraus, daß die Vorstellung

a) in einem Einzelzimmer (Großraum: Besprechungsecke) erfolgt,
b) nicht die Störungen unterbrochen werden kann (Telefonate o. ä.),
c) sich nicht verzögert, weil der Gesprächspartner sich verspätet,
d) genügend Zeit zur Verfügung hat,
e) in guter Atmosphäre stattfindet; also vor allem ansprechende Sitzgelegenheiten vorhanden sind und die Gesprächspartner sich möglichst nicht am Schreibtisch einander gegenüber sitzen.

Der Bewerber sollte bequem und blendungsfrei sitzen. Zigaretten können ihm angeboten werden, damit man sich zunächst zwanglos mit ihm unterhält. Einleitend kann man erklären, das Unternehmen, sei vor allem darum bemüht, den richtigen Mann an den richtigen Platz zu setzen. Daran sei sicher auch der Bewerber interessiert.
Der Interviewer muß die Möglichkeit haben, sich mit dem Bewerber in aller

Ruhe zu unterhalten. Daher sollten täglich höchstens vier bis sechs Interviews eingeplant werden. Bei der Terminabsprache ist ein weitgehendes Entgegenkommen zu empfehlen (Sonnabend, sonntags oder auch abends).

5.2.2. *Vorbereitung und Einführung*

Zur Vorbereitung gehören, wie schon erwähnt ein genaues Durchgehen der Unterlagen vor dem Gespräch, Bereitstellen und Vorbereiten von Anschauungsmaterial, Klarheit über das, was man zu sagen gedenkt, ein freundlicher und sachkundiger Empfang beim Pförtner.
Zu einer reibungslosen Einführung verhilft das Einhalten von Regeln, wie sie etwas Dale Carnegie in seinem Buch „How to win friends and influence people"* aufgestellt hat. Diese lauten:*

1. Beginne ein Gespräch stets freundlich
2. lächle
3. sei ehrlich an dem Gesprächspartner interessiert
4. sei ein guter Zuhörer
5. laß den Gesprächspartner fühlen, daß er wichtig ist, und tue es ernsthaft
6. zeige Respekt vor der Meinung des anderen, sage nie, daß er unrecht hat
7. der beste Weg, etwas aus einer Streitfrage zu machen, ist, diese zu umgehen
8. wenn du im Unrecht bist, gib es schnell zu
9. laß den größten Teil des Gespräches von Deinem Gegenüber führen
10. zeige Verständnis für die Wünsche des anderen
11. unterdrücke stets eine Herausforderung.

Nach der Begrüßung und der selbstverständlichen Anrede mit dem Namen des Bewerbers kann zunächst für das Kommen und für die prompte Erledigung der vorangegangenen Post gedankt werden. Zugleich kann versichert werden, daß die Vertraulichkeit auf alle Fälle gewahrt bleibt.
Sind mehrere Bewerber für einen Arbeitsplatz zu einem Vorstellungsgespräch eingeladen worden, so empfiehlt es sich, Aufzeichnungen der Interviewdaten bereits während des Gespräches zu machen. Die Niederschrift aus dem Gedächtnis hat nämlich einen großen Nachteil. Die Voreingenommenheit des Interviewers könnte sie verzerren. Diese Gefahr ist bei unmittelbaren Aufzeichnungen geringer. Die einzelnen Fragen im Interview, die dem Interviewer besonders bedeutungsvoll erscheinen, werden wahrscheinlich unterstrichen, andere Punkte ausgelassen. So werden die Antworten zusammenhängender wiedergegeben, als sie es tatsächlich waren. Das spricht für Gedächtnisnotizen.
Das wichtigste Argument, das gewöhnlich zugunsten der Niederschrift aus dem Gedächtnis vorgebracht wird, lautet: Die Niederschrift während des Interviews könne den Befragten stören, sie rufe eine unnatürliche Atmosphäre hervor. Dieser Nachteil ist jedoch vermeidbar. Merkt der Interviewer aufkommende Nervosität, kann er das Verständnis des Bewerbers mit dem Hinweis wecken, wie sehr auch in seinem Interesse eine unverfälschte Wiedergabe des Gespräches läge; Notizen seien dabei ein gutes Hilfsmittel.

---

* Deutsche Übersetzung: Carnegie, D., Wie man Freunde gewinnt, Zürich, Stuttgart 1966.

Eine unmittelbare Aufzeichnung während des Interviews wird daher heute allgemein empfohlen – die Praxis spricht dafür. Von der Mehrzahl der Bewerber kann Verständnis für eine derartige Handhabung erwartet werden.

5.2.3. Gesprächsführung

Wie soll sich nun der Interviewer ein richtiges Bild von dem Bewerber machen? Der Bewerber wird sicherlich versuchen, sich selbst nicht ganz durchschauen zu lassen. Ungünstiges über seine Person wird er verheimlichen oder als unbedeutend abtun. Gewöhnlich bedient sich der Bewerber dabei einer oder mehrerer der folgenden Möglichkeiten:

„Er verschweigt für ihn ungünstige Tatsachen. Gegenmaßnahmen des Interviewers: besondere Aufmerksamkeit und Suche nach Lücken im Lebenslauf und dessen Einzelheiten. Der Bewerber lügt in diesem Fall. Doch werden sich schnell Widersprüche und damit Angriffspunkte ergeben. Nur wenige können nämlich ein oder zwei Stunden lang konsequent lügen, ohne sich in Widersprüche zu verwickeln.
Der Bewerber gibt ungünstige Tatsachen zu, bietet aber wenig plausible Erklärungen oder Entschuldigungen an. Wenn dem Interviewer ein solcher Verdacht kommt, kann er dem Bewerber weitere Fragen stellen. Dann wird er bald Widersprüche entdecken oder auf andere Weise den wahren Sachverhalt herausfinden.
Der Bewerber geht entweder in eine Verteidigungsstellung, oder er spielt den Entrüsteten. Derartige Reaktionen auf Fragen im Interview sind fast immer ein Ausdruck von Angst des Bewerbers. Er fürchtet nämlich, eine ehrliche Antwort könne ihn in ein schlechtes Licht stellen."*

Die bereits empfohlene Zeitdauer für das erste Interview ist natürlich keine Norm. Bei einfachen kaufmännischen und gewerblichen Bewerbern wird das Gespräch kürzer sein; auf jeden Fall sollte man aber dem Bewerber genügend Zeit lassen. Er muß nachdenken und seine Antworten in Ruhe formulieren können. Man kann dadurch oberflächliche und gedankenlose Antworten verhindern. Deshalb sollte auch das Interview nie zu hektisch vor sich gehen. Will der Bewerber sich an Dinge aus der Vergangenheit erinnern, sollte der Interviewer schweigen und keine Zeichen von Ungeduld zeigen. Manchem fällt es überdies nicht leicht, seine Gedanken ohne weiteres zu formulieren.
Der Bewerber erwartet, daß er zu den Themen Ausbildung und Schulung, berufliches Interesse, Berufserfahrung, Herkunft, familiäre und gesellschaftliche Situation, finanzielle Forderung, Gesundheit usw. Stellung nehmen muß. Er bespricht sie daher auch ohne Widerstreben. Mehr Widerstand wird er vielleicht bei der Frage stellen, warum er seine jetzige Firma verlassen will. Das gilt auch für Arbeitsunterbrechungen aus Krankheit oder anderen Gründen und für Fragen nach dem, was ihm an seiner Arbeit gefallen oder nicht gefallen hat, wie seine Einstellung zu seinen Vorgesetzten und Mitarbeitern ist usw.

---

* Knebel, H., Inhalt und Technik des Vorstellungsgespräches in: Personal Heft I, 1970.

Das Interview muß als Suchverfahren angesehen werden. Deshalb muß der Bewerber ermutigt werden, zu seinem eigenen Vorteil ein Maximum an Informationen zu geben. Ermuntert der Interviewer den Bewerber zum freien Sprechen, zeigt er höfliches Interesse, wird der Bewerber das Interview wahrscheinlich sogar als angenehm empfinden.
Der Ablauf des Gespräches erfolgt, bildhaft ausgedrückt, trichterförmig. Von der erwähnten Einführung bis hin zu ganz konkreten Dingen wie Stellenbeschreibung und Gehaltsfragen. Je nach der Qualifikation des Bewerbers ist es dabei wichtig, daß er für die Zeit vor seiner Schulentlassung bis zur Gegenwart Rechenschaft ablegt. Dabei sollten festgehalten werden Jahr und Monat von Arbeitsbeginn und Arbeitsende in einer bestimmten Stellung. Die Abstimmung der genannten Daten mit den Daten im Bewerbungsbogen und Zeugnissen ist hierbei von allergrößter Bedeutung, da Widersprüche in den Daten oft wertvolle Hinweise für falsche Angaben geben. Selbstverständlich sollen vom Interviewer widersprüchliche Angaben bei Daten oder sonstigen Tatsachen höflich, aber bestimmt zur Sprache gebracht werden, um eine Aufklärung herbeizuführen.
Die Atmosphäre einer Aussprache ist sofort beeinträchtigt, „wenn dem Bewerber plötzlich während des Interviews schriftliche Auflagen gestellt werden, etwa um seine Rechenfertigkeiten zu prüfen. Ein solcher abrupter Abbruch der menschlichen Begegnung wird auf den anderen wie ein Schock wirken und ihn wahrscheinlich veranlassen, dieses Erlebnis in seinem Kreis als Warnung möglichst weit zu verbreiten. Wo es üblich ist, eine Probe des beruflichen Könnens ablegen zu lassen – wie zum Beispiel bei Schreibkräften oder Locherinnen – sollte eine klare Trennung zwischen dieser Leistungsprobe und der Aussprache erfolgen:
Vielleicht auch dadurch, daß jemand anderer die Leistungsprobe abnimmt."*

Das Interview wird wertlos, wenn Suggestivfragen gestellt werden. Beispiel:
„Sie werden sicherlich die Stelle verlassen haben, weil Ihnen die Arbeit woanders interessanter vorkommt." Hier wird der Bewerber gern zustimmen. Insbesondere wenn er auf die Frage, warum er aus dem vorherigen Unternehmen ausgeschieden sei, antworten müßte, er habe Schwierigkeiten mit Vorgesetzten gehabt.
Wird eine freiwillige und spontane Aussage des Bewerbers über sein Wesen erreicht, dann wird ihr selbstverständlich eine besondere Beweiskraft zugemessen sein. Vor allen Dingen gilt das auch dann, wenn der Bewerber über Eigenschaften spricht, die nicht so positiv für ihn klingen. Der Interviewer sieht darin einmal einen Vertrauensbeweis, den er nicht mindern möchte. Weiterhin enthält allein die Tatsache, daß jemand etwas Ungünstiges über sich äußert, die Vermutung der Wahrhaftigkeit. Dennoch müssen Selbstbekenntnisse mit Vorsicht gewertet werden. Wenn allerdings die Werturteile stimmen, sind sie für die Beurteilung günstig.
Aufschlußreich sind auch Urteile des Bewerbers über andere. „Oft gelingt es dem Bewerber leichter, über andere Menschen zu sprechen, als über sich selbst.

---

* Trebeck: Das Vorstellungsgespräch ein Mittel zur Auswahl von Bewerbern, Schriftenreihe Haus Siemens 1965.

Solche Beurteilungen der Motive anderer Menschen und Schilderungen ihres Verhaltens geben viel mehr Aufschluß über den, der sie abgibt, als seine Äußerungen über die eigenen Ansichten. Untersuchungen ergaben: wurden Menschen gefragt, wie sich wohl andere in einer bestimmten Situation verhalten und wie sie sich selbst verhalten würden, dann zeigte sich, daß sich viele gerade so verhielten, wie sie es für andere angegeben hatten, oder nicht so verhielten, wie sie es für sich selbst voraussagten."* Dazu verhelfen Fragen nach dem Verhältnis zu den Kollegen und Vorgesetzten beim letzten Arbeitgeber.

Vermieden werden muß eine Kritik oder Zustimmung zu den Ansichten des Bewerbers. Auf keinen Fall sollten Kritik am Bewerber oder dessen Verhalten oder gar moralische Urteile geäußert werden. Auch schon das reine Anmerkenlassen solcher Kritik wird sich negativ auswirken. Bringt der Bewerber Ansichten zum Ausdruck, sind Zustimmungsäußerungen oder Kopfnicken möglichst zu vermeiden.

Entscheidend für den Verlauf des Gesprächs ist natürlich auch, wie sich der Bewerber für das Interview vorbereitet hat. Zwar interessiert den Interviewer, was der Kandidat bisher getan und geleistet hat, aber vor allen Dingen will er wissen, ob der neue Mann ein Gewinn für die Firma zu werden verspricht. Dieser gewinnt darüber am ehesten einen Eindruck, wenn sich der Prüfling bereits in groben Zügen über Firmenstruktur und Marktverhältnisse unterrichtet zeigt.

„Also muß ein qualifizierter Bewerber zuvor alle nur erdenklichen Wege nutzen, um sich Informationen über das Unternehmen zu verschaffen. An Quellen herrscht kein Mangel: Informationen von Bekannten, Geschäftsberichte und Meldungen aus den Tageszeitungen oder Zeitungsarchiven, Werbematerial der Firma, schließlich auch Handelsregister und Auskunfteien. Ebenso lohnt es sich, etwa die letzten 6 Ausgaben des maßgebenden Organes der einschlägigen Fachpresse durchzuarbeiten, weil sich auch hier informatorisch wertvolle Veröffentlichungen finden."**

Ein Bewerber macht immer einen besseren Eindruck, wenn er derartiges Informationsmaterial gründlich studiert hat und beim Vorstellungsgespräch von diesem Wissen Gebrauch macht. Denn er bekundet ja tatsächlich sein Interesse an den Belangen des Hauses, und demonstriert eine Vorleistung, mit der er sich unter psychologischem wie ökonomischen Vorzeichen eine sehr positive Beurteilung einhandelt.

Teilweise versuchen Bewerber unbequemen Fragen auszuweichen, indem sie sich zum Thema lediglich am Rande in sehr unklarer Form äußern und eine Antwort blitzartig in eine Gegenfrage übergehen lassen, die zu einem Themenwechsel führen soll. Deshalb muß diese überspielte Frage überraschend dann in einem anderen Zusammenhang wiederkehren. Versucht der Kandidat dann wiederum, abzuschweifen, weiß der Interviewer, woran er ist. Natürlich gibt es auch Kandidaten, die dem Interviewer die Gesprächsführung zu entwinden versuchen, um sich selbst ungehemmt ins rechte Licht setzen zu können.

Negativ muß bewertet werden, wenn der Bewerber auf die Frage, warum er sich mit Veränderungsabsichten trage, schonungslos auspackt, was er über den

---

* Trebeck: Das Vorstellungsgespräch a. a. O.
** Hütter, H., Stellen Sie sich doch einmal bei uns vor in: Die Welt vom 16. Juni 1967.

seiner Ansicht nach untragbaren Zustand in der Geschäftsführung seiner jetzigen Firma denkt. Selbstverständlich kann das, was er vorbringt, sachlich und richtig sein. Aber, wer sich derart bedenkenlos über die Pflicht der Verschwiegenheit hinwegsetzt, provoziert geradezu das Urteil: für das Unternehmen ungeeignet.
Das gilt auch für andere Fälle. Der Kandidat ist verständlicherweise bemüht, sich als besonders tüchtig auszuweisen. Er präsentiert zusätzliche Unterlagen, die ihm überdurchschnittliche Leistungen bescheinigen: z. B. das Anerkennungsschreiben des Direktors aus seinem jetzigen Haus oder aber typische Verschlußsachen, die er zu bearbeiten hat.
Aus diesem Verhalten ist klar zu erkennen, wie sehr der Bewerber hofft, im neuen Haus als vielversprechender Kopf aufzufallen.
Verdächtig ist aber auch das Bestreben, mit Unterlagen aus der Intimsphäre seines jetzigen Arbeitgebers zu renommieren.
Genauso negativ muß beurteilt werden, wenn der Bewerber unaufgefordert Geschäftssachen mitteilt, oder wenn er – unter Umständen auf eine entsprechende Fangfrage – unveröffentlichte Zahlen über Auftragslage und Umsatzentwicklung seiner jetzigen Firma nennt.

5.2.4. Ergänzende Hinweise

Die Arbeit des Interviewers ist verantwortungsvoll. Beurteilen heißt ständig Entscheidungen fällen: Ist der Mann geeignet, den Arbeitsplatz auszufüllen? Wird er mit seinen Kollegen harmonieren? Berufs- und Lebensbild des Bewerbers geben hier Aufschluß.
Der Interviewer stellt kurze Fragen und strebt längere Antworten an. Das setzt ein natürliche und sympathische Einstellung voraus. Übertriebene Kritik und moralisierende Betrachtungsweise sind fehl am Platz.
Ist die Abweisung des Bewerbers noch nicht eindeutig, sollte sie möglichst auf später verschoben werden und schriftlich erfolgen. Falls bereits feststeht, daß der Bewerber in die engere Wahl kommt, sollte es ihm sofort mitgeteilt werden.
Ob der Bewerber möglicherweise noch vor einer anderen Entscheidung steht oder sich für ein weiteres Gespräch zu Verfügung hält, sollte frühzeitig im Gespräch ermittelt werden.
Nach Beendigung des Gespräches sollte weder der Dank für das Gespräch noch die sofortige Abrechnung der Reisekosten und Spesen vergessen werden.
Im Anschluß an das Gespräch sollte der Interviewer seine eigenen Notizen unter Zuhilfenahme eines Beurteilungsbogens vervollständigen. So rundet sich der erste Eindruck ab und der Interviewer kann entscheiden, ob er den Bewerber in die engere Wahl ziehen bzw. wie er ihn einstufen will.
Bewerber können während des Gespräches Einzelheiten über sich erzählen, die den Interviewer unangenehm berühren. Anmerken lassen sollte er sich dann aber auf keinen Fall etwas, da sonst der für ein informatives Gespräch unerläßliche Kontakt zwischen den Gesprächspartnern gefährdet wird.
Äußert der Bewerber im Gespräch persönliche Ansichten, sollte er nach Mög-

lichkeit nicht unterbrochen oder verbessert werden. Das ist vor allem dann nicht einfach, wenn die Äußerungen der besseren Kenntnis des Befragers widersprechen. „Anstelle einer Aufklärung über die richtige Sachlage sollte erforscht werden, wie weit es sich um eigenes Gedankengut des Bewerbers oder um unkritisches Nachgerede handelt; ob er sich mit Einwänden auseinanderzusetzen vermag oder ob er aus Bequemlichkeit, Beeinflußbarkeit oder Opposition schnell umschwengt.
Allerdings kann dadurch die Situation entstehen, in der eine völlig Unempfindlichkeit und Neutralität des Interviewers die natürliche Gesprächsatmosphäre zerstört und der Kontakt darunter leidet. In solchen Fällen hat sich als wirksamer Kompromiß herausgestellt, daß der Interviewer eine Haltung freundlichen Gewährenlassens annimmt."*
Beim zweiten Interview soll der zuerst gewonnene Eindruck vertieft werden: Das kann geschehen durch Hinzuziehung eines zweiten Interviewers, sowie dadurch, daß dem Bewerber Gelegenheit gegeben wird, mehr über die Firma und die zu besetzende Stelle zu erfahren. Auch für dieses Gespräch muß genügend Zeit vorhanden sein, um Details zu besprechen, etwa um herauszufinden, wie der Bewerber eine spezifische Aufgabe anzupacken gedenkt.
Im 2. Gespräch ist dann auch die Gehaltsfrage endgültig zu klären. Oberstes Gebot dabei: das Angebot muß in das bestehende Gehaltsgefüge passen.
Der erste Eindruck entspringt meist den unbewußten Schichten unserer eigenen Person. Der zweite Eindruck dagegen ist sachbezogener. Diese beiden Eindrücke müssen sich ergänzen, können sich aber auch widersprechen. Deshalb ist es immer wieder lohnenswert, den ersten Eindruck nochmals gründlich zu überprüfen.
Bei aller Interviewtechnik sollte nicht übersehen werden, daß diese Maßnahmen ein gewisses Fingerspitzengefühl, das sich im Laufe der beruflichen Erfahrung einstellt, nicht ersetzen können; vielmehr sollen sie nur eine zweckdienliche Ergänzung sein.
Steht eine Ablehnung bereits fest, sollten die Gründe dem Bewerber nicht bekanntgegeben werden. Es ist nur allzu menschlich, wenn jeder eine sehr hohe Meinung von seinen Fähigkeiten hat. Auch wenn die Ablehnungsgründe korrekt sind, würde der Bewerber immer bei einer sofortigen Offenlegung gekränkt sein. Dies träfe auch dann zu, wenn der Bewerber dies objektiv einsähe; subjektiv kann er die Kränkung nicht vertragen. Als Konsequenz wäre eine negative Reaktion gegenüber dem Frager und dessen Unternehmen zu erwarten. Wichtig ist es deshalb, das Interview positiv zu beenden. Der nochmalige Dank für den Besuch und das Interesse des Bewerbers sind hierzu am besten geeignet.

5.2.5. Aufgabenverteilung und Zusammenfassung der Regeln

Die hier geschilderte Form des Vorstellungsgesprächs stellt natürlich einen Idealfall dar. Meist wird es so sein, daß unmittelbar nach dem Gespräch in der Personalabteilung der Bewerber an die Fachabteilung weitergeleitet wird, damit dort die fachlichen Dinge besprochen werden können. Selbstverständlich muß

---

* Knebel, H., Inhalt und Technik des Vorstellungsgespräches a. a. O.

Aufgabenverteilung der Gesprächsführenden für ein Vorstellungsgespräch

	Personalabteilung	Fachabteilung	direkter Vorgesetzter	Betriebsrat
Informations-übermittlung (Daten für den Bewerber)	*Allgemeine* Informationen über das Unternehmen und die Personalpolitik z. B. Grundsätze der Entlohnung Sozialleistungen, Führung, Organisation. *Speziell:* Bestandteile des Arbeits- und Tarifvertrages, Festlegen des Gehalts.	Allgemeine Informationen über Ziel und Aufgaben der Abteilung. Aufbau, Organisation und personelle Zusammensetzung der Abt. Allgemeine Bedingungen des Einsatzes am Arbeitsplatz. Bekanntmachen mit Vorgesetzten.	Genaue Beschreibung und Darstellung der Tätigkeit Arbeitsbeispiele demonstrieren. Arbeitsplatz zeigen. Mit künftigen Kollegen, mit denen gemeinsam gearbeitet werden muß, werden muß, bekanntmachen.	Allgemeine Information über die Aufgaben der Betriebsratstätigkeit im Unternehmen. Aufbau und Organisation des Betriebsrates. Information über die Rechte und Pflichten der Rechte und Pflichten der Mitarbeiter in Verbindung mit den tarifvertraglichen Bestimmungen.
Informations-ermittlung (Daten für die Beurteilung des Bewerbers)	Beurteilen der allgemeinen Qualifikation und persönliche Eignung für das Unternehmen: z. B. Auftreten Sozialverhalten, Arbeitsverhalten, Initiative, Arbeitseinstellung, Selbständigkeit, geistige Regsamkeit, Aufmerksamkeit, Intelligenz usw. Ermitteln der Gehaltsvorstellungen.	Beurteilen der persönlichen und fachlichen Eignung für den Bereich. Vergleichen des Anforderungsprofils des Arbeitsplatzes mit den Qualifikationen des Bewerbers. Ermitteln der Erwartungen des Bewerbers hinsichtlich seiner Tätigkeit und Einschätzen einer zu erwartenden Befriedigung bei dem Bewerber und Vorgesetzten.	Beurteilen der Integrationsfähigkeit in die Arbeitsgruppe. Beraten des Abteilungsleiters bei der Entscheidungsfindung.	Prüft die Eignung für das Unternehmen lt. Bestimmungen des Betriebsverfassungsgesetzes.

der Interviewer in der Fachabteilung ebenfalls mit den Grundregeln des Vorstellungsinterviews vertraut sein. Dadurch werden die Chancen einer guten Auslese erheblich verbessert. Überdies sollte dieses Gespräch, das vielfach in der Nähe des zu besetzenden Arbeitsplatzes stattfindet vor Festlegung des Einstellungsvertrages geführt werden.
Wie eine entsprechende Aufgabenverteilung aussehen kann, die sich in der Praxis bewährt hat, gibt Knebel in seinem Buch „Das Vorstellungsgespräch" wieder.*

Abschließend sollen noch einmal die wichtigsten Regeln zusammengefaßt werden, die bei einem Interview zu beachten sind.

1. Es sollte immer genügend Zeit für das Interview zur Verfügung stehen.
2. Das Interview sollte pünktlich beginnen und in einer gelockerten und freundlichen Atmosphäre stattfinden (Einzelraum, angenehme Sitzgelegenheiten, Zigarette anbieten)!
3. Im Interview müssen die Abschnitte
   Ausbildung und Schulung
   Berufserfahrung (einschl. Militärdienst)
   Kindheit und Herkunft
   familiäre und gesellschaftliche Situation
   finanzielle Lage
   Gesundheit
   besprochen werden.
4. Der Interviewer sollte hauptsächlich den Bewerber sprechen lassen, dabei jedoch die Führung des Interviews behalten.
5. Wo es wichtig ist, sollten genaue Zeitangaben im Lebenslauf verlangt sowie Widersprüche sorgfältig überprüft und geklärt werden.
6. Fragen im Prüfungsstil und Suggestivfragen sind zu vermeiden.
7. Persönliche Fragen sind ebenso wichtig wie fachliche Fragen, Selbstbekenntnisse sind jedoch mit Vorsicht aufzunehmen.
8. Urteile des Bewerbers über andere sind besonders aufschlußreich.
9. Der Interviewer sollte es vermeiden, Kritik oder Zustimmung zu den Angaben des Bewerbers zu äußern.
10. Der Interviewer sollte dem Bewerber nie die Gründe für seine bereits feststehende Ablehnung bekanntgeben. Das Interview soll mit einer positiven Note enden.

5.2.6. Fragenkatalog

Der nachfolgende, selbstverständlich nicht erschöpfende Fragenkatalog soll Anhaltspunkte für die in einem Interview regelmäßig zu erörternden Fragen geben:

1. Welche Tätigkeiten üben Sie jetzt aus? Beschreiben Sie sie möglichst ausführlich und sagen Sie, was Ihnen daran gefällt und was Sie sich anders wünschen.

---

* Knebel, H., Das Vorstellungsgespräch, München 1972.

2. Welche Kenntnisse, Fähigkeiten und Fertigkeiten können Sie bei dieser Arbeit besonders gut verwerten und wie wirkt sich deren Einsatz auf Ihren jetzigen Posten aus?
3. Welche Kenntnisse, Fertigkeiten und Fähigkeiten, die Sie besitzen, können Sie nicht ausnützen? Empfinden Sie diese Tatsache als einen Mangel?
4. Nennen Sie Ihre Stärken und Schwächen. Gewichten Sie diese in einer Rangfolge.
5. Wenn Sie ein Problem zu lösen haben – wie gehen Sie dabei vor?
6. Bei zu besetzender Führungsposition: Wie verhalten Sie sich, wenn sich zwei Ihrer Mitarbeiter wegen einer privaten Angelegenheit streiten – und wie bei einer betrieblichen Angelegenheit?
7. Wie beurteilen Sie Ihre Mitarbeiter?
8. Wie führen Sie ein Kritikgespräch?
9. Was hat Sie an unserer Anzeige interessiert?
10. Kannten Sie unser Unternehmen schon vor Ihrer Bewerbung?
11. Was waren bisher Ihre größten Erfolge?
12. Welche Fehler würden Sie nicht wiederholen?
13. Wie ist Ihr Verhältnis zu Vorgesetzten? Fühlen Sie sich von ihnen beachtet und gefördert oder glauben Sie, daß Sie verkannt werden?
14. Wie ist Ihr Verhältnis zu Kollegen und Mitarbeitern? Fühlen Sie sich in Ihrem Kreise wohl oder könnten die menschlichen Beziehungen zueinander besser sein?
15. Wie sieht Ihr Ziel in unserem Unternehmen aus? Was tun Sie im Augenblick, um dieses Berufsziel zu verwirklichen?
16. In welcher Weise betreiben Sie Ihre Weiterbildung beruflicher und allgemeiner Art?
17. Welche Interessen verfolgen Sie in Ihrer Freizeit?
18. Haben Sie eine Familie bzw. leben Sie in einer Familie oder für sich allein?
19. Wie würden Sie den Erziehungsstil Ihres Elternhauses bezeichnen?
20. Auf welche Weise kamen Sie in Ihre jetzige Stellung?
21. Was haben Sie vorher getan und wie ist Ihr Ausbildungsgang in chronologischer Reihenfolge?
22. Welche Schulen haben Sie besucht? Welche Lieblingsfächer hatten Sie? Haben Sie noch Beziehungen zu Mitschülern und Lehrern?
23. Warum wollen Sie Ihre Stellung wechseln?
24. Was versprechen Sie sich von einer Tätigkeit bei uns?
25. Wie stellen Sie sich den Posten vor, der hier zur Diskussion steht und inwiefern glauben Sie, daß Sie der richtige Mann dafür sind?
26. Welche Stellung nimmt Ihre Frau zu dem geplanten Stellungs- und evtl. Ortswechsel ein?
27. Gibt es noch Informationen, die für die Beurteilung Ihrer Bewerbung wichtig sind?

6. Eignungstests

Bei einer Umfrage in 35 Großfirmen wurde ermittelt, ob und in welchem Umfang Eignungstests bei Bewerbern durchgeführt werden. Dabei antworteten 16 Personalleiter nicht, 10 Firmen gaben an, sie benutzten keine Tests, sondern Graphologen. 7 testeten lediglich Auszubildende, Außendienstler und Spezialisten (Versuchsfahrer, Überwacher von Steueranlagen). Nur zwei Unternehmen wendeten Tests für die Auswahl von Management-Positionen an.* Begründet wird dieses Desinteresse damit, daß vor allem der Berufsweg interessiere. Aus ihm seien Fähigkeiten und Eigenschaften des Bewerbers am besten ersichtlich. Die moderne Psychologie sucht die besonderen Strukturen, die für einen bestimmten Menschen charakteristisch sind, durch Tests aufzuschließen. Mit Hilfe von Tests soll die Auswahl der Bewerber objektiviert werden. Ein Test soll aufzeigen, welche individuellen Verklemmungen, Beeinträchtigungen und Möglichkeiten vorliegen, und welche Trends erkennbar oder nicht erkennbar sind. Ein Test soll eine Art Stichprobe sein, um die individuellen Gegebenheiten und charakterologischen Momente zu untersuchen.

Es gibt zahlreiche Arten von Tests, von denen die wichtigsten hier kurz dargestellt werden sollen.

Ziel dieser Tests ist, daß sie so objektiv wie irgend möglich sein sollen. Nur dann sind sie für die Firma und den Bewerber wirklich vorteilhaft. Rechtzeitig durchgeführt helfen sie Pannen in der späteren täglichen Arbeit vermeiden. Im allgemeinen sollte jedoch dem Fachmann (Psychologen) die Durchführung und Auswertung von Tests vorbehalten bleiben. Er vor allem vermag die mögliche Relativität eines solchen zur Persönlichkeitsauslotung bestimmten Hilfsmittels verantwortlich abzuschätzen. Allenfalls einfachere Formen von Tests kann auch der geübte Laie nutzbringend anwenden.

Unterschieden wird zwischen *Leistungstests*, bei denen es um Feststellung bestimmter Fähigkeiten geht (Gedächtnis, Konzentrationsfähigkeit, technisches Verständnis) und *Persönlichkeitstests* (zu denen auch Intelligenztests zählen), die Auskunft über die charakterliche Eigenart eines Menschen, über Willenshaltung und soziale Anpassungsfähigkeit geben.

Von größerer Bedeutung sind Tests für den *jungen* Menschen vor der Berufswahl. Unterzieht er sich ihnen nicht, riskiert er Fehlinvestitionen. Sie können von einschneidender Bedeutung für sein ganzes Leben sein. Zuständig sind für Berufsanfänger die Arbeitsämter; sie bieten Beratung durch Ärzte, Psychologen und Sozialarbeiter. Obgleich die Beratung kostenlos ist, machen längst nicht alle Berufsanwärter davon Gebrauch. Immer noch orientieren sich junge Menschen und deren Eltern bei der Berufswahl ungenügend. Die Leistungsfähigkeit wird über- oder unterschätzt, berufliche Chancen werden verkannt, Fehlentscheidungen sind die Folge.

Ein verantwortungsbewußter Lehrherr wird versuchen, dem entgegenzuwirken, sei es durch enge Zusammenarbeit mit dem Arbeitsamt oder durch betriebseigene Einrichtungen.

---

* Die Tricks der Personalberater in Capital 10/69.

Eignungstests können also Jugendlichen dazu verhelfen, die richtige Laufbahn auszuwählen. Sie sollten deshalb auch nur berufsnotwendige Kenntnisse und Fähigkeiten berühren. Eignungstests bei Erwachsenen sollen dagegen das Risiko einengen, das mit jedem Arbeitsplatzwechsel verbunden ist. Erwachsene werden jedoch, wie die Erfahrung zeigt, bedeutend seltener auf Eignung getestet als Jugendliche, da sie bereits die berufsmäßige Entwicklung und das durch Zeugnisse nachgewiesene Können erbracht haben. Eignungstests werden daher bei Erwachsenen befürwortet, wenn Zeugnisse fehlen oder Zweifel am Wert der Zeugnisse bestehen, etwa weil die Zeugnisse vor langer Zeit ausgestellt wurden.
Auch bei Bewerbern, deren Berufslaufbahn nachweislich durch unverschuldete Gründe erschüttert wurden, sind bei Zweifeln an ihrer Verwendbarkeit Tests vorzunehmen.

6.1. Leistungstests

Bei einem Test ist das spezielle Berufsbild von entscheidender Bedeutung. An jedem Arbeitsplatz werden bestimmte Anforderungen gestellt, aus denen sich das Berufsbild ableitet. Deshalb ist der jeweilige Test nach diesen Berufsbildern auszurichten. Aus dem Vergleich des Berufsbildes mit dem Persönlichkeitsbild ist der Eignungsgrad des Bewerbers zu erkennen. Hieraus wird schon die Bedeutung des Tests deutlich.
Für Arbeitsplätze, bei denen das logische Denkvermögen eine große Rolle spielt, eignen sich gut sogenannte Ergänzungsreihen, von denen nachfolgend ein Beispiel wiedergegeben wird.

ÜBERLEGUNGSPROBE

Einige Beispiele

Schauen Sie sich die vier nachstehenden Zahlenreihen gut an:

4	*7*	*10*	*13*	—	—	*22*
7	*12*	*17*	*22*	—	—	—
44	*40*	*36*	—	—	*24*	—
A3	*B5*	*C7*	—	*E11*		

Sie stellen fest, daß die Serien unvollständig sind; die Striche markieren eine fehlende Zahl.

Vervollständigen Sie übungshalber die vier Serien, indem Sie über die Striche die Zahlen einsetzen, welche normalerweise dorthin gehörten.

Richtige Antworten: Beispiel 1 — 16 und 19
2 — 27, 32 und 37
3 — 32, 28 und 20
4 — D9

Sie werden jetzt auf gleiche Weise die folgenden 20 Serien lösen. Drehen Sie dieses Blatt um und beginnen Sie sofort.

Vergessen Sie nicht, Ihren Namen in das dafür oben links vorgesehene Rechteck zu setzen.

Name:	Überlegungsprobe

73	66	59	52	45	—	—				
15	28	41	54	—	—					
3	4	6	9	13	—	—	—			
3	5	9	15	—	—	—	59			
2	5	11	20	32	—	—				
63	62	59	54	—	—	-	14			
2	5	10	13	—	—	—	29			
—	288	144	—	—	—	18				
29	36	36	—	43	50	—	—			
135	131	131	127	—	—	123	—	—		
e	163	f	154	—	145	—	—	i		
L	252	M	263	N	274	—	—	—		
A	367	a	361	B	356	—	—	—	349	
2	U	6	T	10	S	—	—	—		
0	51	3	49	6	47	—	—	—	—	15
9	7	14	12	24	—	—	—			
7RTB	B7RT	TB7R	—							
AB8CD	FG8HI	KL8MN	—							
104	( )	115	?	122	( )	133	—	—	—	151
FNBZ6	NBZ6F	BZ6FN	—							

Arbeitsproben sollen die Eignung für praktische Berufe aufzeigen. Sie allein sagen jedoch nichts Entscheidendes aus; vielmehr ist auch die Art und Weise zu beurteilen, wie sie hergestellt wurden. Um die hierfür erforderliche Beobachtung durchführen zu können, sind die Arbeitsproben unter Aufsicht anzufertigen. Dies kann in kleinen aber noch überschaubaren Gruppen erfolgen. Ein Prüfling, der in einer Gruppe geprüft wird, schüttelt die Befangenheit schneller ab, als wenn er in einem Einzelraum eine Aufgabe erfüllen soll.
Praktische Arbeitsproben (Maschinenschreiben, Stenographie, ein Probestück anfertigen, eine Probefahrt machen usw.) oder auch kleinere Problemstellungen (z. B. eine Stellungnahme zu einem begrenzten fachlichen oder betrieblichen Problem) sind dabei im allgemeinen gute Hilfsmittel, um etwas über die erlernten Fertigkeiten und Wissensbereiche zu erfahren.
Leider kostet diese Methode Zeit und manchmal einigen Aufwand. Bei den Arbeitsproben geht es hauptsächlich darum, Fingerfertigkeit und Handgeschick des Prüflings festzustellen. Hier können Drahtbiegeproben, Flechtproben etc. verlangt werden. Nachstehend werden als Beispiele der genannte Drahtbiegetest und ein Schreibtest wiedergegeben.
Nach einer Vorlage soll beim *Drahtbiegetest* ein Stück Draht gebogen werden. Mit dieser Probe soll die Formauffassung und Handgeschicklichkeit und die Arbeitsweise des Prüflings festgestellt werden. Dafür werden ein 50 cm langer Draht und eine Flachzange benötigt. Als Beispiele sollten gut, mittel und schlecht gebogene Drähte als Demonstrationsstücke zur Verfügung stehen. Die Anweisung für diesen Test lautet wie folgt: die Vorlage muß genau nachgebogen werden. Und zwar auf den Millimeter genau. An der Vorlage kann gemessen werden, wie lang die einzelnen Teile sind. Die Arbeit darf auf die Vorlage gelegt werden. Während der Arbeit kann also immer wieder verglichen werden.
Jetzt dürfen die Beispiele von guten, mittleren und schlechten Arbeiten gezeigt und anschließend auf die Vorlage gelegt werden, damit der Jugendliche selbst darüber urteilen kann. Wie er die Zange benutzt, bleibt dem Jugendlichen überlassen. Er sollte aber den Hinweis bekommen, daß durch Aufbiegen des schon begonnenen Drahtes die Arbeit meist verschlechtert, statt verbessert wird. Deshalb sollte lieber eine Ecke gelassen werden, auch wenn sie nicht so genau stimmt. Dafür sind dann die anderen Ecken um so genauer.
Der Sinn der Aufgabe ist zu prüfen, ob der Jugendliche geschickt, sorgfältig, genau arbeitet. Bei der Durchführung kann in Gruppenarbeit (bis zu 4 Jugendlichen) vorgegangen werden. Jeder Jugendliche erhält Draht, die Vorlage und eine Zange. Die Arbeitszeit wird gemessen und in Sekunden aufgeschrieben. Die Aufgabe ist im Sitzen auszuführen; die Prüflinge sollen unbedingt bequem sitzen.*

---

* Siehe Huth, A., Handbuch psychologischer Eignungsuntersuchungen Speyer 1953.

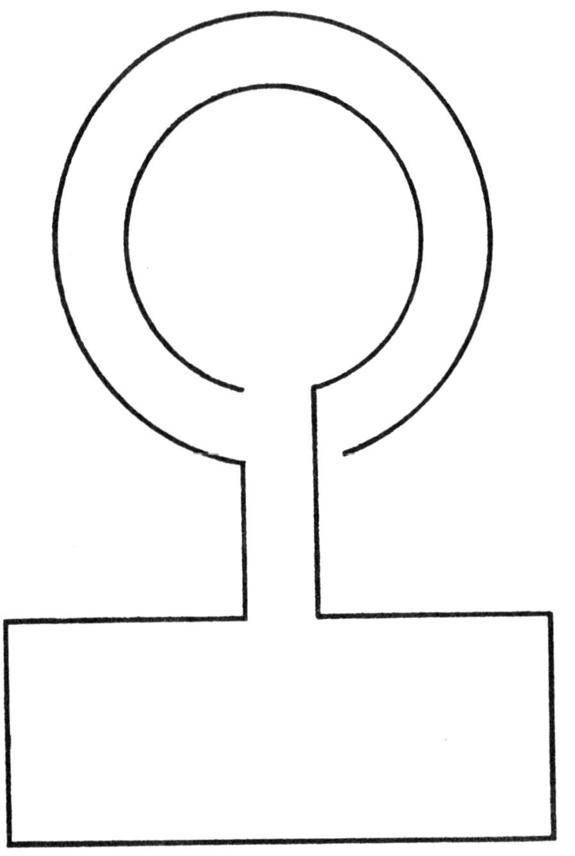

 20	 18	 15	 14	 11
 19		 16	 13	 12
Punkte 20–19	18–17	16–15	14–13	12–11
1	1	2	2	3
sehr gut		gut		befriedigend

 9	 8	 5	 3	 2
	 7	 6	 4	 0  0
Punkte 10–9	8–7	6–5	4–3	2–1–0
3	4	4	5	5
befriedigend	ausreichend		nicht ausreichend	

Für einen *Schreibtest* eignet sich folgender Text:

Hamburgs Industrie

Anschläge

69 *Die Entwicklung der Hamburger Industrie beruht nicht wie die der*
139 *übrigen Industriezentren auf einer Rohstoffbasis, deren Verwertung*
207 *Anlaß zum Aufbau industrieller Anlagen bot. Sie ist vielmehr er-*
275 *wachsen aus der gleichen Wurzel, die die wirtschaftliche Stellung*
344 *Hamburgs überhaupt begründet hat: aus der Stellung Hamburgs als*

413 *Hafen und Umschlagplatz. Demgemäß trägt Hamburgs Industrie ein*
479 *besonderes Gepräge, das von dem der zahlreichen inländischen In-*
546 *dustrieplätze ganz wesentlich abweicht. Nicht zu Unrecht ist für*
613 *die Hamburger Industrie gerade im Stadium ihrer frühen Entwick-*
681 *lung der Ausdruck geprägt worde , daß es sich um eine „Kaufmanns-*

750 *industrie" handele. Tatsächlich ist eine große Anzahl gerade auch*
817 *derjenigen Betriebe, die jetzt als selbständige Ein-*
882 *heiten weit über Hamburg hinaus Bedeutung besitzen und sich in*
948 *gewissem Umfange von der ursprünglichen Ausgangsbasis gelöst ha-*
1014 *ben, hervorgegangen aus hamburgischer kaufmännischer Initiative.*

1082 *Das bedeutet freilich nicht, daß Hamburgs Industrie sich auf sol-*
1148 *che Betriebe beschränkt, die unmittelbar seehafen- und umschlags-*
1213 *gebunden sind und sich nur mit der Verarbeitung und Veredelung*
1280 *solcher Güter befaßt, die in Hamburg als Handelsware bewegt wer-*
1347 *den. Dies zeigt besonders die Tatsache, daß der Maschinenbau in*

1414 *Hamburg zu den wesentlichsten Industriezweigen gehört, ganz abge-*
1484 *sehen von den Seeschiffwerften, deren Bindung an einen Hafenplatz*
1553 *wie Hamburg allerdings nicht fortgedacht werden kann. So läßt sich*
1623 *die Hamburger Industrie nach ihrem gegenwärtigen Stand aufgliedern*
1695 *in der Reihe von Gruppen. An die Spitze zu stellen ist die Gruppe*

1762 *derjenigen Industriebetriebe, die sich unmittelbar oder mittelbar*
1872 *als hafen- und handelsgebunden in Hamburg entwickelt haben. Zu*
1994 *ihnen gehören auch die gesamten Zubringerbetriebe des Schiffsbaus*
1964 *und der importgüterverbundenen Industrie. Daneben steht eine Reihe*
2032 *von Zweigen der Konsumgüterindustrie, deren Bedeutung einmal auf*

2100 *die Stellung Hamburgs als Verbraucherzentrum zurückzuführen ist,*
2165 *die darüber hinaus aber gleichzeitig auf vielen Gebieten große*
2230 *Bedeutung für die Versorgung Deutschlands überhaupt besitzen.*
2302 *Schließlich sind eine Reihe von Spezialzweigen und Spezialbetrieben*
2370 *zu erwähnen, die in Hamburg zu einer teilweise nicht unerheblichen*

2436 *Bedeutung gelangt sind, ohne daß zwingende Gründe für ihre Ent-*
2503 *wicklung gerade in Hamburg vorgelegen haben, Betriebe, die an be-*

Anschläge

2568 *sondere standortmäßige Voraussetzungen nicht gebunden sind. An*
2635 *erster Stelle der Industriezweige soll derjenige genannt werden,*
2703 *der besonders für den Hamburger wie für den Fremden ins Auge fal-*

2772 *lend ist: der Schiffbau. Seine Stellung ist für den Heimathafen*
2838 *einer großen Handelsflotte typisch, seine Bedeutung in Hamburg*
2906 *war überragend. Mit dem Verbot, größere Schiffe zu bauen, ist na-*
2973 *turgemäß die Existenz der Werftindustrie äußerst gefährdet. Der*
3044 *Bau von Fischdampfern und Kleinfahrzeugen bietet keinen Ausgleich.*

3112 *Das Bestehen großer Reparaturwerften ist für den Endhafen zahl-*
3176 *reicher Überseelinien zwingend erforderlich. In dieser einge-*
3241 *schränkten Bedeutung bildet die Hamburger Werftindustrie auch*
3305 *jetzt noch einen charakteristischen Bestandteil der Hamburger*
3373 *Industrie überhaupt, wenngleich sie nach der Zahl der Beschäftig-*

3441 *ten jetzt hinter anderen Zweigen rangiert. Mit dem Schiffbau ver-*
3506 *bunden ist ein großer Teil der Maschinenindustrie und der Gie-*
3568 *ßereiindustrie, mag es sich um die Herstellung von einzelnen*
3635 *Maschinenanlagen für die Schiffe handeln, um wesentliche Einzel-*
3699 *teile – berühmt ist die Schiffsschraubengießerei in Hamburg –*

3765 *oder um die Herstellung von auszuwechselnden Einzelteilen, also*
3834 *um das Reparaturgeschäft im engeren Sinne. Hierzu gehört auch der*
3904 *Dampfkesselbau, dessen Verbindung gerade mit der Schiffahrt keiner*
3970 *näheren Erläuterung bedarf. Auch die feinmechanische Industrie*
4035 *ist in besonderem Maße angeregt worden durch die schiffbauliche*

4055 *Entwicklungsarbeit.*

Diese Verfahren sollen Zeit sparen. Man will den Prüfling nicht erst lange beobachten, um sich ein Urteil über ihn zu bilden. Weiterhin sollen bestimmte Eigenschaften geprüft werden, die meist sehr eng umrissen sind. Diese Prüfungen haben eine meist sehr genau festgelegte Form. Entscheidend ist aber bei der Verwendung von Tests immer die wissenschaftliche Überprüfarbeit ihrer Tauglichkeit.*

* Einen guten Überblick über derartige Tests geben die Bücher: Huth, A., Handbuch psychologischer Eignungsuntersuchungen, Speyer 1963. U. Raschke, H., Taschenbuch für Bewerberauslese, Heidelberg 1969.

6.2. Intelligenztests

Um den Intelligenzgrad zu messen, wurde von dem Hamburger Psychologen William Stern der bekannte Intelligenzquotient IQ entwickelt. Er basiert auf den Forschungen von Benee und Simon; sie konstruierten bereits zur Jahrhundertwende eine Serie von Aufgaben, mit denen sie zunächst schwachsinnige von normal begabten Schulkindern trennten. Später wurden daraus für jedes Lebensjahr zwischen 3 und 15 ein Intelligenzmaß entwickelt. Je nachdem, wieviel Aufgaben der Prüfserie richtig gelöst wurden, schrieb man dem Prüfling ein entsprechendes Intelligenzalter (IA) zu. Wurde eine Übereinstimmung mit dem Lebensalter festgestellt, so war das geprüfte Kind normal intelligent, d. h. ein Kind hat beispielsweise ein Intelligenzalter von 12, wenn seine geistige Leistung der eines normal begabten Kindes von 12 Jahren entspricht. Hat nun beispielsweise ein 11jähriger ein Intelligenzalter von 12 (also über der erwarteten normalen Leistung seiner Altersgenossen), so wird der Intelligenzquotient lauten

$$\text{Intelligenzquotient} = \frac{\text{Intelligenzalter}}{\text{Lebensalter}} = \frac{12}{11} = 1{,}09.$$

Um die Sache zu vereinfachen, wird dieses Ergebnis mit 100 multipliziert und daraus ergibt sich die übliche Form des Intelligenzquotienten, in dem vorliegenden Beispiel also 109.
Der Intelligenzquotient besagt, wo sich ein Prüfling in seinen Verstandesleistungen auf einer gedachten Skala befindet. Der Intelligenzquotient von 100 bedeutet dabei Durchschnitt. 109 ist also ein überdurchschnittliches Ergebnis; 95 dagegen ein unterdurchschnittliches. Der Intelligenzquotient wurde erhärtet durch das Prüfen größerer Bevölkerungsgruppen mit möglichst gleichmäßiger Zusammensetzung. Wurde dabei von einer bestimmten Person eine bestimmte Anzahl von Aufgaben des Tests richtig gelöst, wurde er jenem Teil der Bevölkerung zugeordnet, der einen Intelligenzquotient entsprechender Höhe hat. Das Institut für Führungskräfte ist in Köln dabei beispielsweise zu folgender Verteilung gekommen:

Intelligenz-quotient (IQ)	Intelligenzgrad	Prozent der Gesamt-bevölkerung	Prozent einer repräsentativen Personengruppe aus dem mittl. u. gehobenen Management
Über 129	Sehr gut Intelligenz	2,3 %	10,0 %
115–129	Gute Intelligenz	13,5 %	34,0 %
85–114	Durchschnittliche, normale Intelligenz	68,4 %	54,6 %
70– 84	Geringe Intelligenz	13,5 %	1,4 %
Unter 70	Leichte Debilität und Schwachsinn	2,3 %	—

Unter Intelligenz, wird die Fähigkeit oder werden mehrere Fähigkeiten verstanden, ungewohnte Probleme und Situationen zu bewältigen. Die Betonung liegt auf ungewohnt, denn zur Bewältigung bekannter Probleme genügt es, nur über die nötige Routine zu verfügen. Beispielsweise kann eine Spinne ein hochkompliziertes Netz bauen; sie tut dies aber nicht aufgrund ihrer Intelligenz, vielmehr wird das Netz nach instinktivem angeborenem Muster gearbeitet. Ein Mensch, der sich beispielsweise nach bestandener Fahrprüfung ans Steuer seines Wagens setzt, wird sehr bald so viel Routine haben, daß er mehr oder minder automatisch fährt und den Verstand nicht mehr für das Schalten benötigt.
Der Intelligenztest stellt nun eine unvorhergesehene Situation im Kleinen dar. Nicht übersehen werden darf dabei jedoch die Problematik der Intelligenztests. Deshalb sollten diese auch nur von erfahrenen Psychologen durchgeführt werden, zumal selbst in Fachkreisen häufig noch Uneinigkeit über die Aussagefähigkeit verschiedener Verfahren besteht.

6.3. Detailtests und Gesamttests

Unterteilt werden Tests allgemein in Detail- und Gesamttests. *Detailtests* haben ihren Ausgangspunkt in den Leistungstests. Sie wenden sich elementaren Fähigkeiten und Eigenschaften zu. Es folgen Tests über Auffassungs- und Verarbeitungsfunktion, über räumliches Vorstellen und Orientieren, überordnende Fähigkeiten, Denken und Kritikvermögen, Arbeitsverhalten, Entwicklung bis zu umfassenderen Persönlichkeitstests, wie Deutungsauswahl-, Beschreibungs- und Geltungstests.
Die Detailtests erfassen nur einen kleinen Ausschnitt und erfordern daher vielfach die Kombination mit anderen Tests. Obwohl einzelne Faktoren für sich allein noch nicht das Eigentliche sagen, sind genügend taugliche Schulreifeuntersuchungen, Tests für Schülerauslesen für Hilfsschulaussonderungen bekannt. Weiterhin gibt es Tests für Leistungsbeurteilungen, für Erziehungsschwierigkeiten, Entwicklungsstörungen, ja sogar für die Zwecke des Strafvollzuges. Da jedoch derartige Tests nur Details und nicht das Ganze zeigen, sind sie selbstverständlich auch für eng begrenzte Zwecke verwendbar.

Der *Gesamttest* dagegen betrachtet die Persönlichkeit als Ganzes. Es handelt sich hier um Deutungstests. Bereits 1939 hat Frieling* die physikalischen Betrachtungsweisen der Farben abgegrenzt. Später haben Rorschach. Pfister, Heiß, Lüsche ausgesprochene Farbentests entwickelt.
Dabei dürfte der Rorschach-Test am bekanntesten geworden sein. Er wurde 1921 vom Schweizer Psychologen Hermann Rorschach veröffentlicht, nach dem er auch benannt ist. Der mit diesem Test verbundene Aufwand hält jedoch zahlreiche Unternehmen ab, diesen Test durchzuführen, da er unökonomisch erscheint, weil für die Auswertung ein erstklassisch geschulter Psychologe 3 bis 4 Stunden benötigt.
Mit dem Rorschach-Test sollen vor allem verdrängte Aggressionen diagnostiziert

* Frieling, H., Die Sprache der Farben, München-Berlin 1939.

werden, um einen evtl. entstehenden Konflikt mit dem Vorgesetzten frühzeitig zu erkennen. Weiterhin kann damit aber auch die Gesamtpersönlichkeit erfaßt werden.
Zum Aufbau des Testes sei kurz erklärt, daß Rorschach weiße, schwarze, graue und mehrfarbige Tintenkleckse „produzierte" und daraus 10 auswählte. Jeder dieser Kleckse ist bilateral symmetrisch, da die Auswertung des Testes ergab, daß diese Kleckse von den befragten Personen bevorzugt wurden. Der zu prüfende Bewerber darf die Tafel mit den Klecksen in den Händen halten und sie so lange anschauen, wie er will. Dann nimmt er Stellung dazu, was er erkennt. Vom Versuchsleiter werden die Antworten notiert. Meist werden den Bewerbern noch zusätzlich Fragen gestellt, was ihn an der Tafel zu der geschilderten Wahrnehmung gereizt hat (Farbe, Form, Schattierung usw.). Aus den Antworten sollen sich dann bestimmte psychodiagnostische Interpretationen ableiten lassen. So kann das, was wahrgenommen wird, z. B. furchterregend sein, wie Schlangen oder Blitze. Werden bei den Farbtafeln die Farben ignoriert, kann dies auf Verkrampfung und Zwangsneurose hindeuten.
Die Auswertung erfolgt so, daß alle Kriterien verrechnet und zu einem Psychogramm zusammengestellt werden. Aus diesem Psychogramm sind u. a. folgende Persönlichkeitsmerkmale ersichtlich: „Kreativität, Anpassungsfähigkeit, Egozentrik, Affekt, Labilität, Einfühlungsvermögen, Impulsivität, Kontaktfähigkeit, Ängstlichkeit, Aggressivität, Neurose, Psychopathie, Intelligenz, Dynamik.*
Das Rorschach-Verfahren ist undurchschaubar. Die Testperson erkennt nicht, was und wieviel sie von sich selbst preisgibt. Das ist der Vorteil des Tests. Sein Nachteil ist die aufwendige Auswertung, die ein detailiertes Psychogramm erfordert."
Kritiker vergleichen den Rorschach-Test allerdings auch mit der Handlesekunde etc., da umfangreiche Untersuchungen die Fragwürdigkeit dieses Verfahrens aufgezeigt haben. So wurden beispielsweise eine große Anzahl von Piloten der US-Air-Force mit Hilfe des Rorschach-Tests getestet. Das Ergebnis war niederschmetternd. Danach hätte die Mehrheit der Piloten nie einen Steuerknüppel anfassen dürfen.
In den Betrieben wird das Pro und Kontra von Tests heiß diskutiert. Unsere heutige Wirtschaftsform mit häufigem Stellenwechsel und zahllosen Berufsmöglichkeiten verlangt nach Methoden, mit denen man rasch und zuverlässig aus mehreren Bewerbern den passenden herausfinden kann. Andererseits will der Abiturient oder der abgehende Volksschüler wissen, für welche Laufbahn er sich am besten eignet. Gegenüber dem Test sollte deshalb folgende Haltung eingenommen werden, wie sie auch Maili wiedergibt: „Psychologische Diagnostik ist eine Kunst . . . Es gibt keine fertige, unfehlbare Methode . . . Darum muß vor mechanischer, routinemäßiger Verwendung gewarnt und zu immer neuer kritischer Betrachtung und Verfeinerung aufgefordert werden."**

* Siehe auch: Dirks, A., Psychologie a. a. O.
** Maili, R., Lehrbuch der psychologischen Diagnostik, 4. Auflage, Bern und Stuttgart 1965.

Das Buch von Maili vermittelt eine ausgewogene Darstellung auch für den Nichtfachmann. Eine theoretische Einführung in die Testwissenschaft gibt u. a. Lienert, G. A., Testaufbau und Testanalyse, 2. Auflage, Weinheim/Berlin 1967.

7. Graphologische Gutachten

Unternehmen, die in ihren Anzeigen eine Schriftprobe verlangen, verkennen oftmals die Bedeutung des graphologischen Gutachtens. Der Bewerber hat diese Schriftprobe meist in dem Bewußtsein angefertigt, daß sie gedeutet werden soll. Er hat sich deshalb besondere Mühe beim Abfassen des Textes gegeben.
Für eine Analyse eignet sich auch nur eine Handschrift, die schreibreif ist. Der Bewerber muß also gewohnt sein zu schreiben und sich auch frei und ungehemmt schriftlich ausdrücken können. Überall dort, wo diese Voraussetzung nicht zutrifft, was bei vielen Handarbeiten der Fall ist, eignet sich die Handschrift nicht für eine Persönlichkeitsanalyse, weil sie wenig aussagefähig ist.
Die Graphologie darf nur ein psychologisches Hilfsmittel sein. Nur durch Hinzunahme der Analyse der Bewerbung oder durch verschiedene Eignungstests kann die Aussagekraft erhöht werden. Das graphologische Gutachten allein ist für eine Beurteilung also nicht ausreichend. Mitarbeiter im Personalwesen, die Graphologie lediglich als eine Art Amateursport betreiben, sollten ihre Pseudokenntnisse auf keinen Fall bei Bewerbungen anwenden. Durch ihre Diagnose wurde schon viel Unheil angerichtet. Deshalb gilt: diese Methode den Psychologen überlassen.
Der Graphologe sollte überdies auf jeden Fall einen Überblick über das Unternehmen und seine Erfordernisse erhalten. Weiterhin sind ihm alle Bewerbungsunterlagen zur Verfügung zu stellen, damit er sein Gutachten danach abstimmen kann.
Wie gut sich graphologische Gutachten bei der Auslese von Führungskräften im allgemeinen bewähren, läßt sich nicht mit Zahlen belegen, da noch keine zuverlässigen repräsentativen Erhebungen vorgenommen wurden. „Psychologisch-theoretische Überlegungen und praktische Beratungserfahrungen legen folgende Schlüsse nahe: Die Handschrift erlaubt meist treffende Aussagen über Persönlichkeit, Eigenschaften wie Antriebskräfte, Zielstrebigkeit, seelische Belastbarkeit, Anpassungsfähigkeit, sozialen Kontakt. Schwieriger zu erkennen sind Intelligenz und Interesse. Schlüsse auf die künftige Bewährung bei bestimmten Aufgaben sind nur dann zu verantworten, wenn man die konkreten Anforderungen der Position genau kennt und bleiben selbst dann wegen des unvorhersehbaren Einflusses der sachlichen und menschlichen Arbeitsbedingungen *und des privaten* Lebensschicksals mit einem großen Risiko behaftet. Über künftiges Verhalten kann eigentlich stets nur – unter der Voraussetzung, daß . . . – etwas ausgesagt werden."*
Die Graphologie ist eine spezielle Methode der Ausdruckspsychologie. Ihre Schwäche liegt vor allen Dingen darin, daß sie trotz aller Bemühungen um

* Brandstätter, H., Das graphologische Gutachten in: der Arbeitgeber Nr. 19/20, 1970.

Objektivität bis zu einem gewissen Grad immer von der Kunst des Graphologen abhängig ist. Ihre Stärke liegt darin, daß sie über einige Wirkungsmöglichkeiten der menschlichen Persönlichkeit Auskunft zu geben vermag, die auf andere Weise nur schwer zu erfassen sind. Nach Erfahrungen von Personalchefs kann sie mit relativ hoher Sicherheit Aussagen über den willentlichen Einsatz des Menschen machen, d. h. unter anderem über seine Belastbarkeit und Durchhaltefähigkeit, über seine Aktivität und Impulsivität, über die Möglichkeit, sich zu konzentrieren und zäh seine Ziele zu verfolgen oder die Neigungen zu schnellen Umstellungen, zum Improvisieren. Weiterhin kann sie Auskunft geben über das Verhältnis zum Mitmenschen, über die Neigung, aus der Kontaktbereitschaft heraus sich über manche Grenzen hinwegzusetzen. Ist man erst über diese beiden Bereiche des Willenseinsatzes und der Soziabilität informiert, weiß man bereits sehr viel über den Bewerber.
Da die Entscheidung über die Einstellung eines Bewerbers allzuoft ein Kompromiß ist, kann die Graphologie nur als ein Hilfsmittel angesehen werden, das einige offene Fragen, die sich aus den Bewerbungsunterlagen und dem persönlichen Gespräch ergeben, zusätzlich beantworten soll. Deshalb ist die Alternative, „Unterlagen in Ordnung, und negatives graphologisches Ergebnis," meist nicht gegeben.

8. Ärztliche Eignungsuntersuchungen

Beim Vorstellungsgespräch, bei Tests, bei graphologischen Untersuchungen sowie bei Auswertung der Unterlagen wird ein Rückschluß auf den Geist und das Seelische des Bewerbers gezogen. Für die Unternehmen ist es jedoch wichtig, auch die körperliche Eignung des Bewerbers festzustellen, da auf zahlreichen Arbeitsplätzen nur robuste Naturen eingesetzt werden können. Oder es sind heute bereits großzügige Altersversorgungskassen eingerichtet worden, die durch die Einstellung körperlich schwacher Mitarbeiter unnötig belastet werden.
Bei Führungskräften, wie insbesondere bei Ingenieuren, ist nicht nur die fachliche und charakterliche Eignung von Bedeutung, sie müssen u. a. gefeit gegen Nervosität sein und über einen möglichst gesunden Kreislauf verfügen. Bei Fahrern, denen Dienstfahrzeuge anvertraut werden, muß selbstverständlich untersucht werden, ob sie Reaktionsschnelligkeit besitzen und ob sie fahrtüchtig sind. Das kann nur durch ärztliche Untersuchungen genau ermittelt werden.
Leistungsvorbedingungen und Leistungsbereitschaft sind nun einmal ein Hauptfaktor der Leistungsfähigkeit. Werden die Leistungsvorbedingungen durch die technischen und organisatorischen Vorgänge des Arbeitsablaufes sowie durch die Arbeitsplatzbeschaffenheit (Luftwechsel, Lärm, Beleuchtung usw.) bestimmt, so hängt die Leistungsbereitschaft dagegen von der Tauglichkeit als Leistungsdisposition und vom erforderlichen Leistungswillen ab. Er wird vor allem von der Einstellung zur Arbeit, der Arbeitsfreude und dem sogenannten Arbeitsklima bestimmt.

Tauglichkeitsgutachten sollten nach Meinung von Fachleuten nach folgenden Gesichtspunkten erstellt werden:

a) nach der Vorgeschichte und nach dem gegenwärtigen Befinden, also Alter, Geschlecht, Familie, Beruf, Unfälle, Schutzimpfungen, Lebensgewohnheiten, Milieubedingungen, Risikofaktoren, Beschwerden.
b) nach der körperlichen Verfassung, also Atemwege, Verdauung, Harnwege, Blutbildung, Herz, Kreislauf, Stoffwechsel, innere Sekretion, Haut, Schutzgewebe, Sinnesorgane, vegetatives Nervensystem, Zentralnervensystem.
c) nach der seelischen Verfassung, also Intelligenz, Aufmerksamkeit, Gedächtnis, Konzentration, Ausdauer, Wahrnehmung, Wille, Antrieb, Phantasie.

Für den Einsatz im Betrieb ist für den Arzt folgendes von Bedeutung:

1. Besteht bei der vorgesehenen Tätigkeit eine gesundheitliche Gefährdung?
2. Für welche Tätigkeiten ist der Bewerber ungeeignet?
3. Wie lange wird der Bewerber voraussichtlich arbeitsfähig sein?
4. Wird der Mitarbeiter die Tätigkeit ohne Gefährdung der Gesundheit verrichten können?

Natürlich wird sich nicht jedes Unternehmen einen Werkarzt leisten können; doch gibt es freiberufliche Ärzte, die sich mit Betriebsgegebenheiten vertraut gemacht haben. Oder man gibt ihnen die Möglichkeit, sich damit vertraut zu machen. Deshalb ist es günstig, wenn ein Arzt die jeweils markanten Arbeitsplätze selbst in Augenschein nimmt. Sind diese Bedingungen erfüllt, wird der Arzt eine relativ objektive Aussage machen können.
Das in Vorbereitung befindliche Gesetz über Betriebsärzte und Fachkräfte für Arbeitssicherheit sieht im übrigen eine verstärkte Einschaltung von Werkärzten vor. Im Zusammenhang mit Einstellungen sind folgende Aufgaben vorgesehen: „Sie haben insbesondere die Aufgabe, die Arbeitnehmer zu untersuchen und arbeitsmedizinisch zu beurteilen, soweit dies zur Verhütung von Gesundheitsgefahren durch die Arbeit erforderlich ist".*
In vielen Unternehmen sind für die Eignungsuntersuchung bestimmte Vordrucke vorhanden, in denen die Betriebsärzte nur noch tauglich, bedingt tauglich (Einschränkungsvermerk) und ungeeignet vermerken. Als Hilfsmittel für die Personalabteilung wird hier demgegenüber ein „Untersuchungsbogen" empfohlen (vgl. Formular Bl 7), den die Personalabteilung bereits vorbereiten und mit dem der Bewerber dann den Betriebsarzt oder Vertragsarzt aufsuchen kann. Auf die Zweckmäßigkeit, bei weiblichen Bewerbern die Frage nach einer evtl. Schwangerschaft und anderen Krankheiten dem Arzt zu überlassen, um nicht zu weit in die Intimsphäre einzudringen, wurde bereits bei der Erörterung des Personalfragebogens hingewiesen. Ärztliche Untersuchungen sollen selbstverständlich nur für den engeren Kreis von Bewerbern stattfinden, die nach den vorangegangenen Auswahlgesichtspunkten bereits ausgewählt worden sind.

---

* Auszug aus § 3 Abschn. 2 des Referentenentwurfes eines Gesetzes über Betriebsärzte und Fachkräfte für Arbeitssicherheit, das vor Druckbeginn dieses Buches als „Gesetz über Betriebsärzte, Sicherheitsingenieure und andere Fachkräfte für Arbeitssicherheit" vom Parlament zwar noch verabschiedet, aber noch nicht im BGBl. verkündet worden war.

Natürlich dürfen Einstellungsuntersuchungen nicht überbewertet werden. Im Vordergrund steht ja zumindest immer der Wunsch der Betriebsleitung, einen nach menschlichem Ermessen auf Jahre hinaus gesunden und leistungsfähigen Mitarbeiter zu erhalten. Diesem Wunsch sind jedoch bestimmte Grenzen gesetzt. Deshalb darf das Unternehmen nicht erwarten, aufgrund einer solchen Untersuchung grundsätzlich nur vollkommen gesunde Bewerber vorgestellt zu bekommen; eine derartige Einstellungsuntersuchung würde ihren Zweck verfehlen. Einmal ist eine noch so gründliche Untersuchung keine Garantie dafür, ob ein Mitarbeiter später krank wird oder nicht, auch wenn dadurch gewisse Anfälligkeiten festgestellt oder bestehende – womöglich ansteckende – Krankheiten offenbar werden können, von denen der Untersuchte oft selbst nichts wußte. Zum anderen ist nicht jeder Bewerber auf Grund eines bestehenden Mangels oder einer festgestellten Anlageschwäche gleich als untauglich zu bezeichnen. Auch hier gilt das Prinzip: Untersuchungsergebnisse sind nur Hilfsmittel für die Gesamtentscheidung und niemals alleinentscheidend.

9. Der Arbeitsvertrag

Fällt die Entscheidung, ein Arbeitsverhältnis zu begründen, so ist ein Vertrag zu schließen. Arbeitsverträge sind an keine Form gebunden. Eine Ausnahme bilden Ausbildungsverträge. Arbeitgeber und Arbeitnehmer können sowohl mündlich wie auch schriftlich bekunden, welche gegenseitigen Rechte und Pflichten sie miteinander eingehen wollen. Es empfiehlt sich jedoch immer, die Schriftform zu wählen. Sie zwingt dazu, noch einmal alle Fragen zusammenzufassen, die man vorher nur besprochen hat. Außerdem kann der neue Mitarbeiter dem Vertragstext bereits die ersten konkreten Hinweise auf seine künftigen Aufgaben entnehmen.
Es ist zweckmäßig, schon während der vorangehenden Gespräche stichwortartig alle Punkte festzuhalten, die im Vertrag enthalten sein sollten. Von besonderer Bedeutung ist dabei naturgemäß der Termin, zu dem die Mitarbeit beginnt; die auszuführende Tätigkeit und die Höhe des Arbeitsentgelts. Darüber hinaus ist aber auch die Dauer der täglichen Arbeitszeit sowie deren Beginn und Ende im Vertrag festzuhalten. Hat ein Betrieb die gleitende Arbeitszeit eingeführt, sollte im Vertrag auf sie verwiesen werden. Ein Merkblatt hierüber ist evtl. als Vertragsergänzung beizufügen. Zwar richtet sich die tägliche Arbeitszeit im allgemeinen nach dem Tarifvertrag, er ist jedoch häufig zu umfangreich, um sofort alle notwendigen Daten zu vermitteln. Deshalb sollte der Arbeitsvertrag alles enthalten, was für den Neuling im Betrieb zuerst wichtig ist. So bleiben ihm und seinem Arbeitgeber vor der Arbeitsaufnahme unnötige Rückfragen erspart.
Grundsätzlich wird zwischen befristeten und Dauerarbeitsverhältnissen unterschieden. Verträge auf Zeit brauchen von keiner Seite gekündigt zu werden. Sie enden mit dem Zeitablauf. Befristete Arbeitsverträge sind üblich bei Ausbildungsverträgen u. U. bei Probearbeitsverhältnissen (nicht länger als ein halbes Jahr) oder bei Aushilfsverträgen. Aber auch sog. Dauerarbeitsverhältnisse können befristet werden. Es kann z. B. vereinbart werden, daß sie automatisch enden,

wenn der Mitarbeiter das 65. Lebensjahr erreicht hat. Vor allem Firmen, die eine zusätzliche Altersversorgung versprechen, bedienen sich gern eines solchen Passus. Durch Einführung der flexiblen Altersgrenze sind jedoch auch andere Regelungen möglich.
Vertragliche Kündigungstermine können frei vereinbart werden. Sie dürfen aber nicht kürzer sein als die gesetzlichen oder tariflichen Bestimmungen. Hier sei nur noch auf folgendes hingewiesen:
Probearbeitsverhältnisse werden häufig als „vorläufige Dauerarbeitsverhältnisse" begründet. Sie enden also nicht durch Fristablauf. Erfolgt nämlich keine Kündigung während der Probezeit, so soll das Probearbeitsverhältnis in ein normales Dauerarbeitsverhältnis übergehen. Dann ist zu formulieren: „Die ersten drei Monate gelten als Probezeit. Während dieser Zeit ist das Arbeitsverhältnis mit Monatsfrist zum Ende eines Monats kündbar." Für die Zeit danach wird für Angestellte im allgemeinen eine Kündigungsfrist von 6 Wochen zum Quartalsende vereinbart. Sie gilt immer, wenn nicht ausdrücklich eine andere Kündigungszeit vereinbart ist. Nach unserem Beispiel können beide Partner während der Probezeit, also bis zum Ultimo des dritten Monats, zum Ende des folgenden Monats kündigen. Am ersten Tag des vierten Monats würde die Kündigung jedoch frühestens zum Ende des sechsten Monats gelten, vorausgesetzt, der dritte Monat fällt auf ein Quartalsende. Fällt der fünfte Monat auf ein Quartalsende, könnte das Arbeitsverhältnis bereits zu diesem Zeitpunkt enden. Endet der vierte Monat zum Quartal, so läuft das Arbeitsverhältnis erst zum Ende des siebenten Monats aus. Bei Probearbeitsverhältnissen ist es daher wichtig, sich die Kündigungstermine wieder vorlegen zu lassen.
Ein wesentlicher Vertragsinhalt ist die Frage des Entgelts. Es ist üblich, die Höhe des Monatsgehalts anzugeben. Nennt die Firma das Jahresgehalt, so ist im Zweifel jeweils ein Zwölftel zum Monatsende fällig. Darüber hinaus sollte eine Pensionszusage, falls sie gegeben wurde, in die Vereinbarung aufgenommen werden. Außerdem sollte die Urlaubsregelung ebenso wie der künftige Arbeitsbereich im Vertrag erwähnt werden, wobei es hinsichtlich des Aufgabenbereichs zweckmäßig ist, sich vorzubehalten, gegebenenfalls auch andere Dienste zu beanspruchen.
Ob es sinnvoll ist, eine Konkurrenzklausel zu vereinbaren, ist von Fall zu Fall zu entscheiden. Grundsätzlich: nein! Das Gesetz und die Rechtsprechung schränken ihre Gültigkeit immer mehr ein.*
Alle Punkte, die fehlen, regeln im allgemeinen das Gesetz und die Gewohnheit. Erhalten z.B. alle Meister des Betriebes von Anfang an Rechte auf eine Lebensversicherung durch die Firma, dann steht das Recht auch einem neuen Meister zu; es sei denn, er verzichtet darauf ausdrücklich und erhält dafür einen Ausgleich. Es brauchen also nicht unnötig lange Vertragswerke gestaltet zu werden. Manche Punkte regeln sich von selbst. Dennoch sind klare Verträge vorzuziehen, damit der Mitarbeiter weiß, woran er ist. Auch Dritten sollten Verträge in Zweifelsfällen Aufschluß geben. Hierzu noch ein Beispiel: Angenommen, es wird ein Arbeitsvertrag abgeschlossen, ohne zu erwähnen, welche

* Vgl. hierzu ausführlich Hohn, Wettbewerbsabrede und Karenzentschädigung, Freiburg i. Br. 1970.

Kündigungsfristen gelten, dann kommen die gesetzlichen oder tarifvertraglichen Kündigungsfristen zum Zuge. Bei Verträgen auf Lebenszeit oder endend mit dem Monat des 65. Geburtstages ist der Vertrag erstmals nach fünf Jahren kündbar, wenn keine Kündigungsfristen vereinbart sind. Haben die Parteien überhaupt nichts abgemacht, sondern nur Arbeit gegeben (Einstellung) und Arbeit übernommen (Beschäftigungsbeginn), dann ist spätestens mit der Arbeitsaufnahme ein zwar formloser, aber wirksamer Vertrag zustande gekommen. Hat niemand über das Gehalt gesprochen, wird im Zweifel das für die jeweilige Leistung übliche Gehalt fällig. Das Beispiel soll zeigen: es kommt nicht unbedingt auf förmliche Verträge an. Im Zweifel regelt fast immer das Gesetz das Arbeitsverhältnis. Neben ausreichenden Rechtskenntnissen schützen Fairness und Korrektheit am ehesten vor einem Rechtsbruch. Sie wirken sich auch auf das Betriebsklima positiv aus. Je ungetrübter das Verhältnis zwischen den Vertragspartnern ist, desto günstiger beeinflußt es die „Efficiency" der einzelnen Mitarbeiter und damit des ganzen Betriebes.
Hinsichtlich der rechtlichen Gestaltung von Arbeitsverträgen sei auf Schwedes verwiesen.*
Schwedes behandelt alle Punkte, die in Arbeitsverträgen vorkommen können:

a) Tätigkeit
b) Nebentätigkeit
c) Vergütung (Akkordlohn, Ergebnis (Gewinn-)beteiligung, Gratifikation, Naturallohn, Nettolohn, Prämienlohn, Provision, vermögenswirksame Leistungen, Zeitlohn und Zuschläge)
d) Versorgungsleistungen
e) Arbeitszeit
f) Urlaub
g) Gehaltszahlungen bei Krankheit, Tod und sonstigen Gründen der Arbeitsverhinderung sowie bei Versetzung auf einen anderen Arbeitsplatz
h) Wettbewerbsverbot
i) Vertragsstrafen
k) Diensterfindungen
l) Probezeit, Vertragsdauer und Kündigung

Ergänzend dazu behandelt Wiegand** das Recht der leitenden Angestellten und Herold/Romanovszky*** geben zahlreiche in der Praxis erprobte Vertragsmuster.

---

* Schwedes, R., Einstellung und Entlassung des Arbeitnehmers, Freiburg i. Br., 2. Auflage 1972.
** Wiegand, D., Der leitende Angestellte als Arbeitnehmer, Freiburg i. Br., 2. Auflage 1973.
*** Herold/Romanovszky, Vorteilhafte Vertragsgestaltung, Freiburg i. Br., 3. Auflage 1972.

10. Sonderfälle

10.1. Auszubildende (Lehrlinge)

Es ist nicht immer leicht, junge Menschen für einen Beruf zu begeistern und sie als Anwärter auf einen Beruf anzuwerben.
Größere Firmen laden Schul- und Berufsschulklassen ein, um die Aufmerksamkeit junger Menschen auf sich zu lenken. Andere Firmen halten Kontakt zu Fach- und Hochschulen. So vermittelte schon mancher Lehrer, Schulleiter oder Professor geeignete Schul- oder Hochschulabgänger an die passende Ausbildungsstätte. Schließlich kann man Anzeigenseiten belegen, die rechtzeitig vor Schulabschluß Lehrstellen und Ausbildungsstellen anbieten.
Eine weitere Möglichkeit der Anwerbung von Auszubildenden ist die Vermittlung durch Arbeitsämter. Gerade für Schulabgänger stehen hier zum Teil ausgezeichnete Fachkräfte für die Berufsberatung zur Verfügung. Neuerdings wird dabei auch die Vermittlung von Abiturienten forciert, wie sie bereits im Kapitel 3.2 beschrieben wurde.
Ein norddeutsches Unternehmen hatte bei der Lehrlingsanwerbung großen Erfolg durch Poster-Plakate, die an Werbeflächen angebracht wurden. Die damit verbundenen Kosten waren weitaus geringer, als wenn mit herkömmlichen Anzeigen geworben worden wäre.
Mit gut durchdachtem Informationsmaterial für Interessenten kann zudem ein guter Werbeeffekt erzielt werden. Die Art der Ausbildung und das zu erwartende Betriebsklima werden das Verhalten der Auszubildenden bei der Bewerbung entsprechend beeinflussen. Davon wird es dann auch abhängen, ob sie sich von Anfang an eine Firma binden lassen oder künftig öfter wechseln. In vielen Firmen ist es daher üblich geworden, sich sehr intensiv um den Nachwuchs zu kümmern. Man sagt den jungen Leuten, wo ihre Talente liegen und welche Chancen sie haben werden. Schon früher zog das Firmenimage den Nachwuchs an. Es kommt darauf an, das Image auch nach innen zu wahren.
Zur Einführung von Auszubildenden ist es zweckmäßig, Einführungsfibeln zu verteilen, die das Zurechtfinden in der neuen Umgebung erleichtern sollen.

10.2. Volontäre, Praktikanten, Werkstudenten

Obwohl bei diesem Personenkreis sicher ist, daß er nach Abschluß seines Vertrages die Firma wieder verläßt, muß in ihm für höherwertige Tätigkeiten ein Nachwuchspotential gesehen werden. Bei Volontären und Praktikanten ist deshalb auf eine umfassende Ausbildung Wert zu legen. Sie kann u. U. der Lehrlingsausbildung in einigen Teilen angegliedert werden.
Bei Praktikanten hat es sich beispielsweise bewährt, mit diesen während ihres darauf folgenden Studiums Kontakt zu halten. Dies kann in der Form geschehen, daß sie in den Semesterferien als Werkstudenten mit entsprechendem Gehalt beschäftigt werden. Sie kennen zudem den Betrieb und können sofort produktiv eingesetzt werden. Wenn ein Werkstudent im ersten Semester merkt, daß er das „richtige" Unternehmen gewählt hat, wird er in den kommenden Semester-

ferien bestimmt wieder um eine Beschäftigung nachsuchen. In vielen Fällen wurden solche Kräfte bereits als Urlaubsvertretung eingesetzt. Bei Studenten spricht sich schnell herum, in welchem Unternehmen der „Job" interessant ist. Es erübrigt sich dann meist, die Studentenvermittlung einzuschalten. Der Einsatz von Werkstudenten sollte nie unter 4 Wochen erfolgen, da sonst keine ausreichende Effizienz erreicht wird. Beim Ausscheiden von Werkstudenten empfiehlt sich immer ein Abgangsinterview. Gerade aus kritischen Bemerkungen dieses Kreises sind schon manche Verbesserungen erwachsen.

10.3. Schwerbeschädigte

Bei schwerbeschädigten Mitarbeitern und ihnen gleichgestellten Personen sind besondere Regeln zu beachten. Ihr Arbeitsplatz ist physiologisch anzupassen, und sie erhalten zusätzlichen Urlaub. Die stärkste Besonderheit besteht jedoch darin, daß einem Schwerbeschädigten nicht ohne weiteres gekündigt werden kann. Die Hauptfürsorgestelle muß dieser in jedem Fall erst zustimmen. Ausgenommen ist nur eine fristlose Kündigung, wenn ein entsprechender Grund vorliegt.

Die Hauptfürsorgestelle hat nur nach sozialen Gesichtspunkten zu entscheiden. Sie prüft zum Beispiel, ob der Arbeitgeber gewillt ist, einen anderen Schwerbeschädigten einzustellen, die Stelle also offen zu halten. Arbeitsrechtliche Belange prüft die Sozialbehörde nicht.

Viele Arbeitgeber scheuen es, Schwerbeschädigte einzustellen. Sie fürchten am meisten, sich eines Tages nicht wieder von ihnen trennen zu können. Andererseits sind sie nicht selten sogar besonders tüchtige Mitarbeiter, weil sie den Ehrgeiz haben, mit den anderen unbedingt Schritt zu halten.

Die Arbeitsämter haben Stellen eingerichtet, die ausschließlich schwerbeschädigte Mitarbeiter vermitteln. Die Zentralstelle in Frankfurt am Main vermittelt Schwerbeschädigte, die akademisch vorgebildet sind und leitende Positionen einnehmen können. Diese Institutionen geben regelmäßig erscheinende Anzeiger mit Stellengesuchen schwerbeschädigter Arbeitnehmer heraus, die jeder Betrieb anfordern kann.

Leitende Angestellte, die als Organ einer Gesellschaft führende Positionen bekleiden, unterstehen nicht dem Zustimmungsrecht der Hauptfürsorgestelle bei Kündigungen. Man kann mit ihnen unter den gleichen Bedingungen sowohl befristete als auch kündbare Dienstverträge schließen, wie mit anderen Geschäftsführern oder Vorstandsmitgliedern auch.

10.4. Aushilfskräfte für die Verwaltung

In vielen Unternehmen hat sich die Auffassung durchgesetzt, daß nur durch eine flexible Personalpolitik Personalprobleme gelöst werden können. Neben der Einbeziehung von Zeitpersonal durch Leasingunternehmen ist deshalb auch die Anwerbung von Aushilfen erforderlich. Selbst große Unternehmen bieten daher heute Bewerberinnen kurzfristig Arbeitsverträge mit kurzer täglicher Arbeitszeit an. Dabei sind sie vor allen Dingen darum bemüht, sich einen sicheren Stamm von Halbtagskräften oder stundenweise Beschäftigten aufzubauen. Sie versuchen deshalb hauptsächlich Frauen anzuwerben, die einen festen Arbeitsvertrag über einen längeren Zeitraum eingehen.

Immer mehr werden Frauen als Schreibkräfte eingestellt, die in früheren Jahren aus familiären Gründen aus dem Berufsleben ausschieden. Teilweise werden solche seit längerer Zeit aus dem Berufsleben ausgeschiedene Frauen in betriebsinternen Kursen wieder an den allgemeinen Unternehmensstandard herangebracht. Eine Hilfe, die Fingerfertigkeit zu verbessern, bietet dabei beispielsweise das Unternehmen Sight and Sound, das in verschiedenen Städten Trainingszentren eingerichtet hat. Dort wird für Anfänger, Umschüler und alle, die nach langer Pause wieder in ihrem früheren Beruf arbeiten wollen, eine Lehrmethode angeboten, bei der nach 14 Stunden die Beherrschung der alphabetischen Tastatur garantiert wird. Es werden dort also nicht nur Schreibkräfte ausgebildet, denn die Beherrschung der Tastatur ist für Programmierer ebenso wichtig wie für Setzer, Buchhalter, Locherinnen, Fernschreiberinnen, Fakturistinnen usw. Der Vorteil dieser Methode ist, daß täglich nur eine Stunde geübt wird, die Schüler selbst die Zeit wählen können, Wartezeiten entfallen und häusliches Üben nicht erforderlich ist.

Zur Methode selbst: in einem halbdunklen Raum sitzen die Schüler, vor ihnen an der Wand hängt eine große Leuchttafel, auf der die Schreibmaschinentastatur nachgebildet ist. Sie folgen den rhytmisch nacheinander aufleuchtenden Buchstaben, die über ein angeschlossenes Tonband ausgesprochen werden. Daraufhin folgt das Kommando zum Anschlagen. Alle tippen gleichzeitig. Der Ablauf geht vom Sehen über Hören zum Reagieren. Diese Kombination von Optik, Akustik und Rhythmik verhilft den Schülern bis zur 8. Stunde zur Beherrschung der Blindschrift bei einer Geschwindigkeit von 50 Anschlägen. Von Anfang an wird grundsätzlich blind geschrieben. Die Tasten der Übungsmaschinen sind neutral. Jeder muß auf die Leuchttafel blicken, da von dort die optischen Anweisungen kommen. Aufleuchten, Aussprechen, Kommando und sofort wieder Aufleuchten des nächsten Buchstabens. Der Schüler hat hierbei keine Zeit, abzuirren. Die Zeit wird 100%ig genutzt.

Viele Firmen und Behörden haben Sight and Sound Anlagen zu interner Personalschulung bereits gemietet. Nach Abschluß des Kurses werden mindestens 100 Anschläge in der Minute garantiert. Die Erfolgsquote liegt bei 90% der Teilnehmer. Viele Teilnehmer übertreffen sogar das Kursziel. In einem Speziallehrgang kann dann eine Steigerung bis auf 300 Anschläge erfolgen.

Andere Firmen sind schon mit gutem Erfolg dazu übergegangen, Schreibarbeit an aus dem Berufsleben ausgeschiedene Hausfrauen zu vergeben. Hierbei werden teilweise schon Schreibmaschinen und Phonogeräte zur Verfügung gestellt. Entweder haben die Hausfrauen die Möglichkeit, die Arbeiten vom Unternehmen abzuholen und wieder hinzubringen, oder aber vom Unternehmen werden die Arbeiten mit einem Firmenwagen abgeliefert und wieder abgeholt. Bevorzugt werden hier vor allem solche, die aus familiären Gründen aus einem Unternehmen ausschieden und denen die speziellen Eigenheiten des Unternehmens bekannt sind.

10.5. Ausländische Arbeitnehmer

Da in Deutschland bereits ca. 2 Millionen ausländische Arbeitnehmer beschäftigt sind, erübrigt sich die Frage, ob der Einsatz solcher Kräfte sinnvoll ist. Gastarbeiter werden hauptsächlich dort eingesetzt, wo Tätigkeiten auszuführen sind, die von deutschen Arbeitnehmern nur noch ungern ausgeführt werden.
Ausländische Arbeitskräfte sind aber auch – wie Erfahrungen zeigen –, nach einer längeren Betriebszugehörigkeit und einem damit verbundenen Abbau der Sprachschwierigkeiten durchaus in der Lage, auch qualifizierte Tätigkeiten auszuführen. Dies vor allem dann, wenn es gelingt, Gastarbeiter anzuwerben, die in ihrem Heimatland eine Lehre oder ähnliches absolvierten. Hier kommen vor allem die Länder Jugoslawien und England in Frage, in kleinem Rahmen auch die Türkei. Auf jedem Fall empfiehlt es sich, sich vorher beim zuständigen Arbeitsamt ausführlich über die augenblickliche Arbeitsmarktsituation in den einzelnen Ländern zu informieren.
Die Voraussetzung für den Einsatz von Gastarbeitern ist eine ordentliche Unterbringung. Hierfür bestehen verschiedene Auflagen, über die die von den Arbeitsämtern erhältlichen Informationsschriften Auskunft geben. Die seit einiger Zeit immer wieder in der Presse aufgedeckten Skandale über Unterbringungen von Gastarbeitern sollten die Firmen, die auf ihr Image bedacht sind, davor warnen, diese Frage als nebensächlich abzutun.
Fordert ein Unternehmen beim Arbeitsamt ausländische Arbeitnehmer an, so ist ein Vermittlungsauftrag auszustellen. Die Formulare für den Vermittlungsauftrag und die Arbeitsverträge können vom Arbeitsamt angefordert werden. Pro Vermittlung wird eine Gebühr erhoben. Hierdurch werden abgedeckt eine ärztliche Vorsorgeuntersuchung im Ursprungsland, eine Eignungsauswahl nach den vorgegebenen Kriterien des anfordernden Unternehmens, und die Anfahrt frei Bestimmungsort.
Bei Unternehmen, die eine größere Anzahl von Ausländern anwerben wollen, empfiehlt es sich auf jeden Fall, einen Delegierten des Unternehmens zur Endauswahl ins Ursprungsland zu schicken. Er kann noch spezieller als die deutschen Verbindungsleute des Arbeitsamtes die Auswahl gestalten.
Die Abwicklung bis zum Eintreffen der ausländischen Arbeitnehmer kann bis zu einem halben Jahr dauern. Die Einstellungsformalitäten sind bedeutend umfangreicher als bei deutschen Mitarbeitern. Was alles bei der Einstellung zu beachten ist, sei im folgenden kurz zusammengefaßt:

a) Paß und Legitimationskarte beim Gesundheitsamt vorlegen, sog. Befundscheine mit Gebührenmarke und Glas für Kotprobe in Empfang nehmen.
b) Probengläser an das Seuchenhygienische Institut schicken.
c) Behördliches Anmeldeformular ausfüllen und beim zuständigen Ortsamt abgeben. Paß und Legitimationskarte vorlegen, Steuerkarte ausstellen lassen.
d) Antrag auf Ausstellung einer Versicherungskarte bei der Krankenkasse einreichen.
e) Evtl. Antrag auf Kindergeld von der Familienausgleichskasse ausfüllen.
f) Bei einer Sparkasse oder Bank die Einrichtung eines Girokontos veranlassen, wenn bargeldlose Lohnzahlung eingeführt ist.

g) Evtl. Ausstellung einer Fahrkarte veranlassen, wenn das Wohnheim von der Arbeitsstätte weiter entfernt ist.
h) Bei der Ausländerpolizei Aufenthaltsgenehmigung beantragen unter Vorlage von

   Paß
   Legitimationskarte
   Anmeldebestätigung
   Antrag auf Aufenthaltsgenehmigung
   Befundschein mit Gebührenmarke vom Gesundheitsamt
   2 Fotos

i) Arbeitserlaubnis nach Ablauf eines Jahres beantragen.

Da die „Probe" für Gastarbeiter nur ca. 7 Tage dauert, ist eine gründliche Vorauswahl um so wichtiger. Sollte sich bei Firmen, die diese Auswahl nicht mittreffen können, innerhalb dieser 7 Tage herausstellen, daß bei einem Gastarbeiter die geforderte Qualifikation nicht den Anforderungen entspricht, kann er dem Arbeitsamt wieder zur Verfügung gestellt werden. Arbeitsverträge werden zunächst grundsätzlich über 1 Jahr ausgestellt.
Auf die Betreuung der Gastarbeiter ist, vor allen Dingen in der ersten Zeit, besonders zu achten. Dabei muß in der Eingewöhnungszeit ein Dolmetscher für die Einstellungsformalitäten, Sicherheitsbelehrungen usw. zur Verfügung stehen.
In einem Unternehmen, das zum gleichen Zeitpunkt 30 türkische Gastarbeiter anforderte, wurde in der ersten Woche ein umfangreiches Informationsprogramm erstellt. Neben der Begrüßung, Vorstellung des Unternehmens, Hinweise auf besondere Sicherheitsvorschriften usw. wurde bereits in dieser Phase begonnen, Deutschunterricht abzuhalten. Dieser Deutschunterricht kann vom deutschen Goetheinstitut finanziert werden, wenn eine bestimmte Anzahl von Gastarbeitern dafür gemeldet wird.
Es sollte das Ziel eines jeden Unternehmens sein, beschäftigte Gastarbeiter so schnell wie möglich voll im Unternehmen zu integrieren. Daher empfiehlt es sich, die Vorgesetzten über die verschiedenen Probleme der Gastarbeiter und deren Lösungsmöglichkeiten zu informieren. Gerade das Verständnis seitens der deutschen Kollegen trägt dazu bei, den Gastarbeitern das Gefühl des gleichwertigen Partners zu geben. Wo diese Eingliederung durchgeführt wurde, haben Unternehmen über lange Jahre gute ausländische Arbeitskräfte beschäftigen können.

11. Abwerbung

Bedingt durch die angespannte Arbeitsmarktsituation der letzten Jahre werden vereinzelt Anwerbungsmethoden praktiziert, durch die die grundsätzlich im Rahmen der Wettbewerbswirtschaft zulässige „Abwerbung" von Arbeitnehmern gegen spezielle Schutzbestimmungen verstößt und damit unzulässig wird. Dies ist dann der Fall, wenn die besonderen Umstände, die in der Wahl der angewandten Mittel oder in dem angestrebten Zweck liegen können, die „Abwerbung" als rechts- oder sittenwidrig erscheinen lassen. Die rechtliche Grundlage für einen daraus resultierenden Anspruch auf Schadenersatz oder Unterlassung bilden § 1 des Gesetzes gegen den unlauteren Wettbewerb (UWG) sowie die §§ 823 und 826 BGB.

Gegen die guten Sitten verstößt die Abwerbung regelmäßig dann, wenn der neue Arbeitgeber den Arbeitnehmer zum Vertragsbruch verleitet. Das ist dann der Fall, wenn er auf ihn einwirkt, seine Arbeit bei einem anderen Arbeitgeber, dem er zur Arbeitsleistung verpflichtet ist, nicht aufzunehmen oder einzustellen und der abwerbende Arbeitgeber sich möglicherweise zusätzlich noch verpflichtet, eine den Arbeitnehmer treffende Vertragsbruchstrafe zu übernehmen. Aber auch die Verleitung einer Arbeitnehmers zur ordentlichen Beendigung seines Arbeitsverhältnisses kann sittenwidrig sein, wenn dabei unlautere Mittel angewandt werden. Das ist z. B. dann der Fall, wenn

– ein Arbeitnehmer zur Vertragslösung verleitet wird durch irreführende Mitteilungen oder herabsetzende Äußerungen über den bisherigen Arbeitgeber;
– planmäßig und systematisch mehrere Arbeitnehmer aus einem bestimmten Unternehmen, ohne Rücksicht auf sonstige Möglichkeiten des Arbeitsmarktes, abgeworben werden, etwa um das Vertrauensverhältnis auszunutzen, das sich zwischen den Arbeitnehmern und Kunden des Konkurrenten ergeben hat;
– unlauteres Eindringen in fremde Betriebssphären erfolgt, d. h., wenn ein Arbeitgeber den Arbeitnehmer eines anderen Arbeitgebers veranlaßt, unter Verletzung seiner Treuepflicht verschiedene Arbeitnehmer des anderen Arbeitgebers aufzusuchen und sie zum Arbeitsplatzwechsel zu überreden;
– die Abwerbung das Ziel hat, das Unternehmen des Konkurrenten zu ruinieren oder in seinen wirtschaftlichen Grundlagen zu treffen;
– die Abwerbung das Ziel hat, Geschäftsgeheimnisse des Konkurrenten kennenzulernen oder Kenntnisse zu verwerten, die der Arbeitnehmer beim bisherigen Arbeitgeber unredlich erworben hat, um gegenüber dem bisherigen Arbeitgeber wettbewerbsmäßige Vorteile zu erlangen;
– Abwerbung unter Mißbrauch eines Vertrauensverhältnisses zwischen altem und dem neuen Arbeitgeber erfolgt, das sich etwa bei Verhandlungen über die Gründung eines gemeinsamen Unternehmens ergeben hat;
– einem angeworbenen Mitarbeiter eine Prämie versprochen wird, wenn er noch weitere Arbeitnehmer von dem alten Arbeitgeber anwerben kann.

Nach § 823 Abs. 1 BGB ist ein Anspruch gegeben, wenn in der Abwerbung ein Eingriff in den eingerichteten und ausgeübten Gewerbebetrieb zu sehen ist, nach § 826 BGB, wenn die Abwerbung eine vorsätzlich sittenwidrige Schadenszufügung darstellt. Nach § 1 UWG schließlich kann Schadensersatz oder Unterlassung geltend gemacht werden, wenn im geschäftlichen Verkehr zu Zwecken des Wettbewerbs Handlungen vorgenommen wurden, die gegen die guten Sitten verstoßen. Natürlich müssen diese Verstöße, insbesondere das Verschulden nachgewiesen werden. Das wird in der Praxis nicht immer ohne weiteres möglich sein, da derartige Vereinbarungen oder Angebote nur selten schriftlich niedergelegt werden und das Erinnerungsvermögen der Beteiligten in solchen Fällen insbesondere bei gerichtlichen Auseinandersetzungen merkwürdigen Wandlungen zu unterliegen pflegt.

Der Schadensersatzanspruch geht gem. § 249 BGB auf die Herstellung des Zu-

standes, der ohne die zum Schadenersatz verpflichtende Handlung bestehen würde. Beim Wegengagieren eines Arbeitnehmers kann dies zwar nicht dazu führen, daß der abgeworbene Arbeitnehmer zurückgegeben wird, denn eine Verfügung über dessen Person ist nicht möglich. Überdies ist der Arbeitsvertrag mit einem Abgeworbenen, und zwar auch mit einem Vertragsbrüchigen in der Regel voll gültig. Dagegen kann der durch die Abwerbung geschädigte Arbeitgeber von dem neuen Arbeitgeber verlangen, daß er sich der Ausnutzung der durch die gesetzwidrige Abwerbung geschaffenen Lage insoweit enthält, wie berechtigte Belange von ihm verletzt würden. Eine solche Verletzung wird dann gegeben sein, wenn der abgeworbene Arbeitnehmer Kenntnisse und Erfahrungen, die er in seinem früheren Betrieb erworben hat, in dem neuen Betrieb verwerten sollte. Der Schadensersatzanspruch kann somit zu einem begrenzten Beschäftigungsverbot führen.
Sondervorschriften bestehen für den Fall der Verleitung eines gewerblichen Arbeiters, Angestellten oder Hausgewerbetreibenden zum Vertragsbruch. Nach §§ 125, 133e der Gewerbeordnung (GewO) haftet der Arbeitgeber, der in einem solchen Fall zum Vertragsbruch verleitet, einen Vertragsbrüchigen anstellt oder behält, neben dem Vertragsbrüchigen für den gem. dieser Vorschriften geschuldeten Schadensersatz oder, was praktisch möglicherweise noch bedeutsamer ist, für die nach § 124b GewO an die Stelle des Schadensersatzes tretende Entschädigung. Dazu heißt es im § 124b GewO: „Hat ein Geselle oder Gehilfe rechtswidrig die Arbeit verlassen, so kann der Arbeitgeber als Entschädigung für den Tag des Vertragsbruchs und jeden folgenden Tag der vertragsmäßigen oder gesetzlichen Arbeitszeit, höchstens aber für eine Woche, den Betrag des ortsüblichen Tagelohns fordern. Diese Forderung ist an den Nachweis eines Schadens nicht gebunden.“ Gem. § 133e GewO gilt diese Bestimmung auch für sog. höherbezahlte technische Angestellte im Sinne des § 133c GewO.

12. Kosten der Beschaffung

Die Kosten, die bei der Einstellung eines neuen Mitarbeiters entstehen, sind um so höher, je kleiner die Zahl der Arbeitsuchenden ist. Innerhalb der gesamten Kosten der Einstellung bilden die Unkosten für die Stelleninserate einen Hauptteil. Einen Überblick über die Einzelposten vermittelt die folgende Übersicht:

1. *Anwerbungskosten*
   Anzeigen
   Diawerbung
   Filmwerbung
   Betriebsbesichtigungen
   Rundfahrten
   Anwerbung in Schulen
   Anwerbung über Behörden
   Anwerbung und evtl. Vorschulung im Ausland

2. *Einstellungskosten*
   Vorstellung in der Personalabteilung
   ärztliche Untersuchung
   Vorstellung beim Vorgesetzten
   Vorstellung beim Betriebsrat
   Vorstellungsreisekosten (Tagegeld)
   Arbeitsvertragsabschluß in der Personalabteilung
   Kosten für Wohnraumbeschaffung.
3. *Eingliederungskosten*
   Übergabe von Arbeitsordnung bzw. Einführungsschrift
   Einführungsvortrag
   Vorführung eines Einführungsfilms
   Bekanntmachung mit Unfallverhütungsvorschriften
   Einführung und Vorstellung durch den Vorgesetzten am Arbeitsplatz
   Unterweisung am Arbeitsplatz
   Arbeitskleidung – Schutzausrüstung
   Minderleistung während der Einarbeitungszeit
   Ausschußleistung während der Einarbeitungszeit.*

Die einzelnen Posten verursachen Sach- und Personalaufwand. Kosten der Stellenanzeigen je eingestellter Mitarbeiter sind relativ leicht zu ermitteln. Die reinen Insertionskosten betrugen nach einer Umfrage im Jahre 1972 etwa 2100,– DM. Für die Unternehmen ist es gerade bei den Anzeigenkosten interessant, eine ausführliche Anzeigenstatistik zu führen. Aus ihr können schwerpunktmäßig die Erfolge einer bestimmten Zeitung oder Zeitschrift ermittelt werden. Weiterhin kann sie ein Gradmesser dafür sein, ob eine Anzeige eine gute Aufmachung hatte, ob sie attraktiv war. Dies läßt sich u. a. nach den eingegangenen Bewerbungen ablesen. Die reinen Insertionskosten je Einstellung ergeben sich aus den Gesamtkosten für Anzeigen dividiert durch die vorgenommenen Einstellungen. Ist allerdings eine größere Anzeigen-Kampagne geplant, so empfiehlt es sich, eine Agentur einzuschalten, die durch Umfrage die geplante Anzeige auf Anmutung, Inhalt etc. testen kann.
Die Faustregel, eine Anzeige solle etwa soviel kosten wie das Monatsgehalt des Bewerbers, gilt heute nur noch in wenigen Fällen. Bei Führungspositionen liegen die Monatsgehälter meist unter den Anzeigenpreisen der einschlägigen Tageszeitungen.
Eine für Fach- und Führungskräfte übliche Anzeige wird in einer überregionalen Tageszeitung um 2300,– DM kosten. In Fachzeitschriften sind die Kosten natürlich geringer; es muß aber auch mit einem geringeren Erfolg gerechnet werden. Die geschätzten Einstellungskosten eines Jungingenieurs belaufen sich etwa auf 15000–18000,– DM (Anzeige ca. 2000,– DM, Vorstellungskosten – Reisespesen, ärztliche Untersuchung – ca. 350,– DM, anteilige Gehaltskosten der am Auswahl- und Einstellungsverfahren beteiligten Mitarbeiter in der Personalabteilung wie in der Fachabteilung 450,– DM, halbjährige Einarbeitungszeit, bei der wenig bzw. keine produktive Arbeit geleistet wird – einschl. aller Sozialab-

* Unter a. aus: die Insertionskosten für die Einstellung von Mitarbeitern in Personal 8/69.

gaben, Nebenkosten usw. – ca. 12500,– DM. Wenn ein Umzug erforderlich wird und die Kosten vom Unternehmen gezahlt werden, sind je nach Entfernung bis 2000,– DM anzusetzen. Wird Wohnraumbeschaffung zugesagt, sind Maklergebühren und evtl. Renovierungsarbeiten zu übernehmen bis 4000,– DM). Diese Zahlen sind selbstverständlich nur Anhaltswerte. Es empfiehlt sich aber in jedem Fall, Analysen anzustellen. Führungskräften, die sich oftmals etwas allzu leichtfertig von Mitarbeitern trennen, sollen die genannten Kosten die Augen öffnen. Außerdem ist eine exakte Kostenermittlung mit Kostenplanung im Personalwesen wie auch in den einzelnen Abteilungen ein wichtiger Bestandteil, der in den nächsten Jahren immer mehr zu beachten ist.

13. Innerbetriebliche Personalbeschaffung

13.1. Allgemeine Überlegungen

Es ist von der Unternehmensgröße abhängig, welchen Erfolg die Möglichkeit mit sich bringt, innerbetriebliche Ausschreibungen zu praktizieren. Allein die Möglichkeit der innerbetrieblichen Beschaffung mindert, wie Erfahrungen zeigen, die Fluktuation. Die Fluktuationsgründe müssen jedoch bekannt sein. Sie können durch Meinungsbefragungen im Betrieb und durch Abgangsgespräche ermittelt werden. Erst dann ist es möglich, durch geeignete Maßnahmen den Personalwechsel in den Griff zu bekommen.
Unter der innerbetrieblichen Beschaffung ist meist die Versetzung gemeint. Sie wird dann betrieblich notwendig sein, wenn technische und organisatorische Veränderungen den Betrieb zwingen, Mitarbeiter freizusetzen. Um diese Mitarbeiter dem Unternehmen zu erhalten und sie durch entsprechende Schulungsmaßnahmen den geforderten Anforderungen anderer Arbeitsplätze anzupassen, muß die innerbetriebliche Personalbeschaffung funktionieren.
Weitaus wichtiger jedoch sind die innerbetrieblichen Versetzungen auf eigenen Wunsch. Werden dadurch quantitativ auch keine zusätzlichen Mitarbeiter bereitgestellt, kann trotzdem indirekt durch eine Förderung die Zufriedenheit der Mitarbeiter erhöht werden. Es liegt auf der Hand, daß wachsende Zufriedenheit bei der Arbeit zur Folge hat, daß „der latente Personalwechsel vermindert werden kann, also langfristig auch quantitativ positive Auswirkungen zu erwarten sind und – die Leistungsbereitschaft und Initiative der betreffenden Mitarbeiter gefördert werden, also der Bedarf an qualifizierten Mitarbeitern zunehmend gedeckt werden kann.
Eine solche Methode, den Personalbedarf zu decken, setzt allerdings das Funktionieren der innerbetrieblichen Stellenausschreibung und der systematischen Beurteilung voraus."*
Eine weitere Voraussetzung ist das Vorhandensein vollständiger Personalunter-

* Der Leiter des Personalwesens, eine Anleitung zur Ausbildung, Schrift 21 der Deutschen Gesellschaft für Personalführung Neuwied/Berlin 1967.

lagen (Personalakte), die Kontrolle des Personalbedarfs anhand von Arbeitsverteilungsübersichten, Stellen- oder Tätigkeitsbeschreibungen und – was vor allen Dingen wichtig ist – die Bereitschaft der Firmenleitung, die innerbetriebliche Beschaffung gutzuheißen.

13.2. Aufstiegsmöglichkeiten

Die innerbetriebliche Stellenausschreibung ist eine personalpolitische Maßnahme, die den Mitarbeitern eine Chance gibt, innerhalb des Betriebs aufzusteigen. Eine besondere Sorgfalt ist dabei allerdings unerläßlich, da sonst leicht Unzufriedenheit entsteht. So führt es häufig zu Unstimmigkeiten, wenn sich ein Mitarbeiter bewirbt, der sich für die ausgeschriebene Stelle nicht unbedingt eignet. Hier gelten dieselben Regeln wie für die außerbetriebliche Stellenausschreibung, nämlich eindeutige Beschreibung der Tätigkeit. Kommt es dennoch vor, daß ein Bewerber abgewiesen werden muß, so ist man ihm eine eindeutige Erklärung schuldig. Sonst steigt bei ihm das Gefühl auf, er sei in Konkurrenz mit anderen überspielt worden oder er habe sich blamiert. Schließlich könnte die Bewerbung vom bisherigen Vorgesetzten als „Absetzbewegung" aufgefaßt und übelgenommen werden.
Im Grunde ist es eine Selbstverständlichkeit, bewährte Mitarbeiter aufsteigen zu lassen. Die Firmenleitung allein kann diese Aufgabe nicht lösen, sie muß vielmehr eng mit den unmittelbaren Vorgesetzten der potentiellen Bewerber zusammenarbeiten.
Die Vorgesetzten werden zunächst zurückhaltend reagieren und versuchen, ihre guten Mitarbeiter zu halten, die weniger guten aber „wegzuloben", solange ihre Bereitwilligkeit, innerbetrieblichen Aufstieg möglich zu machen, nicht anerkannt wird.
Aufstiegsmöglichkeiten entsprechen einem der Hauptbedürfnisse aller Mitarbeiter. Das drückt auch die Bedürfnispyramide von Mc. Gregor aus, der so die die Wünsche des Menschen in eine Rangskala gebracht hat.*

* Mc Gregor, D., The human side of enterprise, New York 1960.

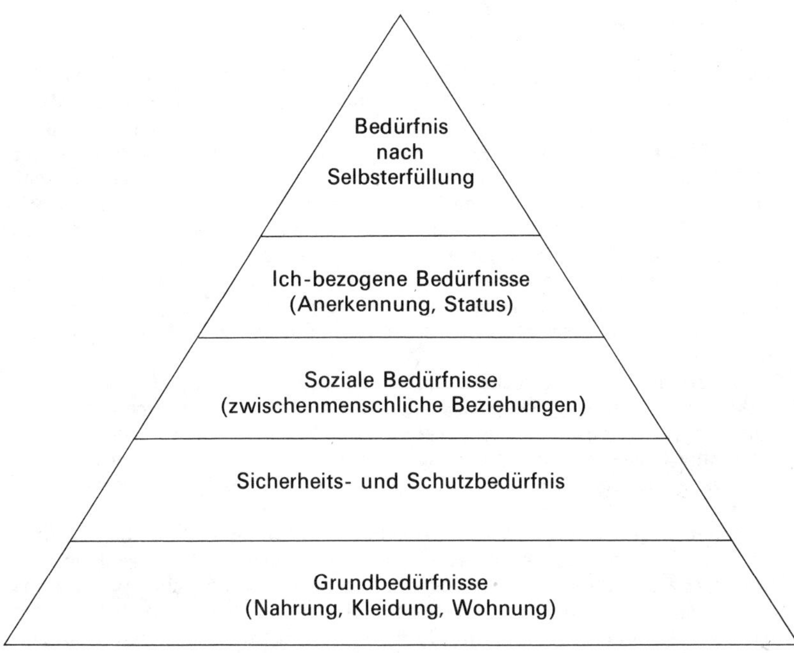

Der Aufbau dieser Bedürfnishierarchie hat sich auch in zahlreichen Umfragen bestätigt. Unter anderem hat bei einer Umfrage im Groß- und Außenhandel bei der Frage, was der Mitarbeiter von seinem Arbeitsplatz erwartet, ergeben, daß hinter der guten Bezahlung bereits an zweiter Stelle gerechte Aufstiegsmöglichkeiten genannt wurden.
Aufstiegsmöglichkeiten müssen durch Rangstufen sichtbar gemacht werden. Dies ist selbstverständlich im Großbetrieb einfacher, ist aber auch in Klein- und Mittelbetrieben möglich. Die Rangstufen sind oftmals mit Dienstbezeichnungen identisch und können wiederum mit den Gehalts- oder Lohngruppen gekoppelt werden.

Beispiel einer Rangstufenskala:

Geschäftsführer
Hauptabteilungsleiter
Abteilungsleiter
Unterabteilungsleiter
Gruppenleiter
Sachgebietsleiter
Sachbearbeiter
Selbständige Angestellte
Angestellter
Selbständige Bürohelfer
Bürohelfer

13.3. Information

In einigen Unternehmen ist die Ausschreibung in den eigenen Reihen schon zu einer ständigen Einrichtung geworden. Mitarbeiter werden durch die Werkszeitschrift, am Schwarzen Brett, in Betriebsversammlungen oder mit Hilfe anderer Informationsträger auf freie Positionen aufmerksam gemacht. Manche Mitarbeiter, in deren Firma die innerbetriebliche Ausschreibung praktiziert wird, glauben zwar, dieser Weg werde erst dann beschritten, wenn ein neuer Mitarbeiter mit der gewünschten Qualifikation von außen nicht zu beschaffen ist, doch muß dieser Fehlinterpretation sofort durch eine umfangreiche Information entgegengetreten werden, und zwar in dem Sinne, daß geeignete und förderungswürdige Mitarbeiter zunächst in den eigenen Reihen gesucht werden. Eine gewisse Reglementierung wird zudem durch den § 93 BVG (Ausschreibung) erreicht.

Die innerbetriebliche Ausschreibung bremst auch den sog. Parkinsonschen Effekt der Aufblähung. Beispielsweise hat ein Unternehmen innerhalb von 3 Jahren seine Belegschaftsstärke vermindern können, indem es keine neuen Mitarbeiter einstellte und die entstandenen Lücken entweder durch Rationalisierungsmaßnahmen oder aber durch die innerbetriebliche Ausschreibung schloß.

Allgemein ist ja die Bereitschaft, neue und höherwertigere Aufgaben zu übernehmen, ziemlich groß. Andererseits ist es aber nicht leicht, den bisherigen Arbeitsplatz und die gewohnte Umgebung aufzugeben und eine andere unbekannte Tätigkeit aufzunehmen. Deshalb muß das natürliche Beharrungsvermögen abgebaut und das natürliche Streben nach Aufstieg durch entsprechende Maßnahmen nahegebracht werden. Für den einzelnen Mitarbeiter entstehen zwar die schon genannten Konfliktsituationen, für ihn heißt es deshalb Risiko und Chancen gegeneinander abzuwägen.

Bei der innerbetrieblichen Ausschreibung macht es sich natürlich immer wieder sehr positiv bemerkbar, wenn ausführliche Stellenbeschreibungen der Plätze vorhanden sind. Ausschreibungen können dann auch präziser erfolgen, da die Arbeitsplätze genauestens beschrieben sind.

Bei der Praktizierung der innerbetrieblichen Ausschreibung muß immer wieder betont werden, wie wichtig die Information der Mitarbeiter ist. Ihnen muß ganz klar vor Augen gehalten werden, daß Versetzungswünsche keine Nachteile mit sich bringen. Die zuständige Stelle im Betrieb (Personalabteilung) muß deshalb stets bemüht sein, die Vertraulichkeit der Bewerbungen zu wahren. Jeder Bewerber sollte also auf Wunsch einzeln außerhalb der Arbeitszeit geprüft werden können.

Die Erfahrungen zeigen, daß Mitarbeiter ihre Vorgesetzten in ihre Pläne einweihen, wenn sie Vertrauen in die innerbetriebliche Ausschreibung gewonnen haben, bevor sie sich auf eine interne Ausschreibung hin bewerben. Es zeigt sich, daß die Bewerber nicht mehr unbedingt Wert darauf legen, ihre Bewerbung vertraulich behandeln zu lassen. Nur wenn ein Mitarbeiter in einer Bewerbung ausdrücklich Vertraulichkeit wünscht, sollte diese gewährt werden. Dann müssen Vorstellung und gegebenenfalls schriftliche Prüfung gesondert außerhalb der Dienstzeit durchgeführt werden.

Solche Bewerbungen dürfen natürlich nicht minder beachtet werden als andere, bei denen der Wunsch nach Vertraulichkeit nicht geäußert wird.

13.4. Formeller Ablauf

Bei der Auswahl der auszuschreibenden Positionen wird die Personalabteilung davon ausgehen, welche besonders attraktiv erscheinen. Beispielsweise werden Positionen ausgesucht, wo bekannt ist, daß firmeneigene Mitarbeiter vorhanden sind, die durch eine Zusatzausbildung die geforderten Bedingungen erfüllen können. Sodann erfolgt nach Abstimmung mit dem Betriebsrat ein Zusammenstellen der Positionen, wie beispielsweise umseitig wiedergegeben.

Nach der Veröffentlichung werden die eingehenden Bewerbungsschreiben ähnlich behandelt wie bei einer Bewerbung von außen, nur daß in diesem Falle schon die gesamten Personalunterlagen zur Verfügung stehen. Melden sich mehrere Bewerber, muß eine schriftliche oder mündliche Prüfung erfolgen, nach deren Ergebnis eine Auslese getroffen werden kann. Die letzte Entscheidung über die Auswahl hat aber, wie bei den üblichen Bewerbungen, der Leiter der Abteilung, in der die Stelle zu besetzen ist. Es ist natürlich nur selten möglich, alle Bewerber auf einmal zu vermitteln. Sie sollen deshalb bei später frei werdenden, geeigneten Positionen zuerst berücksichtigt werden. Deshalb muß von der Personalstelle eine Versetzungswunschliste geführt werden.
Die Mitarbeiter sollten auf jeden Fall durch die Werkszeitschrift oder andere Informationsträger darüber informiert werden, daß sie sich auch ohne Veröffentlichung am Schwarzen Brett oder der Werkszeitschrift in der Personalabteilung melden können, um ihre Versetzungswünsche anzumelden. In dem Artikel einer Werkzeitschrift wurde dazu folgendes Schreiben empfohlen:

> An die Personalabteilung
> Ich habe den Wunsch meinen Arbeitsplatz innerhalb der Firma zu wechseln und eine höherwertige (andersgeartete) Tätigkeit auszuüben. Interessieren würde mich eine Tätigkeit als . . .
> Soweit mir bekannt ist, habe ich keine Möglichkeit, eine derartige Aufgabe in der eigenen Abteilung zu übernehmen. Die für die angestrebte Tätigkeit notwendigen Kenntnisse will ich gerne erwerben (erwerbe ich zur Zeit, glaube ich zu haben).
>
> Name, Abteilung

In der Personalabteilung, heißt es in dem Bericht weiter, gibt es eine Versetzungsliste, in der alle mobilen Mitarbeiter vornotiert werden, um sie bei nächster Gelegenheit auf einen Arbeitsplatz versetzen zu können, der ihnen die gewünschten Aufstiegsmöglichkeiten und eine neue Umgebung bringt. Hier sind gewünschte Führungspositionen genauso notiert, wie angestrebte Arbeitsplätze für Monteure und Abteilungssekretärinnen.
„Auch die ganz Schüchternen, denen es nicht liegt, ihren Versetzungswunsch in irgendeiner Form zu äußern, sollten wir nicht benachteiligen. Mit Hilfe der

Für die Abteilung	Wir suchen	zu erreichende Tarifgruppe	Anforderung
Kraftwerksbetriebstechnik	**1. selbst. Ingenieur Elektroanlagen**	**AT**	*Ingenieur (grad.) der Fachrichtung Starkstromtechnik mit Kenntnissen der Industrieelektronik*
Aufgaben:	Untersuchen von Betriebsabläufen und Störungen im Bereich der Kraftwerkselektroanlagen. Erarbeiten von Unterlagen, die der technischen Vorplanung von E- und Automatikanlagen dienen.		
Zählerwesen	**Gruppenleiter**	**15**	*Ingenieur (grad.) der Fachrichtung Elektrotechnik, Erfahrung in Meßtechnik ist erwünscht.*
Aufgaben:	Bearbeiten aller Beanstandungen an Verrechnungsmeßeinrichtungen. Durchführen und Registrieren der Messungen von elektrischen und thermischen Größen für HEW und Sonderabnehmer.		
Öffentliche Beleuchtung	**Projektierungssachbearbeiter Lichtsignalanlagen**	**11**	*Staatl. gepr. Techniker, Fachrichtung Elektrotechnik*
Aufgaben:	Projektieren von Lichtsignalanlagen unter Berücksichtigung der Sicherheit und Wirtschaftlichkeit für einen Bezirk.		
Sozialabteilung	**Leiter soziale Einrichtung**	**AT**	*Ausbildungsniveau einer höheren Fachschule (z.B. HWF), Kontaktfähigkeit Erfahrung in der Personalführung*
Aufgaben:	Entscheiden über soziale Leistungen – Zusammenarbeit mit dem Betriebsrat – Mitarbeit beim Erstellen sozialer Richtlinien.		
Revision	**Prüfungsleiter - Allgemeine kaufmännische Revision**	**AT**	*Hochschulstudium (Wirtschaftswissenschaft) oder Betriebswirt (grad*
Aufgaben:	Erarbeiten von Vorschlägen für das Prüfungsprogramm. Planung und Erteilen von Prüfungsaufträgen. Steuerung des Prüfereinsatzes. Beurteilung der Sicherheit der innerbetrieblichen Kontrollsysteme sowie der Ordnungsmäßigkeit und Wirtschaftlichkeit.		

Bewerbungen bitte bis . . . an die Personalabteilung.

---

* Aus: Die Sammelschiene, Werkzeitschrift der Hamburgischen Electricitäts-Werke AG.

Personalunterlagen suchen wir herauszufinden, ob sich unter ihnen förderungswürdige Mitarbeiter verbergen. Dieser Weg führt aber erfahrungsgemäß nicht so schnell und sicher zum Ziel, weil nicht immer alle Fähigkeiten und Qualifikationen aus den Personalunterlagen zu ersehen sind. Sie können selbst dafür sorgen, daß Ihre Kenntnisse, Ihr Können, Ihre Erfahrungen und Fähigkeiten voll berücksichtigt werden, indem Sie der Personalabteilung jeweils die neuesten Informationen über Ihre berufliche Entwicklung geben."*

13.5. Organisatorischer Ablauf bei Versetzungen ohne Ausschreibung

Vor einer innerbetrieblichen Umsetzung wird vom abgegebenen Bereich eine Beurteilung angefordert. Die Personalabteilung wird Qualifikation, Neigung, ärztliche Stellungnahme und die Äußerung der bisherigen Vorgesetzten abwägen, um ein Bild über die Einsatzmöglichkeit zu erhalten. Von ihr werden die vorhandenen Bedarfsmeldungen, in welchem Bereich Mitarbeiter mit den ermittelten Voraussetzungen gewünscht werden, überprüft. Mit diesem Bereich wird Verbindung aufgenommen und ein Vorstellungstermin vereinbart. Verläuft das Gespräch positiv und kommt eine Vermittlung zustande, so vereinbart die Personalabteilung nach Information bzw. Abstimmung mit dem Betriebsrat mit dem alten und dem neuen Bereich einen Versetzungstermin. Es hat sich bewährt, dabei als spätesten Zeitpunkt den tariflichen Kündigungstermin einzusetzen. Beim abgebenden Bereich ist unter Umständen zu prüfen, inwieweit eine Ersatzkraft erforderlich ist und ob durch interne Umsetzung und Arbeitsverlagerung der Mitarbeiter eingespart werden kann.
Bei gewerblich-technischen Tätigkeiten wird u. U. vor der Umsetzung noch eine eignungsdiagnostische Untersuchung durchgeführt. Ist das ärztliche Ergebnis positiv und sind alle mit der Versetzung zusammenhängenden Fragen geklärt, wird eine Versetzungsmeldung geschrieben. Sie gilt als Änderungsbeleg für das Personalstammband. Der in der Personalakte befindliche Personalbogen wird entsprechend ergänzt, indem der neue Bereich und die neue Tätigkeitskennziffer nachgetragen werden. Der Mitarbeiter wird dann noch über den Versetzungszeitpunkt informiert.
Arbeitsplätze können intern oft nur durch einen umfangreichen Ringtausch optimal besetzt werden. So sind mit der Besetzung eines Arbeitsplatzes u. U. durchaus mehrere Versetzungen verbunden. Dadurch erhalten mehrere Mitarbeiter die Möglichkeit einer Aufstiegschance.
Kommt es zu einer Umsetzung innerhalb des Bereiches, der eine organisatorische Einheit darstellt (also innerhalb einer Abteilung), wird die Personalabteilung nur dann tätig werden, wenn die Umsetzung für den Mitarbeiter finanzielle Vorteile mit sich bringt und sich Konsequenzen für die Personalplanung ergeben. Sonst wird sie, lediglich eine Mitteilung erhalten, aus der die neue Kostenstelle des Mitarbeiters ersichtlich wird.
In einigen Unternehmen hat sich die Praxis bewährt, umgesetzte Mitarbeiter zunächst nur kommissarisch in die nächsthöhere Position zu setzen. Erst wenn

* Knebel, H., Aufstiegschancen im Nachbarbereich in: Die Sammelschiene, Hamburg 10/68.

die Versetzung endgültig ist, kann auch das Gehalt erhöht werden. Das hat vor allem den Vorteil, sofort entscheiden zu können, ohne sich gleich festzulegen. Die vakante Position darf nämlich nicht verwaisen.

14. Mitwirkung und Mitbestimmung des Betriebsrats bei Neueinstellungen und innerbetrieblichen Ausschreibungen

Bedingt durch das Betriebsverfassungsgesetz 1972 haben sich für die Einstellung und Ausschreibung von Arbeitsplätzen Änderungen ergeben, die zum Teil für die Zusammenarbeit von Betriebsrat und Personalstelle von großer Bedeutung sind.

14.1. Ausschreibung von Arbeitsplätzen

So hat der Gesetzgeber im § 93 BVG dem Betriebsrat das Recht eingeräumt zu verlangen, daß eine optimale Verteilung der betrieblichen Arbeitsplätze nach Eignung und Neigung für alle zu besetzenden Arbeitsplätze oder auch nur für bestimmte Arten von Tätigkeiten durch eine betriebsinterne Ausschreibung erfolgt. Dabei ist davon auszugehen, daß dieses Verlangen des Betriebsrates nicht begründet zu werden braucht.
Durch die Vereinbarung der Ausschreibung innerhalb des Betriebes wird der Arbeitgeber nicht gehindert, alle oder auch nur bestimmte Arbeitsplätze außerdem auch außerhalb des Betriebes auszuschreiben. Er kann also sowohl die innerbetriebliche Ausschreibung als auch eine externe Anzeige für eine Position parallel laufen lassen.
Der Betriebsrat kann jedoch nach § 99 Abs. 2 der Einstellung widersprechen und diese auch verhindern, wenn nach § 93 eine innerbetriebliche Ausschreibung unterblieben ist. Weiterhin kann der Betriebsrat einer Einstellung widersprechen, wenn gegen die sog. Auswahlrichtlinien (§ 95 BVG) verstoßen wurde. Eine mit dem Betriebsrat abgeschlossene Betriebsvereinbarung über Ausschreibungen kann z. B. folgenden Inhalt haben:

Innerbetriebliche Stellenausschreibung (§ 93)
Innerbetriebliche Stellenausschreibungen dienen dazu, unseren Mitarbeitern den innerbetrieblichen Arbeitsmarkt sichtbar zu machen und ihnen – soweit möglich – die Chancen der beruflichen Entwicklung im Unternehmen zu geben. Die Stellenausschreibung soll die Eigeninitiative und die Mobilität unserer Mitarbeiter fördern. Von den Vorgesetzten wird erwartet, daß sie einerseits leistungsfähige Mitarbeiter ermuntern, an Stellenausschreibungen teilzunehmen und andererseits für die Deckung ihres eigenen Personalbedarfs die mit dieser Einrichtung verbundenen Vorteile zu nutzen.

* Galperin, Das Betriebsverfassungsgesetz 1972, Heidelberg 1972.

Für innerbetriebliche Stellenausschreibungen gilt folgende Richtlinie:

1. Die Besetzung von freien Arbeitsplätzen wird von der Personalabteilung in Zusammenarbeit mit den Fachbereichen vorgenommen. Sie legt nach Rücksprache mit dem Betriebsrat die Positionen fest, bei denen eine innerbetriebliche Ausschreibung erfolgen soll.
2. Die Ausschreibung erfolgt durch eine Beilage in der Werkzeitschrift.
3. Die innerbetriebliche Stellenausschreibung hat folgenden Inhalt:
   - anfordernde Abteilung
   - Stellenbezeichnung
   - kurzgefaßte Aufgabenstellung
   - vorgesehene Entlohnung
   - notwendige Qualifikation (Ausbildung, Erfahrung)
   - Einsendeschluß für die Bewerbung
4. Auf die Ausschreibung können sich alle Mitarbeiter bewerben, die innerhalb des Unternehmens während der letzten 12 Monate eine gleichbleibende Tätigkeit ausgeübt haben.
5. Bewerbungen sind an die Personalabteilung zu richten. Der Eingang wird dem Bewerber bestätigt. Sind die in der Ausschreibung bekanntgegebenen Voraussetzungen (Erfahrung, Ausbildung) nicht vorhanden und durch Weiterbildungsmaßnahmen üblicherweise nicht zu erreichen, erfolgt eine Absage.
6. Gehen mehrere geeignete Bewerbungen für eine ausgeschriebene Position ein, so führt die Personalabteilung eine Eignungsuntersuchung durch. In dem Bestätigungsschreiben der Personalabteilung wird der Bewerber darüber informiert.
   Über Form und Inhalt der Eignungsuntersuchung erfolgt eine Abstimmung mit der anfordernden Fachabteilung. Ort und Termin gibt die Ausbildungsabteilung den Bewerbern bekannt.
7. Bewerbungen werden auf ausdrücklichen Wunsch der Bewerber vertraulich behandelt. In diesen Fällen werden Eignungsuntersuchungen nach Dienstschluß durchgeführt. Die Prüfer sind zur Verschwiegenheit verpflichtet. Schreiben sendet die Personalabteilung an die Privatadresse des Bewerbers.
8. Die Eignungsuntersuchung soll die engere Auswahl festlegen.
   Mit diesen Mitarbeitern führt der Fachvorgesetzte zusammen mit einem Vertreter der Personalabteilung entweder Einzel- oder Gruppengespräche, um zusätzlich einen persönlichen Eindruck zu gewinnen und daraufhin die Entscheidung über den neuen Stellinhaber zu treffen. Diese Entscheidung soll in Übereinstimmung mit unseren Auswahlrichtlinien erfolgen.
9. Die Fachabteilung teilt der Personalabteilung den Namen des ausgewählten Bewerbers mit. Die Personalabteilung
   - informiert den Betriebsrat
   - benachrichtigt den ausgewählten Bewerber und seine bisherige Abteilung
   - führt die Absagen an die übrigen Bewerber durch.
10. Die Personalabteilung stimmt mit der abgebenden und anfordernden Abteilung den Versetzungstermin ab. Die Versetzung erfolgt spätestens bis Ende des Termins, zu dem eine zu diesem Zeitpunkt vom Mitarbeiter ausgesprochene Kündigung entsprechend dem Tarifvertrag wirksam werden würde.

11. Unmittelbar mit der innerbetrieblichen Versetzung sind Gehaltserhöhungen nicht verbunden. Eine „Probezeit" von 3 Monaten in der neuen Position ist vorzusehen, während der Bereich und Mitarbeiter feststellen können, ob die Wahl richtig getroffen wurde. Eine evtl. notwendige gehaltliche Anpassung an höhere Anforderungen erfolgt in Übereinstimmung mit dem Tarifvertrag.

Zur innerbetrieblichen Ausschreibung kann zusammenfassend gesagt werden:
1. Sie ist längst nicht so kostspielig wie die außerbetriebliche Personalbeschaffung. Der bereits mit dem Betrieb vertraute Mitarbeiter wird der neuen Tätigkeit, in die er versetzt wird, viel rascher gewachsen sein als eine neue Kraft.
2. Gelegentlicher Wechsel sorgt für Beweglichkeit und wirkt der „Betriebsblindheit" entgegen.
3. Ausfallzeiten, wie sie durch Urlaub, Krankheit und Kündigungen entstehen, werden bei innerbetrieblicher Beschaffung leichter überbrückt, eine möglichst konstante Arbeitsleistung kann eher garantiert werden.

14.2. Auswahlrichtlinien

Diese Richtlinien über die personelle Auswahl bei Einstellungen, Versetzungen, Umgruppierungen und Kündigungen können jedoch nur in Betrieben mit mehr als 1000 Mitarbeitern vom Betriebsrat gefordert und gegebenenfalls auch durchgesetzt werden.
In kleineren Betrieben hat der Arbeitgeber das Recht, darüber zu entscheiden, ob er Auswahlrichtlinien schriftlich formuliert.
Hat er diese einmal schriftlich fixiert, kann der Betriebsrat dann allerdings gegen den Inhalt der Richtlinien Einspruch erheben und eine verbindliche Klärung durch eine Einigungsstelle verlangen.
Mit Rücksicht auf das damit verbundene Risiko kann der Arbeitgeber deshalb in einem Betrieb mit nicht mehr als 1000 Arbeitnehmern auch auf den Erlaß der Richtlinien überhaupt verzichten. Trotzdem sollte es im Sinne einer positiven Zusammenarbeit auch in diesen Fällen mit dem Betriebsrat zu einer Absprache kommen. Da sowohl Betriebsrat als auch Arbeitgeber an einer möglichst gerechten Auswahl liegt, dürfte dieser Forderung nichts entgegenstehen.
In welcher Form Auswahlrichtlinien schriftlich fixiert werden können, ist aus dem folgenden Beispiel ersichtlich.
In diesen Auswahlrichtlinien wird allerdings auch auf die Auswahl bei Kündigungen eingegangen, um einen Gesamtüberblick zu geben.

Beispiel:
In diesen Richtlinien ist festgelegt, wie Einstellungen, Versetzungen und Kündigungen durchzuführen sind. Diese Richtlinien machen die Grundlagen der personellen Entscheidungen durchschaubarer und dienen damit einer positiven Zusammenarbeit und einer an objektiven Kriterien orientierten Behandlung der Mitarbeiter.
Die Auswahlrichtlinien sind verbindlich, sofern nicht sachliche Umstände eine Ausnahme rechtfertigen. Diese Ausnahme wird mit dem Betriebsrat abgestimmt.

1. Einstellungen

Es wird grundsätzlich vor jeder Einstellung geprüft, ob die geplante Besetzung eines Arbeitsplatzes innerbetrieblich erfolgen kann.
Für eine Einstellung kommt derjenige Bewerber in Betracht, bei dem zu erwarten ist, daß er die Anforderungen am Arbeitsplatz nach fachlicher und persönlicher Befähigung am besten erfüllen wird (Gegenüberstellung der Persönlichkeitsprofile mit Anforderungsprofilen aus Stellenbeschreibung und Arbeitsbewertung).
Dabei gelten im einzelnen folgende Auswahlkriterien:

a) Fachliche Befähigung;
   maßgeblich für die Beurteilung der fachlichen Befähigung sind die Ausbildung sowie der berufliche Werdegang. Die fachliche Befähigung wird
   – soweit möglich – festgestellt durch
   – Schulzeugnisse
   – Ausbildungszeugnisse
   – Arbeitszeugnisse
   – evtl. Tests und Arbeitsproben
     (z. B. bei Programmierern, Locherinnen, Schreibmaschinenschreiberinnen und ausländischen Mitarbeitern)
   – fachorientierte Gespräche
b) Persönliche Befähigung;
   maßgeblich für die Beurteilung der persönlichen Befähigung sind die geistige, charakterliche und körperliche Eignung des Bewerbers. Die persönliche Befähigung wird – soweit möglich – festgestellt durch:
   – die Beurteilung in den Zeugnissen sowie den persönlichen Eindruck in Vorstellungsgesprächen (geistige Befähigung)
   – Beurteilung der Führung in den Zeugnissen früherer Arbeitgeber sowie der persönliche Eindruck in Vorstellungsgesprächen (charakterliche Befähigung)
   – die Konstitution durch eine betriebsärztliche Untersuchung (körperliche Befähigung).

   Hierbei ist Wert darauf zu legen, daß vor der Entscheidung eine Abstimmung zwischen den Beurteilern zustande kommt.
   Der Verlauf des Einstellungsverfahrens ist aus der folgenden Übersicht zu ersehen:

Ablauf der Einstellung	**Zuständigkeit**
1. Genehmigung der Personalanforderung	PP* lt. Plan
2. Prüfen, ob innerbetriebliche Bewerber vorhanden (Versetzungswünsche, gesundheitliche, organisatorische Notwendigkeiten, Vornotierung von PP wegen Ausbildung, Beurteilung etc.)	
3. Prüfen, ob innerbetriebliche Ausschreibung sinnvoll ggf. Durchführung	PP
– sonst:	
4. Außerbetriebliche Beschaffung (Anzeige, Arbeitsamt, Vornotierung etc.)	PP
5. Eingehende Bewerbungsunterlagen sichten und Vorauswahl treffen	PP
6. Fachbereich prüft Bewerbungsunterlagen und schlägt ggf. Vorstellung vor	Fachbereich
7. Abstimmen des Vorstellungstermins mit Bereich und Bewerber	PP
8. Erstes Vorstellungsgespräch in PP Ziel: Allgemeine Informationen über das Unternehmen und die Personalpolitik, z. B. Grundsätze der Entlohnung. Sozialleistungen, Führung, Organisation. Beurteilen der allgemeinen Qualifikation und persönliche Eignung für das Unternehmen: vor allem Auftreten, Sozialverhalten, Arbeitsverhalten, Initiative, Arbeitseinstellung, Selbständigkeit, geistige Regsamkeit, Aufmerksamkeit, Intelligenz usw. Ermitteln der Gehaltsvorstellungen.	PP
Zweites Vorstellungsgespräch im Fachbereich Ziel: Allgemeine Informationen über Ziel und Aufgaben der Abteilung, Aufbau, Organisation und personelle Zusammensetzung der Abt. Allgemeine Bedingungen des Einsatzes am Arbeitsplatz. Bekanntmachen mit Vorgesetzten. Beurteilen der persönlichen und fachlichen Eignung für den Bereich. Auch hier werden Auftreten, Initiative u. a. beurteilt. Vergleichen des Anforderungsprofils des Arbeitsplatzes mit den Qualifikationen des Bewerbers. Ermitteln der Erwartungen des Bewerbers hinsichtlich seiner Tätigkeit und Einschätzen einer zu erwartenden Befriedigung bei dem Bewerber und Vorgesetzten. Direkter Vorgesetzter: Ziel: Genaue Beschreibung und Darstellung der Tätigkeit. Beurteilen der Integrationsfähigkeit in der Arbeitsgruppe. Beraten des Abteilungsleiters bei der Entscheidungsfindung.	Fachbereich

* Personalabteilung.

9. Körperliche Einsatzfähigkeit für die entsprechende Position — Betriebsarzt
10. Vorstellung bei Betriebsrat mit Bewerbungsunterlagen, ggf. Übersicht über andere Bewerber, die in die engere Auswahl gezogen wurden. — XB*
11. Einstellungsgespräch (Ziel: Endgültige Entscheidung, persönlicher Eindruck).

2. Versetzungen

Bei der Besetzung freier Stellen wird der innerbetrieblichen Versetzung unter bestimmten Voraussetzungen vor einer Einstellung von außen der Vorzug gegeben. Die Versetzung von Mitarbeitern kann aus folgenden Gründen erfolgen:

a) Versetzung zur Förderung bewährter Mitarbeiter durch den Einsatz auf höherwertigen Arbeitsplätzen
b) Versetzung von verdienten Mitarbeitern aus gesundheitlichen Gründen auf Arbeitsplätze, auf denen sie ihren Erfahrungen entsprechend eingesetzt werden können, z. B. bei Schichtdienstuntauglichkeit, altersbedingter Verschlechterung der Einsatzfähigkeit, eingeschränkte Einsatzfähigkeit nach einem Betriebsunfall, Unverträglichkeiten von besonderen Erschwernissen am Arbeitsplatz.
c) Versetzung aus führungsmäßigen Gründen, z. B. wegen Unverträglichkeit mit Mitarbeitern und Vorgesetzten, Verstoß gegen die Betriebsordnung
d) Versetzung aus betrieblichen Gründen, z. B. bei Freistellung von Mitarbeitern nach organisatorischen Änderungen, bei Rationalisierungsmaßnahmen oder nur Versetzung zur Überwindung personeller Engpässe.

Grundlage für die Auswahl zur Förderung von Mitarbeitern sind deren Führung und bisherige Leistungen entsprechend den letzten Beurteilungen.
Bei der Auswahl für Versetzungen aus betrieblichen Gründen sind sowohl fachliche und persönliche Eignung als auch soziale Gesichtspunkte zu berücksichtigen (z. B. Lebensalter, Betriebszugehörigkeit, Wohnort usw.). Bei Freistellungen aus betrieblichen Gründen müssen die abgebenden Abteilungen insbesondere solche Mitarbeiter der Personalabteilung benennen, die noch anpassungsfähig sind und die für die Besetzung von anderen freien Positionen geeignet erscheinen. Die aufnehmenden Abteilungen müssen allerdings auch Mitarbeiter beschäftigen, die nicht von vornherein optimal geeignet sind und länger eingearbeitet und evtl. sogar umgeschult werden müssen. Die Mitarbeiter müssen hierzu selbst beitragen, indem sie bereitwillig Arbeitsplatzveränderungen und zusätzlichen Ausbildungen zustimmen.

3. Kündigungen

Das Unternehmen ist bestrebt, Kündigungen nur in unausweichlichen Fällen auszusprechen.
Es ist dabei zu unterscheiden zwischen Kündigungen aus betrieblichen Gründen

---

* Betriebsrat.

und Kündigungen, die in der Person und im Verhalten des Mitarbeiters liegen (Disziplinarordnung).

a) Kündigung aus betrieblichen Gründen
   Kündigungen aus betrieblichen Gründen sollen möglichst vermieden werden. Freigestellten Mitarbeitern werden – soweit vorhanden – freie Arbeitsplätze angeboten. Für dennoch erforderliche Entlassungen werden folgende Auswahlkriterien zugrunde gelegt:
   Es wird in erster Linie dem gekündigt, den die Entlassung am wenigsten trifft. Berücksichtigt werden sowohl die persönliche Leistung und Führung, als auch insbesondere das Lebensalter, Dauer der Betriebszugehörigkeit, der Familienstand und die Zahl der Unterhaltsberechtigten (entsprechend der Bestimmungen des Kündigungsschutzgesetzes). Ergibt eine Abwägung der sozialen Verhältnisse keine oder nur sehr geringfügige Unterschiede zwischen mehreren Arbeitnehmern, so erfolgt die Auswahl nach Leistungsgesichtspunkten. Umgekehrt wird bei gleichwertigen Leistungen der sozial Schlechtergestellte geschützt. Die Auswahl wird gemeinsam zwischen dem Fachbereich, dem Betriebsrat und der Personalabteilung vorgenommen.
b) Kündigungen, die in der Person und im Verhalten begründet liegen.
   Eine Kündigung wird entsprechend den Regeln in der Disziplinarordnung durchgeführt. Der Ablauf bei Kündigungen ist wie folgt festgelegt:
   1. PP erhält über die schlechte Leistung oder das unkorrekte Verhalten des Mitarbeiters Kenntnis.
   2. PP prüft, ob genügend Gründe für eine Kündigung vorliegen.
   3. Bei beabsichtigter Kündigung legt PP dem Betriebsrat das Kündigungsschreiben mit Begründung vor.
   4. Der Betriebsrat prüft den Vorgang und gibt ggf. seine Zustimmung durch Gegenzeichnung des Geschäftsführenden Betriebsrates auf der Kopie des Kündigungsschreibens.
   5. Das Kündigungsschreiben soll so zugestellt werden, daß eine Bestätigung des Empfängers möglich ist.

Experten warnen davor, bei den einzelnen Regelungen zu sehr ins einzelne zu gehen, da hierdurch sowohl der generelle Charakter der Richtlinien als auch die Entscheidungsmöglichkeit des Arbeitgebers in unzulässiger Weise beeinträchtigt werden würde.* Ein vernünftiger Kompromiß sollte jedoch im Interesse beider Seiten möglich sein.

14.3. Mitbestimmung

Die Auswahlrichtlinien haben ein besonderes Gewicht dadurch erhalten, daß der Gesetzgeber die Vorschrift des § 95 und die Vorschrift des § 99 (Mitbestimmung bei personellen Einzelmaßnahmen) miteinander gekoppelt hat. Dem Betriebsrat wird hierdurch das Recht eingeräumt, personelle Maßnahmen des

* Ausführlich dazu Galperin ... a. a. O.

Arbeitgebers für unwirksam zu erklären, wenn gegen die Auswahlrichtlinien verstoßen worden ist. Im § 99 Abs. 1 räumt der Gesetzgeber dem Betriebsrat zudem das Recht ein, vor jeder mitbestimmungspflichtigen personellen Maßnahme rechtzeitig unterrichtet zu werden.
Um den Betriebsrat ordnungsgemäß zu unterrichten, sind deshalb vor der Einstellung die erforderlichen Bewerbungsunterlagen der Kandidaten, die vom Arbeitgeber eingestellt werden sollen, vorzulegen.*
Ob nun zu diesen Unterlagen alle Zeugnisse etc. gehören oder ob nur ein Personalbogen vorgelegt wird – darüber sind sich die Experten nicht einig. Auch hier sollte im Rahmen einer gedeihlichen Zusammenarbeit versucht werden, mit dem Betriebsrat ein Arrangement anzustreben, das ein reibungsloses Bearbeiten der Bewerbungen erreicht.
In diesem Zusammenhang ist besonders bei einer angespannten Arbeitsmarktsituation darauf zu verweisen, daß die Einsichtnahme der Bewerbungsunterlagen durch den Betriebsrat unverzüglich erfolgt, damit eine schnelle Bearbeitung sichergestellt ist.
Nach § 99 Abs. 2 kann der Betriebsrat seine Zustimmung zu einer Einstellung verweigern, wenn die Personalmaßnahme gegen ein Gesetz, eine Verordnung, eine Unfallverhütungsvorschrift
oder gegen eine Bestimmung in einem Tarifvertrag
oder gegen eine Betriebsvereinbarung
oder gegen eine gerichtliche Entscheidung
oder eine behördliche Anordnung verstößt
oder die Personalmaßnahme gegen eine Richtlinie nach § 95 verstoßen würde
oder die durch Tatsachen begründete Besorgnis besteht, daß infolge der personellen Maßnahme im Betrieb beschäftigte Arbeitnehmer gekündigt werden oder sonstige Nachteile erleiden, ohne daß dies aus betrieblichen oder persönlichen Gründen gerechtfertigt ist oder
eine nach § 93 erforderliche Ausschreibung im Betrieb unterblieben ist oder die durch Tatsachen begründete Besorgnis besteht, daß der für die personelle Maßnahme in Aussicht genommene Bewerber oder Arbeitnehmer den Betriebsfrieden durch gesetzwidriges Verhalten oder durch grobe Verletzung der im § 75 Abs. 1 enthaltenen Grundsätze (Diskriminierungsverbot) stören wird.
Verweigert der Betriebsrat seine Zustimmung, so muß er dies unter Angabe von Gründen innerhalb einer Woche dem Arbeitgeber schriftlich mitteilen.
Teilt nun der Betriebsrat dem Arbeitgeber die Verweigerung seiner Zustimmung nicht innerhalb der Frist schriftlich mit, so gilt die Zustimmung als erteilt.
Verweigert der Betriebsrat seine Zustimmung, so kann der Arbeitgeber beim Arbeitsgericht beantragen, die Zustimmung zu ersetzen (§ 99 Abs. 3, 4).
Auf die Durchführung von sog. vorläufigen personellen Maßnahmen sei hier nicht eingegangen. Hierzu wird empfohlen, sich der ausführlichen Kommentare zu bedienen.**

---

* Halberstadt, Mitwirkung und Mitbestimmung des Arbeitnehmers, Freiburg i. Br. 1972; Halberstadt-Zander, Handbuch des Betriebsverfassungsrechts, 2. Auflage, Köln 1972.
** Galperin, Das Betriebsverfassungsgesetz a. a. O.

15. Wege zur Einschränkung der Fluktuation

In den vorangegangenen Kapiteln wurde beschrieben, welche Methoden zur erfolgreichen Anwerbung von Mitarbeitern führen. Ziel eines jeden Unternehmens sollte es jedoch sein, die Anwerbungskosten so gering wie möglich zu halten. Der Hauptansatzpunkt liegt dabei in der Einschränkung der Fluktuation. Aus diesem Grunde ist es zunächst einmal wichtig, die Abgangsgründe von ausscheidenden Mitarbeitern zu erfassen, um daraus dann entsprechende Konsequenzen ziehen zu können.

15.1. Motive für den Firmen- und Branchenwechsel

Berufsanfang und Berufsausbildung sind die ersten Gründe für eine Bewerbung. Weitere Gründe sind:

1. Unzureichende Aufstiegs-, Entwicklungs- und Weiterbildungsmöglichkeiten
2. schlechte Bezahlung
3. uninteressante Arbeit
4. nicht genügend Selbständigkeit
5. wenig Verantwortung
6. schlechte Arbeitsbedingungen
7. keinerlei Anerkennung
8. unsicherer Arbeitsplatz
9. unbefriedigende zwischenmenschliche Beziehungen
10. innerbetriebliche Versetzungen (Auseinanderreißen von Arbeitsgruppen)
11. mangelhafte und unüberschaubare Organisation (fehlende Einweisung, fehlende Dienst-, Urlaubs- und Stellvertretungspläne)
12. mangelhafte Ausbildung
13. keine innerbetriebliche Fortbildung
14. schlechte soziale Leistungen
15. familiäre Gründe
16. Entlassung durch das Unternehmen wegen
    a) Differenzen mit Vorgesetzten und Mitarbeitern
    b) Unfähigkeit, den Arbeitsplatz auszufüllen
    c) Unkorrektheiten
    d) Rationalisierung
    e) Rezession

Bei Abgangsgesprächen wird man immer wieder feststellen, daß meist mehrere der angeführten Gründe eine Rolle spielen.
In zahlreichen Unternehmen werden systematisch Abgangsgespräche mit ausscheidenden Mitarbeitern geführt. Die Gründe werden nach einem Schlüssel geordnet und zu bestimmten Zeitpunkten ausgewertet. Die Ergebnisse lassen zahlreiche Schlüsse zu. So kann festgestellt werden, wie in einem Bereich Mitarbeiter laufend abwandern, weil die Vorgesetzten nach autoritären Prizipien führen, oder das Gehaltsniveau ist zu niedrig, und man verläßt daher lieber die Abteilung.

Natürlich muß bei diesen Abschlußgesprächen immer abstrahiert werden, da diese Gespräche von den Mitarbeitern oftmals als Ablaßventil benutzt werden. Wenn sich allerdings gewisse Symptome wiederholen, ist eine Untersuchung empfehlenswert.

Ein Schlüssel über die Entlassungsgründe sei im folgenden wiedergegeben:

Schlüssel für Austrittsgründe

Beeinflußbare Abgänge
Von den Arbeitnehmern genannte Gründe

01 Unzufriedenheit mit den Arbeitsbedingungen sowie Art und Schwere der Arbeit (z. B. keine Schichtarbeit mehr, zu schwere und zu schmutzige Arbeit, Hitze-, Wasser-, Staub- oder Lärmempfindlichkeit, zu weiter Weg)

02 Finanzielle Verbesserung (z. Zt. unbefriedigende Bezahlung).

03 Stellungsmäßige Verbesserung (Kennenlernen anderer Aufgaben).

04 Berufswechsel, Berufsaufgabe oder Rückkehr in den alten Beruf.

05 Mangelnde Aufstiegs-, Entwicklungs- und Weiterbildungsmöglichkeiten.

06 Unbefriedigende zwischenmenschliche Beziehungen (z. B. Differenzen mit den Vorgesetzten, schlechte Behandlung, falsche oder leere Versprechungen, unzureichende Anerkennung von Leistungen).

07 Mangelhafte und unüberschaubare Organisation (fehlende Dienst-, Urlaubs- und Stellvertreterpläne).

08 Innerbetriebliche Versetzungen (Auseinanderreißen von Arbeitsgruppen). Rationalisierungsopfer

Nicht beeinflußbare Abgänge

20 Todesfall mit Hinterbliebenen

21 Todesfall ohne Hinterbliebene

22 Pensionierung – Altersgrenze

23 Pensionierung – vorzeitige – mit Rente aus der Sozialversicherung

24 Pensionierung – vorzeitige – ohne Rente aus der Sozialversicherung

25 Übergangsunterstützung

26 Alter, Invalidität ohne Pension

27 Familiäre Gründe (Heirat, Schwangerschaft, Kleinkind, nur noch Hausfrau, Krankheit in der Familie, Wohnortwechsel, Mithilfe im Familienbetrieb, Übernahme des elterlichen Geschäftes, Aufnahme von Halbtagsbeschäftigung usw.).

28 Ableistung des Grundwehrdienstes

29 Berufsfortbildung (Studien, Meisterausbildung usw.)

30 Verschiedenes

Von Unternehmensseite gewünschte Abgänge

39 Pensionierung aus betrieblichen Gründen
40 Charakterlich ungeeignet – Kündigung durch Firma
41 Charakterlich ungeeignet – Kündigung durch Arbeitnehmer
42 Fachlich ungeeignet – Kündigung durch Firma
43 Fachlich ungeeignet – Kündigung durch Arbeitnehmer
44 Gesundheitlich ungeeignet – Kündigung durch Firma
45 Gesundheitlich ungeeignet – Kündigung durch Arbeitnehmer
46 Strafbare Handlungen (Diebstahl, Unterschlagung)
47 Sonstige (Ende der Aushilfsbeschäftigung)

Pensionäre

50 Pensionäre Tod mit Hinterbliebenen
51 Pensionäre Tod ohne Hinterbliebene
52 Tod der Hinterbliebenen
53 Wiederheirat von wbl. Versorgten
54 Entzug des Ruhegeldes aus disziplinarischen Gründen
55 bisher Hinterbliebenenrente – jetzt eigenes Ruhegeld

Dieser Schlüssel dient gleichzeitig für die Datenspeicherung zur Auswertung für verschiedene Statistiken, für die Auszahlung von Restforderungen durch den ausscheidenden Mitarbeiter usw.
Der Gesprächspartner muß bei einem Abschlußgespräch ausgleichend wirken und alle persönlichen Reibereien von vornherein als unwesentlich abtun. Sonst käme die Personalabteilung in eine sehr schwierige Situation gegenüber den Vorgesetzten und anderen Beschuldigten.
Für die Vorgesetzten ist es zuweilen nicht angenehm, wenn einer ihrer Mitarbeiter der Personalabteilung mehr erzählt als ihrem Chef. Andererseits sollten die Vorgesetzten wissen, die Personalabteilung muß alles Gehörte sachlich behandeln. Darum müssen in den Bereichen, die Kontakt mit den Mitarbeitern herstellen und halten, Leute beschäftigt werden, die die entsprechenden Fähigkeiten besitzen.
Mit Mitarbeitern, die wegen Erreichen der Altersgrenze oder wegen vorzeitiger Invalidität ausscheiden, wird man die Abschlußgespräche am besten auf den zuständigen Vorgesetzten delegieren. Er kennt den langjährigen Mitarbeiter und wird auch von sich aus das Bedürfnis haben, sich mit ihm an seinem letzten Arbeitstag zu unterhalten.
Bei allen Gesprächen sollte die Personalabteilung immer demonstrieren, daß sie grundsätzlich vor den Vorgesetzten steht. Ergibt sich aufgrund eines Abgangsgesprächs nichts Wesentliches, dann genügt bei einem verärgerten Mitarbeiter ein kurzes Gespräch, um ihn nicht mehr zu feindlich fortgehen zu lassen. Die offene Aussprache hat seine ablehnende oder aggressive Haltung gemildert. Manchmal vertritt er die Meinung, daß er nicht gegangen wäre, wenn er rechtzeitig ein solches Gespräch hätte führen können.

Diese Aussagen haben bereits mehrere Unternehmen veranlaßt, „Abgangsgespräche" sofort nach Erhalt der Kündigung zu führen. In verschiedenen Fällen konnten dann Abgänge vermieden werden.
Während des Entlassungsgespräches wird sich oft ergeben, daß der ursprünglich angegebene Kündigungsgrund nur vorgegeben war. Gerade durch solche Gespräche wird dann eine wahre Ursachenstatistik der Fluktuation aufgestellt werden können, da die tatsächlichen Gründe zutage treten.
Abschlußgespräche können wesentlich dazu beitragen, Fehler im Unternehmen aufzudecken und zu beseitigen. Sie werden dem ausscheidenden Mitarbeiter zu einer besseren Einstellung zum Unternehmen verhelfen. Es können sogar Kündigungen, die durch Mißverständnisse entstanden sind, vermieden werden.

15.2. Einführung neuer Mitarbeiter

Vielfach haben neu eingestellte Mitarbeiter ein Unternehmen schon nach kurzer Zeit wieder verlassen, weil sie sich nicht beachtet fühlten. Deshalb ist ein gut geplanter Einführungsablauf notwendig. Nichts ist schädlicher, als einen neuen Mitarbeiter mit Gleichgültigkeit am ersten Tag zu empfangen. Pünktlich findet er sich im Betrieb ein. Oft weiß dann niemand, wer sich seiner zuerst annehmen soll. Oder der Betreffende, der ihn gleich einführen sollte, verspätet sich. So müssen zunächst andere ihn vertrösten und seine Aufnahme im Betrieb improvisieren. Aber meistens bleibt ihm dann eine längere und fast immer peinliche Wartezeit nicht erspart.
Um sicher zu gehen, daß er nicht unnötig warten muß, sollte man für den ersten Tag lieber einen späteren Termin der Arbeitsaufnahme verabreden. Vorher kann sich der beauftragte Patenmitarbeiter oder ein Vorgesetzter auf den neuen Mitarbeiter vorbereiten. Es empfiehlt sich, für den ersten Tag einen mindestens gleichstufigen Mitarbeiter zu bitten, sich des Neuen anzunehmen. Zu diesem Zweck ist ein Merkzettel auszustellen, der für einen neuen Mitarbeiter gleich zu Beginn seiner Tätigkeit alles Wissenwerte enthält.
Was muß ein neuer Mitarbeiter über seinen künftigen Arbeitsplatz und die betrieblichen Einrichtungen zunächst erfahren?

1. Kleiderablage für seine Garderobe.
2. Sanitäre Anlagen und Einrichtungen (Firmenhandtuch, Seife).
3. Essenmarken und Kantinenverhältnisse und Einrichtungen (Automaten). Pausenraum. Nicht selten bekommt ein neuer Mitarbeiter am ersten Tag kein warmes Essen, weil man es versäumt hat, ihn in der Küche anzumelden.
4. Arbeitsplatz und Übergabe der entsprechenden Arbeitsunterlagen und Arbeitshilfen.
5. Versorgung mit Arbeitsmaterial (Erstausstattung: Bleistift und Kugelschreiber, Radiergummi, Stenoblock usw.).
6. Hausordnung, Betriebsordnung.
7. Zentrale Dienste (Fotokopien, Vervielfältigungen, Poststelle, Materialausgabe, Hausverwaltung, Pausenraum und seine Einrichtungen zum Kaffeekochen, Notausgänge usw.).

8. Anmeldung bei der Telefonzentrale; neuen Mitarbeiter veranlassen, sich Straße, Hausnummer, Rufnummer der Firma und die Nummer seiner telefonischen Nebenstelle zu notieren.
9. Vorstellung innerhalb der Abteilung, Vorstellung in denjenigen Abteilungen, die mit seiner Abteilung korrespondieren, einschließlich der zentralen Dienste. (Grundvoraussetzung für die spätere Kommunikation!)
10. Mit dem neuen Mitarbeiter gemeinsam zum Essen gehen und auch hier in die Gepflogenheiten der Firma einweisen. Den neuen Mitarbeiter hier und da vorstellen.
11. Orientierung über die Ablagesysteme und Einrichtungen.
12. Stellenbeschreibung zum Lesen geben.
13. In Großräumen die Funktion von Beleuchtung, Klima und Akustik erklären.
14. Einführen in die Unfallgefahren des Betriebes.

Es hat sich als zweckmäßig erwiesen, weniger in den Vordergrund tretende Mitarbeiter mit der Einführung neuer Mitarbeiter zu betrauen. Auf diese Weise werden bescheidene Mitarbeiter nicht gleich auch von den neuen Mitarbeitern in die Ecke gedrückt.
Wie die Einführung neuer Mitarbeiter wirkungsvoll durchgeführt werden kann, ist aus dem folgenden Text ersichtlich, den alle Vorgesetzten eines norddeutschen Unternehmens zur Information erhielten.*

Einführung neuer Mitarbeiter

Der erste Eindruck, den ein neuer Mitarbeiter vom Betrieb gewinnt, ist oft entscheidend dafür, ob er ein gutes Verhältnis zum Betrieb, zu seinen Vorgesetzten, zu seinen Mitarbeitern und zu seiner Arbeit findet. Schon von der Einführung kann es also abhängen, ob der Neue ein „Mitarbeiter" oder ein unwilliger, uninteressierter „Mitläufer" wird. Es ist daher eine wichtige Vorgesetzten-Aufgabe, den neuen Mitarbeiter in den Betrieb und in seine Arbeitsgruppe möglichst reibungslos einzugliedern. Die folgenden Anregungen können dabei eine Hilfe sein:

Die Vorbereitung

Sinn der Vorbereitung ist es, dem Neuen das Gefühl zu geben, daß man auf ihn gewartet hat. Der unmittelbare Vorgesetzte sollte daher dafür sorgen, daß

a) die Mitarbeiter so früh wie möglich auf die Ankunft des Neuen vorbereitet werden.
   Es ist ratsam, die Mitarbeiter rechtzeitig über die bevorstehende Einstellung zu informieren, so daß sie nicht überrascht werden und möglicherweise ablehnend reagieren. Sie könnten sonst infolge der nachlässigen Information von vornherein gegenüber dem Neuen mißtrauisch sein und ihm das Einleben in die bisher ungewohnte Umgebung und Gruppe erschweren.

---

* Aus: Handbuch für Personal- und Sozialpraxis, Band III, Hamburgische Electricitäts-Werke AG.

b) der Arbeitsplatz rechtzeitig vor Ankunft des Neuen hergerichtet wird. Das nötige Werkzeug und die sonstigen Betriebsmittel müssen bereitliegen, auch zu beachtende Anordnungen und Richtlinien sollen zur Verfügung stehen. Das gilt besonders für die Unfallverhütungsvorschriften, da erfahrungsgemäß neue Mitarbeiter besonders unfallgefährdet sind.
Es reicht nicht aus, diese Vorbereitungen erst dann zu treffen, wenn der Neue bereits da ist. Nur allzu schnell hat er dann das Gefühl, überflüssig zu sein und nicht gebraucht zu werden.
c) er selbst Zeit für die Einführung am Ankunftstag hat.

Information des neuen Mitarbeiters

Um dem neuen Mitarbeiter am Anfang seiner Tätigkeit das Gefühl der Unsicherheit zu nehmen und ein gegenseitiges Vertrauensverhältnis zu schaffen, sollte der unmittelbare Vorgesetzte ihn am Morgen seines ersten Arbeitstages im Unternehmen begrüßen und das persönliche Gespräch mit ihm suchen. Anhaltspunkte können sein: die bisherigen Tätigkeiten, die besonderen Interessen und die Ausbildung des Neuen. Wichtig ist, im Gespräch eine zwanglose Atmosphäre zu schaffen, die den menschlichen Kontakt und die Einführung begünstigen.
Dann sollte der Vorgesetzte den Mitarbeiter über alle den Arbeitsplatz hinausgehende Fragen informieren, u. a. über

a) die Organisation und die Aufgabe der Abteilung sowie über deren Eingliederung in die Gesamtorganisation,
b) die Betriebsordnung (Arbeitsbeginn, Arbeitsende, Pausen, Gehaltszahlungstermin, Urlaub, Ableistung und Vergütung von Überstunden usw.),
c) das Verbesserungsvorschlagwesen,
d) allgemeine, persönlich interessierende Fragen (Parkplatz, Garderobe, sanitäre Anlagen, Verkehrsmittel, Kantine, Werkbücherei).

Der Vorgesetzte darf dem Mitarbeiter keine Versprechungen machen, die das Unternehmen später nicht einhalten kann. Von Anfang an klare Verhältnisse wirken sich für die weitere Zusammenarbeit vorteilhaft aus.

Die Vorstellung bei den Mitarbeitern und die Einführung am Arbeitsplatz.

Der direkte Vorgesetzte soll den Neuen vor der Einführung am Arbeitsplatz mit den Mitarbeitern bekannt machen, mit denen er später zusammen arbeiten wird. Oft ist es ratsam, einen bewährten, charakterlich geeigneten Mitarbeiter als Paten einzusetzen, der sich in der Einarbeitungszeit besonders um den neuen Mitarbeiter kümmert. An ihn kann sich der Neue jederzeit wenden, ohne immer gleich den Vorgesetzten ansprechen zu müssen. Nach der Vorstellung weist der Vorgesetzte – evtl. im Beisein des Paten – den Neuen in die Arbeit ein. Bei der Unterweisung sollten wir von folgenden Erkenntnissen ausgehen: Der Mensch behält von dem, was er hört 20%
sieht 30%
hört und sieht 50%
selbst tut 90%.

Zuschauen und zuhören allein genügt nicht, um etwas gut zu erlernen. Als systematische Arbeitsunterweisung hat sich folgende in mehrere Stufen gegliederte Methode bewährt:

Stufe 1 Unterweisung vorbereiten
a) Ausbildungsziel festlegen (was soll beherrscht werden?)
b) Vorkenntnisse des Mitarbeiters feststellen
c) Ausbildungsaufgabe in Lerneinheiten zergliedern, die jeweils für sich in einem Zug erlernt werden können (Lernschritte). Dabei ist zu berücksichtigen, daß zu große oder auch zu kleine Lernschritte entmutigen.
d) Befangenheit nehmen (Umgebung, Sinn der Arbeit erklären).

Stufe 2 Erklären und Vormachen
a) Zuerst den **ganzen Arbeitsvorgang zeigen und gleichzeitig** dem neuen Mitarbeiter **erklären, was geschieht.**
Dabei bedeutet „Erklären":
Wo wird die Arbeit getan?
Wie – auf welche Weise?
Womit – mit welchen Hilfsmitteln?
Warum so und nicht anders?
b) Der neu eingestellte Mitarbeiter soll dabei immer wieder auf Unfallgefahren und Sicherheitsvorschriften und -einrichtungen (Berücksichtigung der optischen und akustischen Rufeinrichtung und Benachrichtigungsmittel) hingewiesen werden.
c) Es soll mit einem leichten Lernschritt begonnen werden – der Mut macht. Der Vorgesetzte soll den Lernenden auf Prüfungs- und Kontrollmöglichkeiten hinweisen, an denen er selbst erkennen kann, ob er den Lernschritt oder den gesamten Arbeitsvorgang richtig durchgeführt hat.

Stufe 3 Die Arbeit durch den Mitarbeiter ausführen lassen:
Zuerst jeden Lernschritt, bis er „sitzt", schließlich den gesamten Arbeitsvorgang ausführen lassen. Der Vorgesetzte sollte Kontrollfragen stellen und sich von dem Mitarbeiter erklären lassen, warum er die Arbeit so und nicht auf eine andere Art erledigt. Die Frage: „Ist alles klar?" genügt nicht!

Stufe 4 Einarbeitung abschließen
Dem Mitarbeiter soll schließlich Gelegenheit gegeben werden, selbständig zu arbeiten und Erfahrung zu sammeln. Deshalb sollte der Vorgesetzte in der letzten Phase der Einarbeitung nicht wegen jeder Kleinigkeit einschreiten oder jeden Fehler tragisch nehmen, ohne aber dabei die notwendige Kontrolle zu vernachlässigen.

Einführungsvorträge

Die Geschäftsleitung legt Wert auf eine umfassende Einführung neuer Mitarbeiter. Die Ausbildungsabteilung führt deshalb vierteljährlich ganztägige Vortragsveranstaltungen durch, um neuen Mitarbeitern einen Überblick über die Ge-

schichte, Aufgaben und Organisation unseres Unternehmens sowie über verschiedene Personalfragen zu geben. Ergänzt wird diese Einführungsveranstaltung durch die Besichtigung einer unserer Anlagen. Die Vorträge finden an einem Tag im Betriebsheim Alsterdorf statt. Der Termin für die Veranstaltung wird jeweils rechtzeitig bekanntgegeben.
Die Vorgesetzten werden gebeten, ihre neuen Mitarbeiter für diesen einen Tag zu beurlauben.

Einführungsveranstaltungen können wie folgt ablaufen:

Veranstaltung für neue Mitarbeiter

Ort: Betriebsheim Alsterdorf, Großer Saal
Termin: .... von 8.00–16.00 Uhr

Programm

8.00– 8.15 Uhr	Begrüßung (Zielsetzung des Unternehmens – Was wollen wir? – – Unternehmens-Image) –	**Herr X**
8.15– 9.00 Uhr	Das Unternehmen – Geschichtliche Entwicklung (Tonbildschau) – Wem gehört unser Unternehmen?	**Herr Y**
9.00– 9.10 Uhr	Pause	
9.10– 9.45 Uhr	Personalfragen (Aufgaben der einzelnen Bereiche des Personal- und Sozialwesens – Bedeutung des Gesundheitsdienstes – Aufgaben der Ausbildungsabteilung – Fragen aus dem Tarifvertrag – Führungsgrundsätze – Beurteilungsverfahren – Leistungsgedanke – Leistungsanreiz – Arbeitsbewertung)	**Herr Z**
9.45–10.15 Uhr	Pause	
10.15–11.15 Uhr	Diskussion	
11.15–11.30 Uhr	Pause	
11.30–12.00 Uhr	Aufgaben und Organisation des Betriebsrates	**Herr**
12.00–13.15 Uhr	Mittagspause	
13.15–14.15 Uhr	Diskussion	
ab ca. 15.00 Uhr	Besichtigung a) Verwaltungsgebäude oder **Führung: Herr** b) der Datenverarbeitungsanlage im Verwaltungsgebäude **Führung: Herr**	

15.3. Führungstechniken als Fluktuationsbremsen

15.3.1. Führungsgrundsätze

Mit Führungsgrundsätzen soll eine klare Abgrenzung der Kompetenzen und der Verantwortung der Mitarbeiter und Vorgesetzten erreicht werden. Damit sollen, – das ist ein Hauptziel – eine größere Befriedigung des Einzelnen an seiner Arbeit und eine höhere Produktivität des Unternehmens erreicht werden. Eine größere Befriedigung trägt selbstverständlich dazu bei, die Fluktuation zu bremsen. Mit Führungsgrundsätzen soll ein für jeden verbindlicher Rahmen dargestellt werden.
Im Vorwort zu den Führungsgrundsätzen der Hamburgischen Electricitätswerke AG heißt es dazu: „das heißt nun nicht, daß die Führungsgrundsätze unser menschliches Zusammenleben im Betrieb normen sollen. Der programmierte Vorgesetzte oder Mitarbeiter ist in keiner Weise das Ziel. Alle Menschen sind verschieden. Es gibt die unterschiedlichsten Formen, miteinander umzugehen, und das ist gut so! Jeder hat einen eigenen Stil, seinen Charakter, seine Persönlichkeit. Daran drehen zu wollen wäre menschlich nicht zu verantworten. Eine überzeugende Handlungsweise muß in Einklang mit der Grundnatur des Handelnden stehen. An buchstabengläubigen exerzierten Verhaltensprogrammen haben wir keinen Bedarf. Aber es muß Grundregeln für das menschlische Zusammenleben im Betrieb geben, die jeder achtet.
Jeder muß die Fehler erkennen, die auf keinen Fall gemacht werden dürfen, weil sie in die Rechte anderer eingreifen, und um diese Rechte geht es, um Rechte und Pflichten der Mitarbeiter in einer demokratischen Gesellschaft freier, mündiger und selbständiger Menschen."*
Führungsgrundsätze sollen kein Patentrezept für die Lösung menschlicher Konflikte sein, kein Aktionsplan, nach dem Vorgesetzte ihr Führungsprogramm Punkt für Punkt erledigen können.
Vielmehr sind sie der Rahmen für selbständiges, persönliches gepflegtes Handeln. Deshalb ist auch das Prinzip ‚Fördern durch Fordern', das viele positive Auswirkungen auf die Entwicklung des Einzelnen hat, kein Grundsatz, der unabdingbar ist.
Der Vorgesetzte muß sich in jedem Fall auf die Individualität und die Möglichkeit seines Mitarbeiters einstellen. Mit dem Führungssystem soll erreicht werden, jedem Mitarbeiter einen festumrissenen Aufgabenbereich zu sichern, in dem er selbständig handeln und verantwortlich arbeiten kann. Es gibt heute keinen Chef mehr, der alles besser weiß. Der Vorgesetzte von heute muß in Teamarbeit mit den Mitarbeitern ein gemeinsames Ergebnis erzielen. Allein kann er es nicht erreichen. Deshalb muß er seine Mitarbeiter fördern, muß ihnen Möglichkeiten zur Entfaltung geben und ihre Leistungen anerkennen.
Die Ablösung der autoritäteren Führung durch eine mehr kooperative, die zwangsläufig durch die Entwicklung unserer Wirtschaft und der gesellschaftlichen Verhältnisse eingetreten ist, wird nicht immer reibungslos funktionieren. Stellenbeschreibungen und verbindliche Führungsgrundsätze sollen daher ge-

---

* Veröffentlicht in Zander/Grabner/Knebel/Pillat, Führungssysteme in der Praxis, Heidelberg 1972; siehe auch: Höhn, R., Stellenbeschreibung und Führungsanweisung, Bad Harzburg 1971.

währleisten, den angestrebten neuen Führungsstil, der allein der heutigen Zeit entspricht, im ganzen Unternehmen einheitlich zu praktizieren. Das soll nicht heißen, von heute auf morgen müsse eine totale Umstellung erfolgen. Grundsätzliche Änderungen benötigen ihre Zeit.
Führungsgrundsätze sollen auf die jeweiligen Unternehmen zugeschnitten sein. Es wäre unsinnig, gute Prinzipien einfach über Bord zu werfen und fertige Systeme zu übernehmen.
Führungsgrundsätze sollen also nicht bisheriges betriebliches Recht brechen, sondern müssen es ergänzen.
Auszugsweise seien einige Passagen aus Führungsgrundsätzen wiedergegeben: „Das Verhalten und die Leistung der Führungskräfte sind für den betrieblichen Erfolg und die Einsatzfreude der Mitarbeiter von entscheidender Bedeutung. Sie haben deshalb besondere Verpflichtungen.

Der Vorgesetzte muß:

. . .

– Aufgaben und Kompetenzen so weit wie möglich delegieren, sie in der Stellenbeschreibung festlegen und die Mitarbeiter im Rahmen ihrer Stellenbeschreibung selbst handeln und entscheiden lassen. Dadurch fördert er das Mitdenken, das Handeln und die Verantwortungsbereitschaft seiner Mitarbeiter.
– Vor seiner Entscheidung den Rat seiner Mitarbeiter hören.
– Seine Mitarbeiter leistungsgerecht entlohnen und ihren Fähigkeiten entsprechend einsetzen. Dazu gehört, daß er sie für Aufstiegsmöglichkeiten auch außerhalb des eigenen Bereiches vorschlägt. Er soll ihre Weiterbildung anregen und ihre innerbetriebliche Mobilität unterstützen.
– Seine Mitarbeiter zu einer leistungsorientierten Einstellung und Handlungsweise anhalten. Er soll seinen Mitarbeitern Ziele setzen und ihnen helfen, diese Ziele zu erreichen.
– Seine Mitarbeiter umfassend und regelmäßig informieren. Konstruktive Kritik der Mitarbeiter soll er nicht unterdrücken, sondern besonders anerkennen. . . .
– Alle Gelegenheiten nutzen, die Mitarbeiter über ihren Leistungsstand zu unterrichten. Dazu dienen Anerkennungs- und Kritikgespräche, sowie schriftliche Beurteilungen.
– Hiernach wird in genauso klarer Form über die Pflichten der Mitarbeiter berichtet.

Der Vorgesetzte muß:

. . .

– Vor der Beschreibung einer Stelle in Zusammenarbeit mit den betreffenden Mitarbeitern und zuständigen Fachbereichen prüfen, wer den Arbeitsablauf in diesem oder angrenzenden Bereich verbessern kann.
– . . . Mitarbeiter, die den in der Stellenbeschreibung dargelegten Anforderungen noch nicht voll gewachsen sind, z. B. in Einarbeitungszeit, planmäßig auf die Übernahme der vollen Verantwortung zum vorgesehenen Zeitpunkt vorbereiten.

. . .

Die Informationspflichten des Vorgesetzten werden wie folgt beschrieben:

. . . Der Vorgesetzte muß
seine Mitarbeiter systematisch, umfassend und gezielt über alles informieren, was sie wissen müssen um in ihrem Bereich sachgerecht und zielgerecht handeln und entscheiden zu können. Für die Information seiner Mitarbeiter wird dem Vorgesetzten empfohlen, einen Informationskatalog oder Rahmen aufzustellen, in dem er die verschiedenen Gebiete festhält, über die seine Mitarbeiter informiert werden müssen.
. . . Durch Herausgabe von Informationsmitteln wie Werkzeitschrift, Handbücher, Fibeln, Kurzdienst wird die allgemeine Information erleichtert.

Querinformation
Fast jeder Mitarbeiter benötigt für seine Arbeit auch Informationen aus anderen Bereichen. Solche Informationen müssen den anfordernden Bereichen bereitwillig gegeben werden und können auch ohne Einhaltung des Dienstweges ausgetauscht werden; sie können in Form der Querinformation unmittelbar von Stelle zu Stelle, unabhängig von der Rangstufe eingeholt werden. Art und Umfang sich wiederholender Querinformationen können ebenfalls in einem Informationskatalog aufgenommen werden.

Anerkennung
Der Vorgesetzte muß gute Arbeit anerkennen. Der Mitarbeiter findet darin eine Selbstbestätigung, die ihn zu weiteren guten Leistungen anregt. Sie können unter anderem durch Leistungszulagen und Beförderung anerkannt werden.

Kritik
Der Vorgesetzte muß bei Fehlern und Mängeln in fachlicher und führungsmäßiger Hinsicht Kritik üben. Vor der Kritik soll er aber den Tatbestand so weit wie möglich klären. Er muß die Kritik begründen und den Mitarbeiter zu einer Stellungnahme veranlassen. Kritik soll nicht persönlich verletzend sein. Kritik darf also keiner Bestrafung gleichen; sie soll dem Mitarbeiter vielmehr die Fehler zu erkennen geben und ihm die Wege aufzeigen, die sein Verhalten und seine Leistung in Zukunft verbessern können. Der Vorgesetzte darf persönliche Kritik nur unter vier Augen üben.
In den Führungsgrundsätzen der HEW wird unter dem Punkt Stellenbeschreibung auch auf die analytische Arbeitsbewertung hingewiesen. Mit ihr soll eine gerechtere Entlohnung gewährleistet werden. Es ist klar, eine 100%ige Gerechtigkeit kann nie erreicht werden. Trotzdem müssen immer wieder neue Wege beschritten werden, um diesem Ziel näherzukommen.

15.3.2. Arbeitsbewertung

In den herkömmlichen Tarifverträgen wird die Entlohnung überwiegend bei gewerblichen Arbeitnehmern nach Ausbildung oder Leistung, bei Angestellten meistens nach Ausbildung, Betriebszugehörigkeit oder Lebensjahren festgesetzt. Kaum berücksichtigt dagegen werden körperliche und geistige Belastung sowie Verantwortung. Die Verrichtung von Arbeit im Rahmen des betrieblichen Leistungsvollzuges stellt also an den Menschen eine Reihe verschiedener Anforderungen, die in ihrer Gesamtheit unter dem Begriff der Arbeitsschwierigkeit zusammengefaßt werden.

Es muß daher die Möglichkeit geschaffen werden, diese Schwierigkeit zu erfassen und zahlenmäßig auszudrücken. Damit kann eine Differenzierung der verschiedenen Tätigkeiten erfolgen, die ausschließlich durch die Höhe des jeweils benötigten Einsatzes von körperlichen, geistigen und seelischen Kräften bestimmt wird. Der Hauptvorteil der Arbeitbewertung liegt in der gerechten Entlohnung der Mitarbeiter.

Viele Mitarbeiter werden damit zufriedener. Auf folgende Nebenerscheinungen sei nur kurz hingewiesen. Durch systematisches Erfassen in Stellenbeschreibungen, den damit verbundenen Analysen werden Doppelarbeiten und unrationelle Arbeitsmethoden sichtbar (siehe Personalplanung). Auch die Bildung von Rangstufen wird erleichtert, die von Mitarbeitern gewünscht werden. Sie legen großen Wert auf Differenzierung, und sie wünschen auch zu sehen, welche Aufstiegsmöglichkeiten sich ihnen bieten. Diesen Forderungen kommt die Arbeitsbewertung entgegen. Mit ihrer Hilfe lassen sich Organisations- und Rangstufen sinnvoll aufbauen und vor allem dann anschaulich darstellen, wenn sich ein Arbeitsplatz von einem anderen nennenswert unterscheidet.

Arbeitsbewertung erfaßt die objektiven Unterschiede in den Arbeitsschwierigkeiten, die aufgrund der verschiedenen Anforderungen an den einzelnen Arbeitsplätzen oder bei Arbeitsvorgängen entstehen und von den Mitarbeitern auch bei einer normalen Leistung überwunden werden müssen.

Die Auswirkung der Arbeitsbewertung ist sehr unterschiedlich. Neben der bereits erwähnten besseren Transparenz der Unternehmensorganisation werden auch die Personalplanung und Einsatz, sowie die Aufstiegsmöglichkeiten verbessert. Natürlich ist es das Hauptziel einer Arbeitsbewertung, eine möglichst gerechte Relation der einzelnen Löhne und Gehälter zueinander zu finden. Eine sehr wichtige Nebenwirkung ist jedoch auch das Durchleuchten des Betriebes. Beim Beschreiben der Arbeitsplätze zeigt sich, daß theoretische Organisationspläne mit der praktischen Arbeit sehr oft nicht übereinstimmen.

Durch die Arbeitsbewertung ergibt sich automatisch ein Stellenbesetzungsplan, der das ganze Unternehmen durchleuchtet. Die Zusammenfassung der Arbeit zeigt dann die wirkliche Aufgabe der Abteilung.

Fehleinsatz der Mitarbeiter und Fehlleistung der Aufgaben können dabei korrigiert werden. Der Arbeitsablauf innerhalb der Bereiche und auch zwischen den einzelnen Abteilungen läßt sich aufgrund der tatsächlichen Situation verbessern. Die Arbeitsbewertung hebt auch einseitige Überlastung auf und trägt dazu bei, arbeitshindernde Einflüsse und Gefahren auszuschalten.

Eine konsequent durchgeführte analytische Arbeitsbewertung gibt einen Überblick über die Aufgaben im ganzen Unternehmen, wie er sonst kaum möglich wäre. Der Überblick hilft aber nur, wenn entsprechende Folgerungen daraus gezogen, Doppelarbeit beseitigt und nicht sinnvolle Tätigkeiten aufgegeben werden. Die Arbeitsbewertung ist nicht nur für den Personaleinsatz wichtig. Sie spielt auch eine Rolle bei einer gezielten Unfallverhütung. Der tatsächliche Überblick ist auch zugleich die Dispositionsgrundlage für den Personalbedarf. Eine Personalplanung, wie sie heute für richtig erkannt wird, läßt sich mit einer Arbeitsbewertung leichter praktizieren. Eine aufgegliederte Personalplanung kann durch die Arbeitsbewertung sehr vereinfacht werden. Unter den Rubriken zusätzliche Einstellung, Ersatzeinstellungen oder Einsparung brauchen dann für

die einzelnen Bereiche nur die Bewertungskennziffern eingetragen zu werden. Dadurch ist für alle eine genauere und leicht zu erstellende Übersicht gegeben.
Aus der Arbeitsbewertung, insbesondere aus dem Merkmal geistiger Anforderung oder geistiger Voraussetzung und Ausbildung ergibt sich, welche Voraussetzungen an den neuen Mitarbeiter bei der Besetzung eines Aufgabengebietes gestellt werden.
Die Arbeitsbewertung trägt dazu bei, einen Mitarbeiter, der neu auf den beschriebenen Platz kommt, einerseits nicht zu überfordern und andererseits nicht zu hoch auszubilden.
Man wird also, wenn eine Meisterprüfung vorausgesetzt wird, weder einen Ingenieur noch einen Gesellen auf diesen Platz setzen.
Dem theoretischen Ziel „der richtige Mann an den richtigen Platz" wird man durch eine Arbeitsbewertung eher näherkommen als mit irgendwelchen anderen Mitteln.
Bei der Eignungsuntersuchung kann die Arbeitsbewertung wertvolle Hinweise geben.
Durch die genaue Abstimmung der für einen Arbeitsplatz notwendigen Ausbildung kann relativ einfach erreicht werden, die Mitarbeiter entsprechend ihrer Vorbildung einzusetzen. Das ist in der Form herkömmlicher Lohn- und Gehaltsgruppierungen selten möglich. Durch die genaue Beschreibung der vorausgesetzten geistigen Fähigkeiten und – damit eingeschlossen – der abgelegten Ausbildung oder Zusatzausbildung, können Fehlbesetzungen weitgehend ausgeschaltet werden.
Die meisten Mitarbeiter fühlen sich richtig eingesetzt, da sie aufgrund der Merkmale Vergleiche anstellen können.
Vom Unterweisen neuer Betriebsangehöriger bis zur Weiterbildung der bewährten Kräfte spannt sich das Gebiet, auf dem eine Arbeitsbewertung für die Mitarbeiter nützlich sein kann.
In einzelnen Unternehmen sind weitere Möglichkeiten genutzt worden, um anderen betriebspolitische Ziele zu erreichen. So hat man z. B. die Unfallverhütung in der Bewertung berücksichtigt und damit die Vorgesetzten besonders auf diese Pflicht hingewiesen, die natürlich durch die Arbeitsbewertung noch eine positive finanzielle Auswirkung zeigt.
Erst aufgrund einer Arbeitsbewertung läßt sich die eigene Betriebsorganisation und der Betriebsablauf mit anderen Unternehmen vergleichen, sofern sie ebenfalls eine Arbeitsbewertung praktizieren. So bietet eine Arbeitsbewertung zugleich eine Grundlage für Kennzahlen und andere Maßstäbe, die unternehmenspolitische Entscheidungen oft stark beeinflussen können.*
Die verschiedenen Meinungen und Urteile zur Arbeitsbewertung, die in den einschlägigen Publikationen dargestellt werden, lassen den Schluß zu, daß diesem Verfahren eine weitere Entwicklung vorausgesagt werden kann. Ein noch so ausgefeiltes System kann aber nur dann funktionieren, wenn Offenheit und guter Wille auf beiden Seiten vorhanden ist.

---

* Ausf. Zander, Handbuch der Gehaltsfestsetzung 3. Auflage, Heidelberg 1972; vgl. auch Zander, Arbeiter = Angestellte, Freiburg i. Br. 1973, sowie Pillat, Arbeitsbewertung in dezentralisierten Großunternehmen in Arbeit und Leistung, Heft 7/8 1968.

15.3.3. Mitarbeiterbeurteilung

Innerhalb der Personalführung nimmt das Beurteilungswesen eine wichtige Stelle ein. Das Beurteilen des täglichen Lebens ist schon eine Selbstverständlichkeit geworden. Im Hinblick auf die Mitarbeiter war und ist dies jedoch noch immer nicht der Fall.

Oftmals wird noch der Standpunkt vertreten, beurteilen vergeude nur Zeit. Entweder die Mitarbeiter seien gut, oder sie müßten gehen. Durch derartige Schwarz-Weißmalerei kann eine positive Personalarbeit nicht ermöglicht werden.

Der Erfolg eines Betriebes wird entscheidend durch die Auslese, Bewertung, Förderung und den Einsatz der Mitarbeiter bestimmt. Alle Entscheidungen, die für den weiteren Werdegang eines Mitarbeiters wichtig sind, werden von einem Urteil beeinflußt. Deshalb muß ein systematisches Beurteilungswesen vorhanden sein, um Willkür und Zufälle weitgehend auszuschalten.

Die Beurteilungsmerkmale müssen so gewählt sein, daß sie ein abgerundetes Bild vom Mitarbeiter wiedergeben. Wichtig ist auch, daß eine Beurteilung eröffnet wird, damit der Mitarbeiter erfährt, wo gute Leistungen sind, wo er noch Schwächen hat und wie er sie beseitigen kann. Der Mitarbeiter weiß also, woran er ist.

Dann macht er sich auch keine falschen Vorstellungen.

Eine regelmäßige Beurteilung gibt dem Mitarbeiter die Sicherheit, daß ihm bei zeitweiligem Nachlassen der Leistung seine früheren Verdienste anerkannt werden. Der Mitarbeiter sucht ja in erster Linie Gerechtigkeit. Natürlich wird es eine absolute Gerechtigkeit nie geben. Das befreit uns aber nicht von der Notwendigkeit zu versuchen, sie immer wieder anzustreben. Mit einem systematischen Beurteilungswesen kommt man diesem Ziel schon bedeutend näher.

Der als B/6 darstellte Beurteilungsbogen dient als Beispiel für eine verbale Beurteilung. In der abschließenden Spalte muß etwas über eine weitere Einsatzmöglichkeit gesagt werden.

In diesem Zusammenhang sei kurz auf die Leistungsbewertung hingewiesen. Mit ihrer Hilfe soll aufbauend auf einer analytischen Arbeitsbewertung die individuelle Leistung eines Arbeitsplatzinhabers honoriert werden.

Hierbei sind im Gegensatz zur verbalen Beurteilung Abstufungen durch eine Beschreibung festgelegt und mit einer Punktsumme versehen. In zahlreichen Unternehmen wird die Leistungsbewertung auch als Förderungsmittel angesehen. Erreicht beispielsweise bei einer maximalen Punktvergabe von 15 Punkten ein Mitarbeiter 13 P. und mehr, so muß die Fachabteilung versuchen, einen höherwertigen Platz zu finden oder aber es wird von der Personalabteilung eine andere Position für ihn gesucht.*

Die Leistungsbeurteilungen und Ergebnisse der Leistungsbewertung sollen nun nicht in der Personalakte verschwinden, sondern müssen vor der Ablage intensiv ausgewertet werden. Es braucht hier nicht extra darauf hingewiesen zu werden, daß die Personalakte für eine optimale Personalbetreuung und -förderung unbe-

---

* Ausf. dazu Zander, E. unter Mitarbeit von R. Pillat, Fernkurs für Beurteilung und Leistungsbewertung, Akademie für Fernstudium, Bad Harzburg.

dingt erforderlich ist. Denn nicht selten entscheiden sich persönliche und berufliche Schicksale aus der Art der Personalaktenführung.
Der Arbeitgeber kann daraus den Werdegang, die Verwendungsmöglichkeit, Vorzüge und Schwächen, Leistungsfähigkeit, Begabung und Charakter ersehen. Dann ist es ihm möglich, rechtzeitig und optimal den Einsatz des Mitarbeiters zu planen und zu ermöglichen. Ein weiterer Zweck ergibt sich aus der Interessenlage des Mitarbeiters. Er hat Vertrauen darauf, daß alle ihn betreffenden Vorgänge zu den Personalakten kommen und dort bleiben. Er hat die Sicherheit, daß alle positiven Vorgänge seine Entwicklungschancen verbessern. Aus der vollständigen Personalakte ist das Persönlichkeitsbild des Mitarbeiters nach einer gewissen Zeit gut zu erkennen, da sich im Laufe der Zeit verschiedene Beurteilungen und andere Unterlagen angesammelt haben.

15.4. Förderung des Führungsnachwuchses

Unter Förderung sollen hier alle Maßnahmen verstanden werden, die darauf abzielen, vorhandene Führungsbegabungen durch planvolle Aus- und Weiterbildungsmaßnahmen zur rechten Zeit und an der richtigen Stelle auszuschöpfen. Die Förderung der Führungskräfte kann nur dann erfolgversprechend sein, wenn neben der Sicherstellung des betrieblichen Bedarfs auch die wohlbegründeten Interessen und Hoffnungen der Mitarbeiter berücksichtigt werden.
Bei der Vorbereitung und Durchführung der Förderung des Führungsnachwuchses sind vor allem bestimmte Voraussetzungen zu erfüllen. Da ist einmal die Personalplanung, mit der der qualitative und quantitative Bedarf an Führungskräften ermittelt und im Hinblick auf die vorhandene Qualifikation analysiert wird.
Schließlich sollten die Vorstellungen der Mitarbeiter erfragt werden, um bei Förderungsmaßnahmen darauf Rücksicht nehmen zu können.
Der Erfolg eines Programms zur Förderung des Führungsnachwuchses hängt auch davon ab, ob die Maßnahmen mit den Vorstellungen der Betroffenen abgestimmt werden. Die Bedürfnisse der Mitarbeiter nach dem persönlichen Erfolgserlebnis und der Entfaltung ihrer beruflichen Fähigkeiten müssen erkannt und in geeigneter Weise berücksichtigt werden. Ein Förderungsprogramm wird den Vorstellungen der Mitarbeiter entgegenkommen, wenn der Nutzen einzelner Maßnahmen für sie sichtbar gemacht wird. Geschieht das nicht, so entfällt ein entscheidender Faktor zur Stärkung der Ausbildungsbereitschaft. Um spätere Enttäuschungen zu vermeiden, sind die zu fördernden Mitarbeiter nach ihren Wünschen zu befragen. Das ist schon deshalb ratsam, weil in vielen Fällen individuell abgestimmte Fördermaßnahmen unerläßlich sind. Es dürfte beispielsweise nicht den Wünschen der Mitarbeiter entsprechen, wenn die Förderungsmaßnahmen ausschließlich oder überwiegend in die Freizeit verlegt werden.
Um einen Erfolg in der Ausbildung von Führungskräften zu erzielen, ist vor allem eine richtige Auswahl von geeigneten Nachwuchskräften erforderlich. Bei einer zielgerichteten Auswahl der Mitarbeiter, die künftig Führungspositionen übernehmen sollen, ist eine Klärung über die Anforderungen, die an die Führungskräfte gestellt werden, erforderlich.

Natürlich ist eine Aufstellung eines einheitlichen Anforderungskatalogs für alle Führungskräfte nicht möglich, da die Ansprüche auf den verschiedenen Führungsebenen zu unterschiedlich sind. Trotzdem wird immer wieder versucht, Grundanforderungen an künftige Führungskräfte zu entwickeln. Zu den Grundanforderungen können beispielsweise a) Entscheidungsfreudigkeit, b) klares Urteil und Unterscheidungsvermögen, c) geistige Beweglichkeit, d) Verantwortungsbereitschaft, e) Fähigkeit zur Kombination und Koordination, f) sowie Durchsetzungsvermögen und g) Belastbarkeit gezählt werden.
Selbstverständlich wird ein fundiertes Fachwissen als selbstverständlich vorausgesetzt.
Abgesehen davon, daß über die wünschenswerten Eigenschaften der Führungskräfte sehr unterschiedliche Vorstellungen bestehen, ist ein Katalog für die Entscheidungshilfe nur in beschränktem Rahmen verwendbar. Ein Katalog kann beispielsweise keine Hinweise darauf geben, ob alle Eigenschaften vorhanden sein müssen.

15.4.1. Auswahl

Bei der Auswahl von Nachwuchskräften für Führungspositionen wird häufig bei der Abstimmung über die Eignung nicht auf das Vorhandensein bestimmter Eigenschaften der Bewerber Wert gelegt, sondern nur auf deren Leistung. Hierzu ist jedoch eine objektive und gerechte Beurteilung mit Hilfe festgelegter Kriterien möglich.
An die zu beurteilenden Vorgesetzten werden darüber hinaus hohe Anforderungen gestellt. Wichtig ist dabei, besonders die Leistungsmöglichkeit des Mitarbeiters zu messen; daneben soll die Leistungsentwicklung genau beobachtet werden.
Die besondere Verantwortung des Vorgesetzten liegt darin, daß die von ihm abgegebene Beurteilung eine wesentliche Hilfe bei der Auswahl geeigneter Mitarbeiter ist. Auch wenn den Vorgesetzten klare Beurteilungskriterien zur Verfügung gestellt werden, fühlen sie sich häufig überfordert und scheuen sich zu entscheiden, ob jemand gefördert werden soll oder nicht.
Da die planmäßige und zuverlässige Leistungsbeurteilung der Mitarbeiter vorab auch während der Förderungsmaßnahmen durchgeführt werden muß, sind die Vorgesetzten deshalb daraufhin besonders zu schulen. Außerdem sollte ein möglichst einfaches Beurteilungsschema verwendet werden, das von den Vorgesetzten ohne große psychologische Vorkenntnisse angewendet werden kann. Gleichzeitig ist aber auch sicherzustellen, daß die Beurteilung aussagefähig bleibt und der beurteilende Vorgesetzte zur Objektivität angehalten wird.
Neben der unerläßlichen Pflicht zur Leistungsbeurteilung sollten die Vorgesetzten auch darauf hingewiesen werden, daß die Entwicklung und Förderung der Mitarbeiter ein wichtiger Bestandteil der Führungsaufgabe sind. Deshalb muß auch den Vorgesetzten entschieden entgegengetreten werden, die fähige Mitarbeiter im eigenen Bereich zu halten versuchen und sie nicht für Führungsmaßnahmen vorschlagen. Trotzdem sollten aber auch Mitarbeiter, die sich in ihrer bisherigen Tätigkeit besonders bewährt haben, nicht ohne weitere Überprüfung für Führungspositionen empfohlen werden. Bewährung in der derzeiti-

gen Position kann ein Beweis dafür sein, daß der Betreffende für eine höherwertige Tätigkeit nicht geeignet ist.
In der betrieblichen Praxis ist es häufig schon so, daß geeignete Mitarbeiter durch angemessene Ausleseverfahren und verantwortungsbewußte Vorgesetzte rechtzeitig ausgewählt werden. Trotzdem wird es immer Mitarbeiter geben, die plötzlich Fähigkeiten zeigen und Begabungen entwickeln, von denen ihre bisherigen Leistungen nichts ahnen ließen.
Die Eingliederung dieses Personenkreises in ein Förderungsprogramm wirft besondere Probleme auf. Einerseits sollte daran gedacht werden, daß die Nichtbeachtung der Wünsche der Betroffenen dazu führen kann, daß aus diesen enttäuschte, unausgeglichene und wenig leistungsfähige Mitarbeiter werden. Andererseits sollte aber auch geprüft werden, ob es sinnvoll ist, wenn sich unter der Belegschaft die Vorstellung ausbreitet, daß ein langsamer Start gleichbedeutend mit einer lebenslänglichen Verurteilung zu Routineaufgaben in den unteren Stufen der Betriebsführung ist.
Deshalb muß verhindert werden, daß ein „Schema" diesen Personen die Aufstiegsmöglichkeiten auf Führungspositionen erschwert, wenn nicht sogar unmöglich macht. Gerade diese Mitarbeiter erfordern eine verstärkte individuelle Beratung und Betreuung während der Gesamtzeit der Förderung.
Die Notwendigkeit, für diese Mitarbeiter besondere Maßnahmen zu ergreifen, wird teilweise noch bezweifelt. Hier wird der Hinweis gegeben, daß Persönlichkeiten, die über überragende Fach- und Führungseigenschaften verfügen, ihren Weg nach oben auch ohne Förderungsmaßnahmen finden. Von Experten wird jedoch darauf hingewiesen, daß es sich bei dieser Gruppe häufig um bescheidene Menschen handelt, die ihre Fähigkeiten eher unterschätzen. Es ist daher eine betriebliche Aufgabe, diese Menschen in ihrem Urteil zu stärken.

15.4.2. Fach- und *Führungsausbildung*

Bei Förderungsmaßnahmen ist zwischen Fach- und Führungsausbildung zu unterscheiden.
Die Fachausbildung soll die fachliche Qualifikation der zukünftigen Führungskraft anheben; die Führungsausbildung soll einmal das Führungsverhalten verbessern, Führungsmethoden vermitteln und den Überblick über das Unternehmen ermöglichen. Das Schwergewicht eines Programmes zur Förderung des Führungsnachwuchses muß eindeutig auf der Vermittlung von Führungswissen liegen, denn die größeren Mängel, vor allen Dingen bei Spezialisten, sind in der Allgemeinbildung und in den Führungsqualitäten zu finden.
Auch wird die Auffassung vertreten, daß sich bei entsprechender Förderung des Fachwissens die anderen Führungsfähigkeiten von selbst entwickeln. Diese Ansicht ist falsch, denn die Fähigkeit zum Führen ist und bleibt ein Merkmal der Gesamtpersönlichkeit. Sie steht mit der Fachausbildung in keinem Zusammenhang.
Auch die Auffassung, zur Führungskraft würde man geboren, und jede Schulung sei sinnlos, ist unrichtig. Hierzu ist festzustellen, daß wohl eine Anlage zum Führen erforderlich ist; im übrigen aber diese Anlage eines Menschen entwickelt und gefördert werden kann.

Bei der Ausbildung von Nachwuchskräften für die unteren Führungspositionen spielt das Fachwissen eine größere Rolle. Aber selbst für untere Führungsebenen muß die Ausbildung darauf ausgerichtet sein, eine gewisse Weite des Blickfeldes zu erreichen.
Ein Ermitteln des genauen Verhältnisses von Führungswissen und Fachwissen ist bei der Erstellung eines Programms erforderlich. Es könnte sonst am Ende ein Mißerfolg bei der Durchführung des Förderungsprogrammes entstehen, da nicht Führungskräfte, sondern funktionelle Spezialisten ausgebildet worden sind.
Es ist also eine Entscheidung herbeizuführen, ob Nachwuchskräfte für eine bestimmte Führungsposition ausgebildet werden sollen oder ob ein Kreis der Führungsanwärter geschaffen werden soll, aus dem bei Bedarf die Nachwuchskraft ausgewählt wird.
In kleineren Unternehmen ist es unvermeidlich, Mitarbeiter auf eine Zielposition hin zu fördern. Für größere Unternehmen ist das Schaffen eines Reservoirs geeigneter Führungskräfte für die verschiedenen Führungsebenen vorzuziehen, Ersatz für ganz bestimmte Positionen auszubilden.

Das Ausrichten der Führungsmaßnahmen auf eine bestimmte Position hin kommt einem Karriereversprechen gleich. In einer solchen Zusage ergeben sich dann für das Unternehmen vor allen Dingen die Nachteile, daß der Betroffene sich in seiner persönlichen Entwicklung sicher fühlt und sich fachlich frühzeitig auf die künftige Führungsposition einstellt. Außerdem hält er es nicht mehr für notwendig, zusätzliche Leistungen zu erbringen.
Die sich wandelnden Anforderungen in den Unternehmen machen kurzfristige organisatorische Änderungen notwendig, die personelle Konsequenzen haben. Langfristige Stellenplanüberlegungen werden daher oft hinfällig und Zusagen können nicht eingehalten werden. Weiterhin ist es möglich, daß der Kandidat kurzfristig vor der Übernahme der für ihn vorgesehenen Position ausscheidet. Aus psychologischen und wirtschaftlichen Gründen kann aber vorher nicht mit seinen Mitarbeitern das gleiche Aufstiegsziel abgesprochen werden.
Gute Nachwuchskräfte, mit denen keine Laufbahnen so frühzeitig abgesprochen werden konnten, weil freie Stellen nicht vorhanden waren, fühlen sich dann benachteiligt und kündigen.
Schließlich hemmt eingeschränkte Konkurrenz die Leistung der Förderungswürdigen und verleitet zum Anstreben der „Ochsentour". „Die Neubesetzung von Führungspositionen wird daher besser relativ kurzfristig aus dem Kreis der Nachwuchskräfte entschieden."*

Die Auswahl zunächst nur für den Kreis der Führungsanwärter hat den Nachteil, daß nur unter den Betroffenen eine gewisse Ungewißheit aufkommen kann, da sie erst recht spät über ihre zukünftigen Führungspositionen informiert werden. Der daraus entstehenden Gefahr der Abwanderung kann dadurch entgegengetreten werden, daß dem Mitarbeiter eindeutig gesagt wird, er gehöre dem Kreis der Führungsanwärter an, es könne ihm aber aus den genannten Gründen keine Zusage einer bestimmten Position gemacht werden.

---

* Knebel, H., Aufbau und Durchführung einer betriebsbezogenen Nachwuchsplanung für das untere und mittlere Management in Arbeit und Leistung, Heft 1/70.

Jedes Förderungsprogramm unterstreicht die Bedeutung der Praxis. Nur durch das allmähliche Sammeln von Arbeitserfahrungen in der richtigen Art und Reihenfolge unter den richtigen Vorgesetzten kann der Einzelne die Voraussetzungen für die spätere Ausübung seiner Führungsposition erwerben. Die Meinung über die Art und Weise, in der sich die künftige Führungskraft bewähren sollte, ist sehr unterschiedlich. Planmäßiger Arbeitsplatzwechsel ist nur dann eine erfolgversprechende Möglichkeit, wenn die ausgewählten Arbeitsplätze Chancen bieten, die Anforderungen, die an die Führungskräfte gestellt werden, dort zu erlernen und anzuwenden. Auch die Assistententätigkeit ist für die Bewährung von Nachwuchskräften für Führungspositionen nicht immer geeignet. Häufig werden vom Assistenten nur untergeordnete Tätigkeiten verlangt. An den eigentlichen Führungsaufgaben ist er nicht beteiligt.
Ein Vorteil ist dabei jedoch der persönliche Kontakt zur Führungskraft. Damit hat der Assistent die Möglichkeit, durch ihr Vorbild zu lernen. Häufig wird auch die Auffassung vertreten, daß die internen Revisionsabteilungen gute Ausbildungsstätten für den Führungsnachwuchs darstellen. Diese Meinung ist aber nur zum Teil richtig. Die ständig neue Aufgabenstellung erfordert schnelle Auffassungsgabe, geistige Beweglichkeit und die Fähigkeit zur Kombination und Koordination. Außerdem gewinnt der Führungsnachwuchs in dieser Position Einsicht in die Praktiken des Gesamtunternehmens.

Von Nachteil ist aber, daß die zukünftige Führungskraft in der praktischen Tätigkeit als Revisor keine Erfahrungen in der Führung von Personal und der Übernahme der Verantwortung für getroffene Entscheidungen sammeln kann.
Hieraus dürfte klar erkennbar sein, daß die Möglichkeit, Führungsverhalten vor Übernahme der Führungsposition in der betrieblichen Praxis zu erlernen, nur begrenzt vorhanden ist.

Für einen erfolgreichen Abschluß eines Förderungsprogrammes sind jedoch noch andere Punkte zu beachten. Für ein Unternehmen ist es nicht sinnvoll, geeignete Führungskräfte für Führungspositionen heranzubilden, die entweder schon in einer Zeit der Ausbildung oder kurze Zeit danach kündigen, um zu einem anderen Unternehmen zu gehen. Dieser Gefahr muß durch geeignete Maßnahmen begegnet werden. Daher ist jedes Förderungsprogramm durch eine Gehaltspolitik zu ergänzen, die es ermöglicht, schon während der Ausbildungszeit das Gehalt dem steigenden Wissen anzupassen. Selbstverständlich wollen auch Nachwuchskräfte mit zunehmender Verantwortung auch eine entsprechende Vergütung erhalten. Sie orientieren sich auch, was Konkurrenzunternehmen tun.
Daneben muß das Förderungsprogramm durch eine vorbildliche Informationspolitik unterstützt werden. Die Mitarbeiter müssen ständig und ausreichend über alle Fragen, die ihren Aufstieg betreffen, unterrichtet werden. Es reicht nicht aus, allgemeine Richtlinien über die Aufstiegsmöglichkeiten zu veröffentlichen.
Die ausgebildete Führungskraft will schließlich die erlernten Führungsmethoden auch anwenden. Das ist selbstverständlich wiederum nur dann möglich, wenn ein zeitgemäßer Führungsstil praktiziert wird. Ist das nämlich nicht der Fall, dürfte es nicht leicht sein, die Führungskraft auf die Dauer zufriedenzustellen,

auch deshalb, weil „noch bessere Möglichkeiten zum derzeitigen Stellenwechsel ... die Intelligenz unabhängiger, wählerischer und empfindlicher gegen nicht sachbezogene Beurteilungs- und Organisationskriterien" macht.*
Alle Förderungsmaßnahmen sind auf eine dauernde Veränderung des Leistungsverhaltens der Führungskräfte in Richtung auf eine bessere Erfüllung der Unternehmensaufgabe ausgerichtet. Im Hinblick auf dieses anspruchsvolle Ziel aller Förderungsbemühen verdienen die aufgetretenen Probleme besondere Aufmerksamkeit.
Ein Unternehmen, das die Bedeutung der Förderung eines Führungsnachwuchses nicht erkennt, sollte sich vor Augen halten, daß nur solche Mitarbeiter bleiben, die gefördert werden. Die anderen gehen.

16. Personalplanung

Zu Beginn dieses Buches wurde darauf hingewiesen, daß einer gezielten Personalanwerbung zunächst eine exakte Personalplanung vorangehen muß. Denn nur durch eine systematische Planung ist eine optimale, qualitative und quantitative Besetzung im Betrieb möglich. Die Personalplanung soll dafür sorgen, daß das erforderliche Personal zur richtigen Zeit vorhanden ist.
Der einzelne Mitarbeiter möchte auf einem seinen Fähigkeiten entsprechenden Arbeitsplatz eingesetzt werden. Die Anforderungen der Abteilungen liegen oft anders als die Angebote. Ohne Personalplanung wird zwar ein richtiger Einsatz durch Zufall oder Glück auch hin und wieder möglich sein. Planlos läßt sich jedoch ein Optimum nicht erreichen.
Mit einer langfristigen Personalplanung kann die Personalabteilung das Anwerben von neuen Kräften wirkungsvoller durchführen. Das beginnt in der Analyse von Zeitungen und Zeitschriften und deren Anzeigenwirkung in bestimmten Jahreszeiten und an Wochentagen. Die Zeiten von Abschlußexamen sind dabei ebenfalls zu berücksichtigen, damit Führungen durch das Unternehmen und Informationen in Schulen und Universitäten rechtzeitig vorbereitet werden können. Für manche Investitionen ist eine langfristige Personalplanung unumgänglich. Wie will man z. B. ein neues Verwaltungsgebäude sinnvoll planen, wenn die Zahl der später dort Tätigen nicht ungefähr bekannt ist?
Für einen Raumfaktor wäre sogar die Funktionsstufe wichtig. Wie eine konsequent durchgeführte Arbeitsbewertung und die damit verbundenen Stellenbeschreibungen Doppelarbeit vermeiden hilft, so wird auch eine Personalplanung die betriebliche Organisation verbessern und so manche Fehlerscheinungen, wie umständliche Arbeitsabläufe und schlechte Organisation erkennen lassen.
Eine langfristige Personalplanung kann dazu beitragen, den Mitarbeitern bessere Aufstiegschancen zu geben und sie an das Unternehmen zu binden. Zieht man die inner- oder außerbetrieblichen Weiterbildungsmöglichkeiten hinzu, kann das auch eine Grundlage für die Nachwuchsplanung der Führungskräfte sein.

* Bernsau, G., Wettstreit um die klugen Köpfe in Plus 2/69.

Um zur richtigen Zeit geeignete Führungskräfte zur Verfügung zu haben, darf deshalb keine Mühe gescheut werden.
Gute Planarbeit im Personalbereich wirkt sich wiederum auf die anderen Teilpläne entscheidend aus. Zum Wohl des ganzen Unternehmens und seiner Mitarbeiter kann eine Personalplanung erfolgreich sein, wenn sie sich nicht in starren Formalitäten erschöpft.
Sie unterscheidet sich von anderen Teilplänen aber dadurch, daß sie unterschiedliche Menschen einschließt, die nicht selten Kompromisse und Zugeständnisse erfordern.

16.1. Möglichkeiten der Planung

Die Personalplanung richtet sich selbstverständlich nach den vom Unternehmen abgeleiteten Produktionszielen usw. Die Exaktheit der Personalplanung hängt also unmittelbar von den anderen Planungszielen ab. Werden diese Ziele aber nicht exakt genug festgelegt, wie es nicht selten noch in Mittel- aber auch Großbetrieben zu beobachten ist, kann auch keine verbindliche Personalplanung durchgeführt werden. Eine exakte Zielsetzung im Produktionsbereich wird vor allem in Zeiten einer Hochkonjunktur vernachlässigt, weil für einen solchen „Bürokratismus" keine Zeit vorhanden ist und die Produktion auch so prächtig läuft. Dabei wird dann oftmals außer acht gelassen, daß mit der Hochkonjunktur die Fluktuation rasch ansteigt und vor allem auch eine Verknappung am Arbeitsmarkt eintritt, wodurch der kurzfristige Bedarf nur unzureichend gedeckt werden kann. Wird in den Unternehmen unter den genannten Voraussetzungen dennoch versucht, den Personalbedarf mittelfristig zu planen, um jederzeit qualitativ und quantitativ geeignetes Personal bereitstellen zu können, und es kommt zu größeren Abweichungen, werden sich Spannungen zwischen Vorgesetzten, Betriebsrat und Personalabteilung eines Unternehmens kaum vermeiden lassen.
Die Personalplanung zielt auch darauf ab, gleichzeitig eine Übersicht über die Personalkostenentwicklung zu erhalten. In vielen Unternehmen spielt diese Kostenbetrachtung eine große Rolle, denn trotz einer Verringerung des Personals infolge Rationalisierung und Automatisierung sind durch die überdurchschnittlichen Lohn- und Gehaltssteigerungen die Personalkosten relativ gleich geblieben oder angestiegen.
Wenn eine Unternehmensleitung im Hinblick auf die Marktsituation oder andere wichtiger erscheinende Faktoren, wie z. B. möglichst guten Service bei festgesetzten Preisen, den Rahmen der Personalplanung auch sinnvoll abgrenzen kann, so ist damit nicht der notwendige Gleichklang der verschiedenen Stellen im Unternehmen erreicht. Das gilt auch dann, wenn die Planung des Personals und der Kosten erfolgreich vorgenommen wird.
Trotz aller Gemeinsamkeiten zwischen Arbeitnehmern und Arbeitgeber wird ein natürlicher Gegensatz immer bestehen bleiben. Dieser Gegensatz besteht auch zwischen den Vorgesetzten und der Unternehmensleitung, selbst bei gleicher Zielsetzung.
Im Spannungsfeld der Personalplanung sind dies

a) beim Vorgesetzten:
immer das notwendige Personal zu haben, um alle Aufgaben pünktlich oder früher und besser als andere erledigen zu können oder besser als andere Kapazitäten schaffen zu können, um zusätzliche Aufgaben „an Land zu ziehen". Diese Tendenz des Hortens wird besonders in den Zeiten verstärkt, in denen aufgrund der Arbeitsmarktlage trotz des guten Willens nicht sofort Personal beschafft werden kann oder wo die soziale Einstellung der Vorgesetzten zu groß ist, so daß keine Freistellungen überflüssiger Mitarbeiter erfolgen.

b) beim Betriebsrat:
Hier ist ebenfalls die Tendenz zu spüren, möglichst viel Personal vorrätig zu haben, damit relativ wenig Überstunden anfallen, deren regelmäßiger Anfall im Widerspruch zu der Forderung nach verkürzter Arbeitszeit steht.
Außerdem verfolgt der Betriebsrat meist das Ziel, die Belastung für die Mitarbeiter möglichst gering zu halten, was ebenfalls ein Argument für eine möglichst hohe Personalreserve ist.

c) bei der Personalabteilung:
Soweit die Personalabteilung nicht nur als passives Verwaltungsorgan fungiert, hat sie die Aufgabe, die von der Unternehmensleitung festgesetzten Personalwirtschaftlichkeits-Kennziffern, die in Zusammenarbeit zwischen den einzelnen Bereichen und der Personalabteilung erstellt wurden, auf ihre ständige Verwirklichung zu überprüfen und die Wünsche der einzelnen Vorgesetzten in diesen Rahmen einzuordnen. Außerdem hat die Personalabteilung im Rahmen des Unternehmerziels das Ziel, möglichst gute leistungsstarke, aber zahlenmäßig **wenige** Mitarbeiter einzustellen und zu behalten. Auf den ersten Blick scheint es schwierig zu sein, dieser komplexen Forderung zu entsprechen, da die Personalzunahme, der Anstieg der Personalkosten und Veränderungen der Zuwachsrate des Verkaufs gleichermaßen von Einfluß sind.

Bei der Personalplanung ist schließlich auch zu berücksichtigen, daß in lohnintensiven Unternehmen Personalkosten einen existenzentscheidenden Faktor bilden können. Zeitweise wurden sie bisher wegen der ungewöhnlichen Expansion und der angestiegenen Spanne zwischen Ertrag und Aufwand nicht genügend beachtet. Die Kostenanalyse blieb überwiegend auf den Produktionsfaktor Kapital beschränkt. Erst der starke Preisdruck auf den Märkten bei steigenden Personalkosten und spürbarem Konjunkturrückgang hat dazu geführt, dem wirtschaftlichen Personaleinsatz mehr Aufmerksamkeit zu schenken.

16.2. Grundlagen der Planung

Um eine Basis für eine exakte Personalplanung zu erhalten, sind Stellenbeschreibungen, Arbeitsverteilungsübersichten und Arbeitsablaufuntersuchungen erforderlich. Weiterhin sind der Lebensalter- und Dienstalteraufbau, die Entwicklung des Krankenstandes, der Fluktuation und sonstiger Fehlzeiten (Wehrdienst usw.), Veränderungen in der Arbeitszeit, zu berücksichtigen.

Wie mit der Ist-Aufnahme begonnen werden soll, sei im folgenden kurz geschildert.

16.2.1. Organisationsplan

Wenn ein Organisationsplan im Unternehmen vorhanden ist, bietet er die besten Ansatzpunkte. Ein Organisationsplan zeigt schaubildlich die personelle Gliederung nach Aufgaben und Abteilungen, sowie Einordnung der Menschen in die Befehlshierarchie.
Hier sollen klar die organisatorischen Beziehungen vom ersten bis zum letzten Mann klar gezeigt werden. Beim Aufstellen eines Organisationsplanes werden unklare Aufgabenverteilungen, Überschneidungen von Kompetenzen und Mehrfachunterstellungen z.T. bereits erkannt. Fehlt ein Organisationsplan, so kann man aus den Lohn- und Gehaltslisten einen groben Organisationsplan erstellen. Allerdings sollte dieser nicht schon festgezeichnet werden, da die weitere Analyse garantiert zu Änderungen führt. Deshalb empfiehlt es sich bei kleineren Unternehmen, Plantafeln mit Magnetsymbolen oder mit Kärtchen zu verwenden. Auf diese Kärtchen ist einzutragen: die Hauptaufgabe eines Bereiches, der Name des Leiters. Eine Erweiterung ist dann bereits der Organisations- und Stellenplan. Er bringt alle Stellen, die dem einzelnen Vorgesetzten unterstellt sind, ohne daß diese wiederum Vorgesetzte sind. Die letzte Stufe des Aufbaus ist das Hinzufügen des Stellenbesetzungsplanes. Denn neben der Tätigkeitsbezeichnung der einzelnen Stelle wird hier der Name des derzeitigen Stelleninhabers eingesetzt. Männliche und weibliche Kräfte können durch unterschiedliche Farben entsprechend kenntlich gemacht werden.
Nachdem dieser globale Ist-Zustand ermittelt wurde, sollen nun die Tätigkeiten im einzelnen analysiert werden, um den Zeitaufwand und die Auslastung der einzelnen Mitarbeiter zu erforschen.
Bei der Arbeitsanalyse ist wie folgt vorzugehen:

16.2.2. Arbeitsanalyse und Koordination

Bei der organisatorischen Vorbereitung von Arbeitsanalysen können sich viele Fehler einschleichen. Der Analytiker muß daher nach einem bestimmten Fahrplan vorgehen.
Dieser wird im allgemeinen lauten:

1. Studieren des Arbeitsauftrages.
2. Telefonisches Vorgespräch mit dem Vorgesetzten des zu untersuchenden Bereiches. (Wird eine Gruppe untersucht, ist der Abteilungsleiter anzusprechen, dessen Aufgabe es ist, den Gruppenleiter in Kenntnis zu setzen.)
3. Einleitendes Gespräch mit dem Betriebsleiter des Untersuchungsbereiches;
   a) Erklären des Zieles der Analyse;
   b) Abbau von Widerständen;
   c) Erklären einer Arbeitsverteilungsübersicht;
   d) Aufforderung zur Erstellung einer Istaufnahme.
4. Zerlegen der Istaufnahme in kleinste Einheiten.

5. Aufsuchen der Arbeitsplatzinhaber (vom Bereichsleiter vorgestellt).
6. Fragen zum Arbeitsablauf:
   a) Ermittlung des genauen Aufgabenbereiches;
   b) Ermittlung des Verantwortungsbereiches;
   c) Ermittlung der Arbeitsanforderungen;
   d) Erstellen von Arbeitsablaufbögen.

16.2.3. Arbeitsverteilungsübersicht

Zur Erfassung der Schwierigkeiten ist es vorteilhaft, Arbeitsverteilungskarten – als Übersichten – anzufertigen, in denen der Istzustand des gesamten Arbeitsbereiches darzustellen ist. Deshalb wird jede Einzelfunktion der Gesamtaufgabe auf die einzelnen Arbeitsplätze so aufgeteilt, daß erkennbar wird, welche Plätze dieser Einheit an der Aufgabenerfüllung beteiligt sind und wie sich die jeweiligen Einzelfunktionen gegeneinander abgrenzen.
Für jede Einzelfunktion wird der Anteil in Prozent aufgeführt, den die Teilaufgabe an dieser Einzelfunktion, bezogen auf die Gesamtaufgaben dieses Arbeitsplatzes, ausmacht. Alle Anteile an den Einzelfunktionen zusammengenommen müssen für jeden Arbeitsplatz annähernd 100% ergeben.
In der betrieblichen Praxis hat es sich bewährt, diese Arbeitsverteilungskarten einmal dem Istzustand entsprechend aufzustellen und dann nach der erforderlichen Korrektur eine Sollübersicht anzufertigen, die den organisatorisch sinnvollen Endzustand dieser Einheit fixiert.
Dieses bewußt ausführliche Grundlagenmaterial dient als besonders zuverlässiges Informationsmaterial zur Erstellung der einzelnen Stellenbeschreibung. Außerdem kann die Arbeitsverteilungskarte als Information für neu einzusetzende Arbeitnehmer verwendet werden.
Durch die Arbeitsverteilungskarte können vor allem durch Vergleiche mit anderen Verteilungskarten leichter Doppelarbeiten herausgefunden werden. So werden unter Umständen die gleichen Arbeiten von verschiedenen Bereichen vorgenommen, und nur die fehlende Koordination ließ diese doppelten Tätigkeiten und den beträchtlichen Leerlauf bisher nicht auffallen. Teilweise liegt das gerade in der Absicht der Abteilungen, deren Egoismus sich gegen eine Koordinierung sträubt.
Diese Auswirkungen menschlicher Unzulänglichkeiten können jetzt erkannt und ausgeschaltet werden. In manchen Fällen haben Vorgesetzte auf Grund ihrer persönlichen Neigungen und Eigenschaften das Aufgabengebiet der ihnen anvertrauten Gruppe so verändert, daß es mit der ursprünglichen Zielsetzung nicht mehr übereinstimmte. Dies gilt vor allem für den Angestelltenbereich und weniger bei gewerblichen Arbeitnehmern. Aus diesem Grunde haben auch viele Firmen, die aus verschiedenen Motiven eine Arbeitsbewertung nicht einführten, die Vorteile einer Arbeitsplatzanalyse erkannt und sie mit großem Erfolg durchgeführt. Die sich daraus ergebenden Rationalisierungen rechtfertigen den manchmal beträchtlichen Kostenaufwand.
Die Arbeitsverteilungsübersicht in der Mustersammlung (C/5) soll hier als Beispiel dienen.

16.2.4. Arbeitsablaufuntersuchungen

Um die Arbeitsmenge zu erfassen, werden im gewerblichen Bereich oftmals Methoden wie Refa, Bedaux u. a. angewendet. Weiterhin gibt es für das Ermitteln der Leistungsstandards im Verwaltungsbereich verschiedene neue Verfahren. Neben dem seit langem bekannten Zeitstudienverfahren sind vor allen Dingen die Systeme der vorbestimmten Zeiten und das Hilfsmittel der statistischen Verfahren, z. B. Multimomentverfahren, zu nennen.
Vor allem das MTM (methods-time-measurement)-Verfahren setzt sich zunehmend durch, weil die bekanntesten Verfahrensbemessungen von Angestelltentätigkeiten darauf aufbauen. Dieses Verfahren unterscheidet sich von Refa und Bedaux vor allem dadurch, daß das ohnehin immer weniger mögliche Messen und Schätzen des Leistungsgrades nicht notwendig ist und der Gebrauch der Stoppuhr weitgehend wegfallen kann.*
In manchen Fällen ist es zur genauen Analyse vorteilhaft, sog. Arbeitsablaufbogen anzufertigen. Die Handhabung dieser Bogen ist relativ einfach. Beim Ausschreiben – d. h. Zerlegen der Tätigkeiten in Einzelvorgänge – merken die Mitarbeiter meist schon von selbst, wo etwas verbessert werden kann (siehe Mustersammlung C/6).

16.2.5. Stellenbeschreibung

Dem Erstellen der Stellenbeschreibung muß immer eine gründliche Arbeitsanalyse vorausgegangen sein. In der Beschreibung werden in eindeutiger Form alle für die Beurteilung der Arbeitsschwierigkeit wichtigen Fakten aufgenommen. Die Verwendung eines Schemas oder Formulars ist in der Praxis unentbehrlich. Es ist nicht möglich und auch nicht notwendig, in jeder Stellenbeschreibung alle Fakten zu berücksichtigen, die auf Grund der Arbeitsanalyse festgestellt werden. Es ist aber unbedingt erforderlich, stets eine gleiche Reihenfolge einzuhalten und den Text so ausführlich zu halten, daß sich der Fachmann immer ein genaues Bild von der Tätigkeit an dem jeweiligen Arbeitsplatz machen kann. Oftmals verzichtet man auf einen zusammenhängenden Text und wählt den sog. Telegrammstil.
Es ist vorteilhaft, die endgültige Stellenbeschreibung dem Arbeitsplatzinhaber zugänglich zu machen.
In der Stellenbeschreibung soll schließlich schriftlich fixiert werden:

a) das Ziel, das mit einer bestimmten Stelle erreicht werden soll und das in den Rahmen der Gesamtzielsetzung des Unternehmens paßt;
b) der Aufgabenbereich mit den dazugehörigen Befugnissen, innerhalb dessen der Mitarbeiter verpflichtet ist, selbständig zu handeln und zu entscheiden;
c) die Abgrenzung des Bereiches gegenüber dem Delegationsbereich eines Vorgesetzten, dem benachbarten Bereich auf gleicher Ebene, und als Vorgesetzter gegenüber den Bereichen seiner Mitarbeiter;
d) mit welchen anderen Stellen der Mitarbeiter es zu tun hat, um die Aufgaben zu erfüllen (Linien, Stäbe, Dienstleistungsstellen);

---

* Ausf. dazu: Zander, E., Handbuch der Gehaltsfestsetzung ... a. a. O.

e) das Unterstellungsverhältnis (wem ist der Stelleninhaber unterstellt);
f) das Überstellungsverhältnis (wer ist dem Stelleninhaber überstellt);
g) die aktive und passive Stellvertretung;
h) ob der Stelleninhaber in Linien-, Stabs- oder Dienstleistungsfunktion tätig ist;
i) eine Verpflichtung des Stelleninhabers, wonach dieser neben den beschriebenen Aufgaben Einzelaufträge auszuführen hat, wenn sie dem Wesen nach zu seiner Tätigkeit gehören oder wenn es die betriebliche Notwendigkeit erfordert;
k) besondere Befugnisse, die mit der Stelle verbunden sind.*

Beim Erstellen der Beschreibungen sollten die Mitarbeiter ein Mitwirkungsrecht haben, was durch das Ausfüllen von sog. Ist-Aufnahmebögen erreicht werden kann (siehe Mustersammlung C/7 + C/8).
Sind diese Arbeiten abgeschlossen, lassen sich Kennziffern bilden.

16.2.6. Kennziffern

Es ist zweckmäßig, von überbetrieblichen Vergleichszahlen auszugehen. Dabei können Daten aus Bilanzen grobe Anhaltspunkte geben, wie beispielsweise der Umsatz je Arbeitnehmer oder durchschnittliche Personalaufwendungen – gesetzliche, vertragliche und freiwillige – je Mitarbeiter.
Für die einfache, kurz- und langfristige Übersicht innerhalb eines Unternehmens eignen sich beispielsweise Daten, wie sie von einer RKW-Arbeitsgruppe entwickelt wurden. Hier wurden angeführt:

Belegschaft laut Industriestatistik,
Tarif, Arbeitsstunden des Monats,
geleistete Arbeitsstunden,
bezahlter Urlaub, Feiertage und sonstige Fehlstunden,
bezahlte Krankheitsstunden der Lohnempfänger,
bezahlte Arbeiterstunden,
Fehlstundenquote Lohnempfänger,
Fehltagequote Gehaltsempfänger,
Gesamt-Fehlzeitenquote,
Gehälter,
Löhne,
durchschnittliches Bruttomonatsgehalt,
durchschnittlicher Bruttostundenlohn,
durchschnittlicher Bruttostundenlohn,
gesetzliche Sozialleistungen
freiwillige Sozialleistungen,
Personalkosten gesamt,
davon Überstunden und Feiertagszuschläge.

---

* Pillat, R., die kombinierte Stellen- und Tätigkeitsbeschreibung Arbeit und Leistung 11/69.

Soll der wirtschaftliche Personaleinsatz genauer geprüft und sollen Schwachstellen beseitigt werden, so ist ein differenzierter Vergleich notwendig. Das kann ebenfalls überbetrieblich und bei entsprechender Größe und bei vergleichbaren Bereichen innerbetrieblich erfolgen.
Für eine überbetriebliche Gegenüberstellung eignen sich Bereiche, die in zahlreichen Unternehmen ähnlich vorkommen, wie Fuhrpark, Bauabteilung, Lager und auch Personalwesen. So können beim Personaleinsatz des Fuhrparks die Zahl der Personen- und Lastwagen, besonders für die Wartung, und die Zahl der je Fahrzeug gefahrenen Kilometer eine Rolle spielen. Für Lastwagen wären Kilometer, Tonnen und mögliche Ladefläche für die Ausnutzung wichtig. Bei einer Bauabteilung ist die verbrauchte Bausumme, bei einem Lager sind neben dem Umsatz die Umschlagshäufigkeit und die notwendige Vorratshaltung wichtig. Absatz-, Produktions-, Investitions- und Einkaufspläne geben im Sinne der unternehmerischen Zielsetzung Anhaltspunkte für die Tätigkeit in zukünftigen Perioden. All diese Pläne müssen aber ohne Personalplanung unvollständig bleiben.

Als Beispiel seien die Kennziffern des Personalwesens, der Rechts- und Verwaltungsabteilung eines Unternehmens wiedergegeben.

Bereich		Dimension
P (Hauptabt. Pers. u. Sozialwesen)	zu betreuendes Personal / Personal	bp/P
PA (Ausbildungsabt.)	aktives Personal / Personal	aP/P
	Zahl der Kurse / Personal	Ku/P
	Kursus Teilnehmer / Personal	KT/P
	Unterricht Stunden / Referenten PA	h/P
	Ausschreibungen Teilnehmer / Personal	KT/P
	Anzahl PA-Kunden / Hilfspersonal	Ku/P
	Lehrlings-Werkstattstunden / Anzahl Ausbildung technisch	L/P
	Anzahl Lehrlinge technisch / Anzahl Hilfspersonal PAT (Technische Ausbildung)	L/P
PG (Gesundheitsdienst	aktives Personal / Personal	aP/P
PK (Betriebskrankenkasse)	Anzahl der Mitglieder / Personal	M/P
PP (Personalabteilung)	zu betreuendes Personal / Personal PP	bP/P
	Anzahl der Einst., Vers., Entl. / Personal PPE (Pers. Einsatz)	F/P
	Anzahl der Gruppenerh., Funktionsz., Leistungszul. / Personal PPE	F/P
	Anz. d. Pensionierungen u. Todesf. / Personal PPXR (Ruhegeldstelle)	F/P

Bereich		Dimension
	Anz. d. Bewert. v. Tätigkeitsb. und Arbeitsablaufanalysen / Personal PPA (Arbeitsbewertung)	Tb/P
PS (Sozialabteilung)	ausgegebene Essenportionen / Personal PS	Ep/P
	ausgegebene Essenportionen / Personal PSK (Küchen)	Ep/P
	ausgeliehene Bücher / Personal Werkbücherei	Bü/P
PV (Gehaltsabteilung)	zu betreuendes Personal / Personal PV	bp/P
	Gehaltssumme (Gesamtunternehmen) / Gehaltssumme PV	DM/P
RV (Verwaltungsabt.)	Anschläge Jahresleistung Schreibmasch. / Personal Zentr. Sch.	Ansch/P
	Anschläge Jahresleistung Schreibautom. / Personal Zentr. Sch.	Ansch/P
	Vervielfältigungen / Personal Vervielf. Betr.	Vv/P
	ausgeh. Sendungen / Personal Schr. gutverw.	Sd/P
	gereinigte Fläche m^2 / Personal Hausverwaltung	m^2/P
RXW (Werkschutz)	bewachte Fläche m^2 / Personal	m^2/P

16.3. Planung des wirtschaftlichen Personaleinsatzes

Betriebe mit starken Expansionsmöglichkeiten und mit entsprechender Preisgestaltung werden den Personalplan an den Absatzmöglichkeiten orientieren und entsprechende Kennziffern entwickeln. In der Praxis hat es sich jedoch gezeigt, daß diese Situation nur vereinzelt auftritt.
Ist der optimale Kostenpunkt, das heißt der Punkt mit den geringsten Kosten je Leistungseinheit, erreicht, dann führt jede Mehrproduktion zu einer Erhöhung der durchschnittlichen Kosten. Da Kosten und Ertrag im reziproken Verhältnis zueinander stehen, mindern erhöhte Kosten bei gegebenem Preis den Ertrag. Durch die ständige Steigerung der durchschnittlichen Personalkosten wird dieses Verhältnis in zweierlei Hinsicht verschlechtert. Einmal führt die Verknappung der Arbeitskräfte dazu, daß zusätzliches Personal nur mit zusätzlichen Aufwendungen zu erhalten ist. Soll die Entlohnung gerecht sein, so bedeutet das eine ständige Angleichung der Löhne und Gehälter der bereits im Betrieb Beschäftigten an die neu Eingestellten. Zum anderen hat der ständige Anstieg der durchschnittlichen Personalkosten durch die Lohn- und Gehaltsveränderungen z. T. einen fixen Charakter erhalten und ist wenig beeinflußbar.

16.3.1. Die spezifischen Personalkosten

Soll das Unternehmensergebnis durch die Personalkosten nicht verschlechtert werden, so müssen die spezifischen Personalkosten je hergestelltes Produkt gleichbleiben oder fallen. Daraus läßt sich folgende Beziehung ableiten:

$$J = \frac{A \cdot K}{M}$$

Die jährlichen Personalkosten sind danach das Produkt der Arbeitnehmerzahl (A) und der durchschnittlichen Personalkosten je Arbeitnehmer (K). M ist die Menge des im Geschäft hergestellten Produkts, und J sind die spezifischen Personalkosten. Wird nun der jährliche prozentuale Zuwachs der Arbeitnehmer mit x bezeichnet, die jährliche prozentuale Zunahme der durchschnittlichen Personalkosten mit y und die jährliche Zuwachsrate für die produzierte Menge mit z, so ändern sich die spezifischen Personalkosten in n Jahren bei ausreichend kleinen Werten auf die Zuwächse wie folgt:

$$J = \frac{A_0 \cdot K_0}{M_0} + n\,(x + y - z)$$

Bei dieser Formel kennzeichnet der Index $_0$ die Anfangswerte. Will man nun die spezifischen Personalkosten konstant halten, dann ist darauf zu achten, daß

$z = x + y$ ist.

16.3.2. Zuwachsraten

Die Zuwachsrate des Personals zuzüglich der Zuwachsrate der Personalkosten je Arbeitnehmer muß in jedem Fall der Produktionsmenge entsprechen. Ist beispielsweise mit einer durchschnittlichen Tariferhöhung im Geschäftsjahr von 4% zu rechnen, dann ist ebenfalls ein Produktionszuwachs von 4% notwendig, wenn das Personal nicht vermindert und die spezifischen Personalkosten gleichbleiben sollen.

Zur Ermittlung der hierfür notwendigen Vergleichswerte eignen sich wiederum Kennziffern. Unter Berücksichtigung etwaiger organisatorischer Veränderungen muß die Meßgröße in der Vergangenheit einen klaren Trend ergeben, der als Grundlage für die weitere Entwicklung bei der Aufgabenstellung dient.*

Beim Zugrundelegen einer Meßgröße ist es vor allen Dingen wichtig, daß sie jederzeit ohne Schwierigkeit der Entwicklung angepaßt werden kann. Es empfiehlt sich nicht, den Bereichen die Personalzahlen vorzuschreiben. Jeder Bereichsleiter sollte die Möglichkeit haben, je nach der zu erwartenden Entwicklung des Umsatzes und der Personalkosten entsprechend der Kennziffer seines Bereichs die Personalzahl festzulegen. Bleiben die Vorgaben der Bereichsleiter im Rahmen der Unternehmenskonzeption, so müssen sie befürwortet werden.

---

* Siehe Zander, E., Personalprobleme bei Automation und Rationalisierung, Neuwied, Berlin 1967.

17. Möglichkeiten der Rationalisierung

Ein weiteres Mittel, bei der angespannten Arbeitsmarktlage den Arbeitsablauf in den Unternehmen zu garantieren, ist die Rationalisierung.
„Die Rationalisierung unter Einfluß von Mechanisierung und Automatisierung als ein ständiger Prozeß der wirtschaftlichen und technischen Entwicklung, schafft notwendige Voraussetzungen für das wirtschaftliche Wachstum und soll dazu beitragen, den erreichten Lebensstandard zu sichern und zu verbessern."
Dieser Satz aus dem im Mai 1968 abgeschlossenen Rationalisierungsschutzabkommen zwischen den metallindustriellen Arbeitgeberverbänden und der IG-Metall zeigt bei genauer Betrachtung die ganze Tragweite der Rationalisierung. Sie beschränkt sich nicht nur auf die Produktion, sondern greift verstärkt auf Büro und Verwaltung über. Die Ursachen, daß eine Rationalisierung in der Verwaltung erst noch in den Anfängen steckt, sind in der Vorrangstellung des Bestrebens nach kostensparenden Fertigungsmethoden als Grundforderung einer zweckmäßig technischen Betriebsorganisation zu sehen.
Aber nicht nur die Vorrangstellung auf technischen Gebiet ist ein Hemmschuh; es scheinen sich auch deshalb besondere Schwierigkeiten zu ergeben, weil die Anforderungen, die infolge der Technisierung auf zahlreiche Angestellte zukommen, mit ihrer Vorstellung vom Angestellten offenbar kollidieren und ihr Prestige in Zweifel stellen. Viele leitende Angestellte sehen schon bei der Andeutung, man wolle in ihrem Bereich rationellere Arbeitsweisen einführen, einen Affront gegen ihre Fähigkeit des Führens und Leitens. Daher ist vor geplanten Rationalisierungsmaßnahmen eine umfangreiche Information der Vorgesetzten und Mitarbeiter erforderlich, um Widerstände abzubauen. Das kann ohne weiteres mit dem Hinweis geschehen, aufgrund des Personalmangels sei ein strafferer Ablauf erforderlich. Rechtzeitige Information sowie die Zusammenarbeit mit den Arbeitnehmervertretern hat Umstellungsmaßnahmen stets erleichtert.
Bezeichnend ist hierfür die Äußerung einer Unternehmensleitung, die hinsichtlich einer weitgehenden Zusammenarbeit mit der Belegschaft sagt: „es gehört auch zu unserer Personalpolitik, im Zuge der Rationalisierungsmaßnahmen die Zusammenarbeit mit der Belegschaft und ihrer Vertretung noch zu verstärken. Betriebsrat und Belegschaft werden rechtzeitig über alle geplanten Veränderungen informiert und haben Gelegenheit, ihre Meinung vorzutragen und Vorschläge zu machen. Wir würden heute Änderungen, die Einfluß auf die Arbeitsbedingungen und das Einkommen von Mitarbeitern haben, nicht mehr vornehmen, ohne vorher über die Art des Vorgehens und die zu treffenden Maßnahmen mit dem Betriebsrat volles Einverständnis erzielt zu haben."
Sicherlich spielt auch die Erkenntnis eine Rolle, daß der Betriebsrat bei auftretenden Schwierigkeiten – sofern er erst einmal den Standpunkt der Unternehmensleitung eingenommen hat – auf die Belegschaft überzeugender wirkt als die Unternehmensleitung. Die Führungskräfte sind vielfach zu überzeugen, wenn man ihnen klar die Vorteile der geplanten Rationalisierungsmaßnahmen aufzeigt.
Aber noch ein weiterer Umstand erschwert die Durchsetzung neuer Arbeitsmethoden bei den Vorgesetzten. Hatten sie früher oft Möglichkeiten, innerhalb

ihres Bereiches je nach Notwendigkeit und Umstand nach eigenem Ermessen zu planen und zu improvisieren, so sind sie heute in verstärktem Maße an Anweisungen und Richtlinien gebunden. Häufig ist rationelles Arbeiten nur mit zentraler Kontrolle und zentraler Entscheidungsbefugnis möglich. Dieser Notwendigkeit unterliegen auch die Führungskräfte.

Einheitliche Maßstäbe werden für den gesamten Betrieb geschaffen: Sei es nun auf dem Gebiet der Lohn- und Gehaltsfestsetzung, dem der Arbeitsbedingungen oder anderen, die den Ermessensspielraum des Vorgesetzten einengen. Dabei wird oft verkannt, daß die Einengung eigentlich eine spürbare Entlastung für die Vorgesetzten ist. Jetzt können sie sich ihren eigentlichen Führungsaufgaben nämlich um so intensiver widmen.

Verschiedentlich weist man auch auf die Bedeutung der ständigen Information hin und auf das Vertrauen, das sie ihren Mitarbeitern entgegenbringen sollen. Im Zusammenhang mit der Rationalisierung und der Automatisierung kommt eine neue Aufgabe hinzu: die Hilfestellung und Unterstützung bei der Umschulung und Weiterbildung der Mitarbeiter. Die Arbeitszeit hat sich in den letzten Jahren laufend verringert. Die Mitarbeiter haben mehr Freizeit, die sie zur Weiterbildung ausnutzen sollten. Diese Möglichkeiten sollten Führungskräfte weitgehend unterstützen, weil sich eine vielseitige Ausbildung der Mitarbeiter bei zunehmender Technisierung als günstig erweisen wird.

Die meisten Mitarbeiter sehen nur die negativen Folgen der Rationalisierung und übersehen die positiven. Rationalisierung verbessert die Arbeitsbedingung, verringert oder beseitigt schädliche Umwelteinflüsse und nimmt ihnen den Termindruck. Die Folge ist oft auch noch eine Verminderung der Betriebsunfälle.

Auf der anderen Seite darf man aber nicht vergessen, daß die Anfangsphase der Rationalisierung und erst der Automatisierung eine besonders starke nervliche Belastung und eine psychische Anspannung bedeutet. Sie können nur durch behutsame Hilfestellung und Unterstützung der Umschulungsfähigkeit behoben werden.

Kleinere und mittlere Unternehmen scheuen sich vor Rationalisierungsmaßnahmen auch heute noch wegen der angeblichen Investitionen, die damit verbunden sind. Dabei ist eine Arbeitsvereinfachung mit einer Reihe wenig kostspieliger Hilfsmittel durchzuführen, deren Handhabung leicht erlernbar ist. Aus der großen Anzahl der Rationalisierungshilfsmittel sei hier nur die schon zitierte Stellenbeschreibung genannt. Mit diesem Hilfsmittel wird nicht nur ein Rationalisierungseffekt im engeren Sinn erzielt. Vor allem die oft zitierte Delegation von Verantwortung bringt für das Unternehmen, seine Führungsaufgaben und Mitarbeiter zahlreiche Vorteile. Bei den Vorarbeiten für die Einführung der Stellenbeschreibung wie auch für die laufende Überwachung von vorhandenen Beschreibungen werden zwangsläufig organisatorische Mängel im Betrieb sichtbar. Stellenbeschreibungen geben dabei nicht nur den Anstoß zur Beseitigung unwirtschaftlicher Regelungen, sondern sie liefern auch sachliche Ansatzpunkte sowie Hinweise für entsprechende Rationalisierungen.

Als weitere Rationalisierungshilfsmittel sind Arbeitsverteilungsübersichten und Arbeitsablaufbögen zu nennen (siehe Personalplanung S. 165f.). Diese Hilfsmittel spielen auch eine Vermittlerrolle zwischen Technik, Betriebsführung und Kostenwesen einerseits und den Mitarbeitern andererseits.

Eine der wichtigsten Aufgaben der Rationalisierung besteht darin, die Arbeit dem Menschen so einzurichten, daß seine Gesundheit nicht gefährdet wird. Auch sollte erkannt werden, die im Betrieb bisher mehr oder weniger unbefriedigten Bedürfnisse der Mitarbeiter müssen angesprochen werden. Moderne Führungsgrundsätze, wie das Prinzip der Delegation von Verantwortung, werden immer wichtiger für die Menschenführung und Menschenbehandlung.
Man sollte sich stets fragen, ob die Mitarbeiter nach den jeweiligen Rationalisierungsmaßnahmen an ihrem Arbeitsplatz richtig eingesetzt sind. Vielleicht ist es besser, wenn sie für neue Aufgaben eingesetzt werden können.

18. Fehlzeiten verringern

Wird eine Personalplanung exakt durchgeführt, so müssen die durchschnittlichen Fehlzeiten des Betriebes mit einbezogen werden. In einer angespannten Arbeitsmarktsituation muß besonders versucht werden, die Fehlzeiten auf ein Minimum zu beschränken, um so viele Mitarbeiter wie möglich einsetzen zu können.
Macht man sich einmal die Mühe, den Krankenstand und die Fehlzeiten zu untersuchen, so muß man feststellen, daß die Mitarbeiter nicht immer mit der rasch fortschreitenden Entwicklung durch Technisierung und Automatisierung zurechtkommen. Sie begreifen oftmals nicht, wie sie ihrem Leben einen Sinn geben sollen und wie sie ihre Fähigkeiten und Möglichkeiten ausnutzen können. Die höheren Anforderungen bringen auch die Mediziner dazu, einen Patienten eher arbeitsunfähig zu schreiben als früher.

„Das liegt nicht nur an Krankheitssymptomen, die bei vielen Ärzten zu vorsichtigen Diagnosen führen, sondern auch an ihren veränderten Einstellungen zum berufstätigen Patienten."*

Natürlich sind die psychisch-nervlichen Belastungen am Arbeitsplatz stärker geworden, oder sie werden zumindest als intensiver empfunden. Oftmals aber sind es nicht alleine die Anforderungen vom Arbeitsplatz, sondern die Anfahrtswege zur Arbeitsstelle, die eine stärkere Beanspruchung der Mitarbeiter mit sich bringen. Der augenblickliche Arbeitskräftemangel zwingt die Unternehmen dazu, Arbeitnehmer anzuwerben, die früher aus gesundheitlichen Gründen nicht eingestellt worden wären. Eine Analyse wird sicherlich zeigen, daß es gerade diejenigen sind, die am häufigsten fehlen.
Das Gleiche gilt auch für solche Mitarbeiter, die häufig den Arbeitsplatz wechseln und keine Bindung an ihre Tätigkeit und an ihren Betrieb haben. Doch nicht nur die Erkrankung veranlaßt einen Mitarbeiter, dem Arbeitsplatz fernzubleiben. Sie wissen, daß sie keinen finanziellen Verlust erleiden, wenn sie bummeln und krankfeiern. Finden sie doch jederzeit in einem anderen Unternehmen wieder Arbeit. Das sind natürlich die äußeren Einflüsse. Für das Unternehmen sind je-

* Zander, E., Taschenbuch für Führungstechnik, 3. Auflage Heidelberg 1973.

doch die internen Einflüsse von Bedeutung. Hier wird oftmals bei Mitarbeitern Angst vor der Arbeit, vor den Vorgesetzten, vor Kollegen festgestellt, die das vegetative Nervensystem beeinflussen. Der Grad der Befriedigung und die Einstellung zur Arbeit haben einen großen Einfluß auf die Krankheitsneigung. Wird jemand ständig an seinem Arbeitsplatz überfordert, wird er sich in die Krankheit flüchten. Ist jemand nicht ausgelastet und wird ihm die Verantwortung entzogen, wird dieser bald der Meinung sein, seine Arbeit sei nicht so wichtig, also könne er auch öfter fehlen.

Durch zahlreiche Untersuchungen wurde bestätigt, mit steigender Verantwortung für die Arbeit und Zufriedenheit mit der Tätigkeit reduzieren sich die Fehlzeiten. Hieran wird wieder klar, wie stark soziale und personelle Umstände den hohen Krankenstand verursachen. Es gibt keine allgemein gültigen Regeln, um Abhilfe gegen derartige Erscheinungen zu finden. Die Pflicht des Unternehmens muß es sein, gegen solche Mitarbeiter vorzugehen, deren Fehlen offensichtlich nicht auf Krankheit zurückzuführen ist. Das darf nicht nur wegen des Arbeitsausfalls geschehen. Vielmehr muß auch Rücksicht auf die Mitarbeiter genommen werden, die verantwortungsbewußt ihrer Tätigkeit nachgehen und gezwungen sind, durch die Fehlzeit des Kollegen mehr Arbeit auf sich zu nehmen.

Eine Entlassung von 50 Mitarbeitern in einem Werk der Montanindustrie, die häufig ohne einen zwingenden Grund fehlten, hatte die Wirkung, daß sich die Zahl der täglich anwesenden Betriebsangehörigen um rund 100 erhöhte. Derartige Maßnahmen mögen zwar bei groben Verstößen gegen die Betriebsordnung, bei Bummelei oder Schwarzarbeit erfolgreich sein. Arbeitswilligen Mitarbeitern gegenüber können sie jedoch durch das große Mißtrauen, das sich in solchen Maßnahmen offenbart, ungerechtfertigt und völlig deplaciert sein. Es ist unverantwortlich, allen Mitarbeitern eine sinkende Arbeitsmoral vorzuwerfen. Es ist wenig sinnvoll, nur vom erhöhten Krankenstand zu sprechen und drohend den Finger zu heben. Ein Vorgesetzter kann viel dazu beitragen, die Fehlzeiten zu senken und niedrig zu halten. Maßnahmen zur Senkung des erhöhten Krankenstandes beginnen schon bei der Einstellung gesunder Mitarbeiter.

Ein weiterer wichtiger Punkt ist, die Mitarbeiter richtig einzusetzen. D.h., also den richtigen Mann an den richtigen Platz zu setzen. Die Gründe für hohe Fehlzeiten sind häufig in den Führungskräften zu suchen. In zahlreichen Unternehmen sank die Zahl der Ausfalltage, nachdem ungeeignete Führungskräfte ausgewechselt wurden. Immer wieder wird bestätigt, daß falsche Zusammensetzung der Arbeitsgruppen, mangelnde Information der Mitarbeiter, ungeeignete Organisationsmaßnahmen zur Erhöhung des Krankenstandes beitragen. Gerade bei einer fehlenden Information über das Unternehmen entsteht Unsicherheit, hemmt dadurch die Arbeitslust und begünstigt Neigungen, vorübergehende gesundheitliche Beeinträchtigungen wichtig zu nehmen. Es darf nicht genügen, das Fehlen eines Mitarbeiters lediglich in einer Kartei zu registrieren vielmehr muß man ihm zeigen, daß seine Abwesenheit beachtet wird, und man sich Gedanken über seine Genesung macht.

Um den Krankenstand zu senken, müssen die Mitarbeiter und Führungskräfte genau über die Ausfalltage im Unternehmen und besonders in ihrer Abteilung informiert sein. Hier kann es sogar sinnvoll sein, den unterschiedlichen Krankenstand je Funktionsgruppe bekannt zu geben, um auf diese Art und Weise deut-

lich zu machen, in welchem Verhältnis Verantwortung für die Arbeit und Krankenstand zueinander stehen. Untersuchungen zeigten, wie bei zunehmender Verantwortung die Fehlzeiten erstaunlich absanken.
Mitarbeiter, die Aufstiegschancen haben, werden relativ selten fehlen. Die Zufriedenheit der Mitarbeiter beeinflußt also sehr stark die Fehlzeiten im Unternehmen. Deshalb muß der Vorgesetzte durch sein Verhalten gegenüber den Mitarbeitern die Fehlzeiten erheblich beeinflussen können. Entscheidend sind dabei gute Führungsmethoden, der richtige Arbeitseinsatz und günstige Arbeitsbedingungen. Er darf allerdings nicht übersehen, daß ein niedriger Krankenstand, der nur unter Druck erzielt wurde, oftmals zu Rückschlägen führt, die für die Mitarbeiter und für das ganze Unternehmen großen Schaden mit sich bringen. Neben den Fehlzeiten durch Krankheit sind die Fehlzeiten durch Unfälle zu beachten. Auch hier lassen sich zahlreiche Maßnahmen ergreifen.*

19. Ausblick

Als vor längerer Zeit die Zeitschrift ‚Capital' zu Testzwecken in Zusammenarbeit mit dem Institut für Führungskräfte in Köln einen Computerstellenmarkt eröffnete, begann eine neue Ära der Vermittlung. Hier wurde vom Kölner Institut für Führungskräfte die Möglichkeit geschaffen, die Personalsuche nach modernsten Methoden zu rationalisieren und zu intensivieren.
Das Institut konzentrierte sich dabei zunächst auf Positionen der unteren und gehobenen Ebene, auf Sachbearbeiter, Spezialisten, Referenten in Stabs- und Linienfunktionen.
Mit Hilfe der Computertechnik sollte besser als bisher Angebot und Nachfrage auf dem Stellenmarkt kombiniert werden. Dabei wurde von Prof. Scheuch ein Computerprogramm auf empirischer Basis geschaffen. Die Daten wurden in einem Personalfragebogen von den Bewerbern festgehalten; das Patent war ein Firmenfragebogen, also eine Positionsbeschreibung. Er stand allen Firmen, die Stellen anboten, auf Anfrage zur Verfügung. Durch den Computervergleich wurden nicht nur die Fähigkeiten der Bewerber mit den technischen Anforderungen koaliert, die der Arbeitsplatz an sie stellte, es wurden auch die Erwartungen geprüft und der Lebensplan des Einzelnen in dem Arbeitsplatz verglichen. Weiter wurde der Aufstiegswille mit der Aufstiegschance konfrontiert, die Risikobereitschaft mit dem gegebenen Risiko, der bevorzugte Arbeitsstil der Bewerber mit der Arbeitssituation in den Firmen, Überschuß an Qualifikation mit den tatsächlichen Anforderungen am Arbeitsplatz.
Die Vermittlung zwischen den Bewerbern und Interessenten erfolgte, wenn sich die Stellenangebote und Stellengesuche in entscheidenden Punkten entsprachen. Dann sollte der eigentliche Vermittlungsakt durch die Bundesanstalt für Arbeitsvermittlung durchgeführt werden. Sie sollte sich dann mit Firmen und Bewerbern in Verbindung setzen. Die Vorteile der Computervermittlung liegen

---

* Ausf. dazu: Krause/Pillat/Zander, Arbeitssicherheit, Lose-Blatt-Sammlung, Freiburg 1972.

auf der Hand. Personalleitern soll damit die Möglichkeit gegeben werden, sich kostenlos eines Computers zu bedienen.
Die Entwicklungsarbeit am Kölner Institut für Führungskräfte wurde nach den anfänglichen Erfolgen eingestellt; dafür hat nun inzwischen die Bundesanstalt für Arbeit selbst sich dieses Gebietes angenommen. Als Zielsetzung der Bundesanstalt gilt, daß die geplante Anwendung der EDV in der Arbeitsvermittlung die Arbeit des Vermittlers nicht ersetzen soll und kann. Die Vermittlungsarbeit soll jedoch verbessert und wirksamer gestaltet werden und den Vermittler von den zahlreichen Nebenarbeiten entlasten.
Durch den Einsatz der EDV in der Arbeitsvermittlung wird demnach nicht für das jeweilige Bewerber- oder Stellenangebot die jeweils beste offene Stelle oder der bestgeeignete Arbeitsuchende ausgewählt. Vielmehr wird eine bestimmte Zahl von Angeboten gesucht, unter denen dann der Vermittler die Auswahl zu treffen hat.
Der Suchprozeß und der Ausdruck der Angebote soll dann im Off-line-Verfahren vorgenommen werden.
Daneben wird dem Vermittler auch die Möglichkeit gegeben, sich gezielt mit Suchanfragen über die Vermittlungsmöglichkeiten in bestimmten Berufs-, Wirtschafts- und regionalen Bereichen und über mögliche berufliche Aufstiegs- und Übergangsmöglichkeiten zu informieren. Diese Suchanfragen sollen nach den Plänen der Bundesanstalt ohne Wartezeit, also im On-line-Verfahren beantwortet werden können.
Zu den Grundüberlegungen zur Verschlüsselung von Berufen und Berufsmerkmalen wurden die bisherigen Ergebnisse der Arbeiten in anderen Ländern wie USA, Belgien, England und Frankreich mit eingezogen.
Die Erfahrungen zeigen, daß der Verschlüsselung der Vergleichsmerkmale bei der Anwendung der EDV in der Arbeitsvermittlung besondere Bedeutung beigemessen werden muß. Nur wenn es möglich ist, die Berufe so klar abzugrenzen, daß sie sinnvoll geordnet und in praktikablen Schlüsselsystemen zusammengefaßt werden können, ist der damit verbundene Aufwand zu rechtfertigen.
Bei der Ausarbeitung der Schlüsselsysteme soll nicht von der gegenwärtigen Arbeitsmarktlage ausgegangen werden. Die Schlüssel sollen auch so angelegt sein, daß sie auch bei einer Änderung des Angebot-Nachfrageverhältnisses auf dem Arbeitsmarkt voll wirksam sind.
Weiterhin soll sie genügend Raum für den weiteren Ausbau bieten.
Für verschiedene Berufszweige wurden bereits Schlüsselsysteme entwickelt.
Neben dem genau abgrenzbaren Beruf sollen noch die beruflichen Kenntnisse, Fähigkeiten oder Interessen der Bewerber, die entsprechenden Anforderungen der Arbeitgeber beim Abgleichen der Bewerber- und Stellenangebote berücksichtigt werden.
Neben der Erarbeitung berufskundlicher Schlüssel ist weiterhin die Entwicklung eines Such- und Bewertungssystems geplant. Es genügt nicht, die Vermittlungsdaten nur zu verschlüsseln, um einheitliche Sprachregelungen herbeizuführen; es müssen auch Verfahren entwickelt werden, wie die Daten der Bewerber- und Stellenangebote zu bewerten und miteinander abzugleichen sind, so wie es zu Testzwecken bereits vom Institut für Führungskräfte in Köln durchgeführt wurde.
Die Vermittlung von Mitarbeitern mit Hilfe der EDV wird sich auch in größeren

Unternehmen bei der innerbetrieblichen Beschaffung, immer mehr durchsetzen. Es ist hier natürlich zu überlegen, ob dann nicht das gleiche Schlüsselsystem verwendet werden soll, wie es von der Bundesanstalt für Arbeitsvermittlung aufgebaut wird.

Sicherlich wird die Vermittlung mit Hilfe der EDV gegenüber anderen Vermittlungsmöglichkeiten an Bedeutung gewinnen. Trotzdem werden die Unternehmen weiterhin mehrgleisig fahren müssen, so daß Anwerbungsmethoden, die schon heute praktiziert werden, auch in Zukunft, wenn auch verfeinert, zur Anwendung kommen. Neben einer Verbesserung der Anwerbungsmethoden muß bei weiterer Arbeitskräfteverknappung gesteigerter Wert auf nachhaltige Führungsmaßnahmen gelegt werden. Nur so bleibt den Unternehmen das einmal angeworbene Personal erhalten.

<table>
<tr><td></td><td colspan="2">Stellenbeschreibung</td><td>Kennziffer</td></tr>
<tr><td colspan="2">1 Stellenbezeichnung
Leiter Personaleinsatz</td><td>2 Rangstufe
UA-Leiter</td><td>3 Ersatz für</td></tr>
<tr><td colspan="4">4 Zielsetzung
Erarbeiten von geeigneten Hilfsmitteln und Maßnahmen für Personalplanung, -beschaffung, -einsatz.
Beraten der Führungskräfte und Mitarbeiter in schwierigen Fragen des Personaleinsatzes, so daß eine anforderungsgerechte Personalbesetzung unter Berücksichtigung der Wirtschaftlichkeit erreicht wird.</td></tr>
<tr><td colspan="4">5.1 Stellenbezeichnung des unmittelbaren Vorgesetzten
Leiter Personalabteilung

5.2 Stelleninhaber nimmt außerdem fachliche Weisungen entgegen von
(Art und Umfang der fachlichen Weisungsbefugnis müssen mit dem Weisungsberechtigten und dem unmittelbaren Vorgesetzten abgestimmt sein.)</td></tr>
<tr><td colspan="4">6.1 Stellenbezeichnungen der direkt unterstellten Mitarbeiter
Leiter Personalbetreuung
Leiter Personalplanung und -beschaffung
Personalaktenverwalter

6.2 Stelleninhaber gibt außerdem fachliche Weisungen an
(Art und Umfang der fachlichen Weisungsbefugnis müssen mit dem Weisungsempfänger und dessen unmittelbaren Vorgesetzten abgestimmt sein.)</td></tr>
<tr><td colspan="4">7 Der Stelleninhaber wird vertreten von
(wenn 2. Vertreter benannt, ebenfalls aufführen)
Leiter Personalbetreuung</td></tr>
<tr><td colspan="4">8 Der Stelleninhaber vertritt
Leiter Personalabt.</td></tr>
</table>

9 Spezielle Befugnisse

(Hier sind spezielle Vollmachten und Berichtigungen aufzuführen, die nicht an die Rangstufe gebunden sind und darum über die allgemeine Vollmachtenregelung hinausgehen.)

10 Beschreibung der fachlichen Tätigkeiten, die der Stelleninhaber im Rahmen der Führungsgrundsätze selbständig auszuführen hat.

Der Stelleninhaber
- ermittelt Methoden zur Verbesserung der Personalplanung und berät Führungskräfte in der Anwendung der Personalplanungsmittel.
- schlägt PP* langfristige Zielvorstellungen in Abstimmung mit den von XW** gelieferten Daten und den Fachbereichen zur Verbesserung der Personalwirtschaftlichkeit vor.
- schlägt PP Maßnahmen in der Personalbeschaffung, die aus dem üblichen Rahmen fallen, unter besonderer Berücksichtigung der Wirtschaftlichkeit vor und führt sie durch.
- prüft alle Personalanzeigen intern und extern (auf Inhalt und zweckmäßigen Aufbau) und legt sie PP zur Entscheidung vor.

- **Tarifbereich** (in Abstimmung mit den beteiligten Führungskräften)

- entscheidet über Einstellungen und Versetzungen.
- führt Einstellungs- und schwierige Versetzungsgespräche.
- entscheidet über Einstellungs- und Versetzungsgehälter im Rahmen vorgegebener Richtlinien.
- berät alle Führungskräfte in schwierigen Fragen des Einsatzes und der Betreuung ihrer Mitarbeiter. Entscheidet über Gehaltsänderungsanträge (Tarifgruppe, FZ, AZ, Leistungszulage).
- stellt den Terminplan für die periodische Leistungsbeurteilung auf, veranlaßt die Durchführung und klärt evtl. Einsprüche.
- entscheidet im Rahmen der Richtlinien über Anträge auf Anrechnung von Dienstjahren, Berufsjahren, Sonderurlaub, Urlaubsverschiebung, Überstundenauszahlung, Urlaubsabgeltung.
- berät die Führungskräfte und den Leiter Personalabteilung bei disziplinarischen Maßnahmen und Kündigungen durch den Arbeitgeber.
- bestätigt Arbeitnehmerkündigungen im Rahmen der Richtlinien.
- entscheidet über Zeugnisinhalt.
- berät Arbeitnehmer in persönlichen und betrieblichen Fragen (Einsatz-Förderfragen, aber auch in tarifrechtlichen Fragen).
- berät Leiter PPG*** bei der Abfassung von Musterverträgen.

* Personalabteilung ** Betriebswirtschaft *** Grundsatzfragen

AT-Bereich

- prüft Personalanforderungen hinsichtlich der sachlichen Voraussetzungen und legt sie PP vor.
- schlägt inner- und außerbetriebliche Bewerber vor und berät Leiter PP bei Auswahl, Gehaltsvorstellung im unteren AT-Bereich.
- erarbeitet, empfiehlt und berät in personalpolitischen Grundsatzfragen. Wirkt als Referent bei Führungskräfte-Seminaren mit.
- arbeitet im Sicherheitsbeirat mit.

Bei der Stellenbeschreibung wurde eine rationelle Arbeitsverteilung berücksichtigt. Diese Arbeitsverteilung wird – soweit nicht bereits geschehen – spätestens innerhalb der nächsten 12 Monate verwirklicht.

Datum	Datum	Datum	Datum
unmittelbarer Vorgesetzter	Abteilungsleiter	HA-Leiter	Personal- und Sozialwesen

Hinweis für den Stelleninhaber

Durch diese Stellenbeschreibung sind Ihre Aufgaben und Kompetenzen verbindlich festgelegt. Sie sind verpflichtet, in diesem Rahmen selbständig zu handeln und zu entscheiden. Sie müssen Ihren unmittelbaren Vorgesetzten umgehend informieren, wenn sich in Ihrer Tätigkeit wesentliche Abweichungen von der Beschreibung ergeben haben.

	Stellenbeschreibung	Kennziffer

1 Stellenbezeichnung Leiter Personalplanung und -beschaffung	2 Rangstufe Gruppenleiter	3 Ersatz für

4 Zielsetzung

Durchführen der Personalplanung und Beschaffung von geeignetem Personal im Tarifbereich unter Berücksichtigung wirtschaftlicher Bedingungen, so daß zum richtigen Zeitpunkt den Bereichen geeignetes Personal zur Verfügung steht.

5.1 Stellenbezeichnung des unmittelbaren Vorgesetzten

UA-Leiter Personaleinsatz PPE

5.2 Stelleninhaber nimmt außerdem fachliche Weisungen entgegen von

(Art und Umfang der fachlichen Weisungsbefugnis müssen mit dem Weisungsberechtigten und dem unmittelbaren Vorgesetzten abgestimmt sein.)

6.1 Stellenbezeichnung der direkt unterstellten Mitarbeiter

Assistent Personaleinsatz

6.2 Stelleninhaber gibt außerdem fachliche Weisungen an

(Art und Umfang der fachlichen Weisungsbefugnis müssen mit dem Weisungsempfänger und dessen unmittelbaren Vorgesetzten abgestimmt sein.)

7 Der Stelleninhaber wird vertreten von
(wenn 2. Vertreter benannt, ebenfalls aufführen)

Assistent Personaleinsatz

8 Der Stelleninhaber vertritt

UA-Leiter Personaleinsatz

9 Spezielle Befugnisse

(Hier sind spezielle Vollmachten und Berechtigungen aufzuführen, die nicht an die Rangstufe gebunden sind und darum über die allgemeine Vollmachtenregelung hinausgehen.)

10 Beschreibung der fachlichen Tätigkeiten, die der Stelleninhaber im Rahmen der Führungsgrundsätze selbständig auszuführen hat.

Der Stelleninhaber

- stellt die Personalpläne der Bereiche zusammen unter Berücksichtigung von Kennzahlen zur Ermittlung des langfristigen Personalbedarfs als Entscheidungsvorbereitung für den Vorstand.
- stimmt die geplante Personalbesetzung für das laufende Jahr mit den Bereichen im Rahmen der genehmigten langfristigen Personalplanung unter Berücksichtigung größtmöglicher Personalwirtschaftlichkeit ab. Führt den monatlichen Soll-Ist-Vergleich durch und ermittelt monatlich den Umfang und die Struktur der offenen Stellen.
- erstellt qualitative und quantitative Beschaffungspläne unter Berücksichtigung der geplanten Personalbesetzung und der zu erwartenden Personalveränderungen (Abgänge, Umsetzungen, Ausbildungen usw.).
- prüft die eingehenden Personalanforderungen, Versetzungswünsche, Umsetzungen, Tarifgruppenänderungen der Bereiche auf Übereinstimmung mit der geplanten Personalbesetzung.
- schöpft alle innerbetrieblichen Beschaffungsmöglichkeiten bei der Neubesetzung eines Arbeitsplatzes in Absprache mit den betroffenen Bereichen (Freistellungen, Umsetzungen aus fachlichen, führungsmäßigen und gesundheitlichen Gründen, Versetzungswünsche, Förderungen) aus.
- bereitet die innerbetrieblichen Ausschreibungen vor.
- ermittelt Bewerber von außen durch Kontaktaufnahme anhand der Vornotierungen und Rückfragen bei Arbeitsämtern, Hochschulen usw.
- schlägt Anzeigenaktionen vor und bereitet Anzeigen vor (gilt auch für den AT-Bereich).
- führt die Korrespondenz und die Bewerbungsgespräche mit inner- und außerbetrieblichen Bewerbern, wählt Bewerber anhand schriftlicher Unterlagen oder persönlicher Vorstellungen im Rahmen der Richtlinien unter Berücksichtigung des persönlichen Eindrucks aus.
- veranlaßt die Vorstellungen im Tarifbereich und stimmt die Versetzungs- und Einstellungsbedingungen mit den Fachvorgesetzten ab.
- berät die Vorgesetzten bei der Auswahl von Bewerbern.
- veranlaßt die betriebsärztlichen Untersuchungen, Versetzungs- und Einstellungsformalitäten.

– ermittelt die gleitende Fluktuationskennziffer monatlich und Personalbedarfssituation für XW Bericht.

Bei der Stellenbeschreibung wurde eine rationelle Arbeitsverteilung berücksichtigt. Diese Arbeitsverteilung wird – soweit nicht bereits geschehen – spätestens innerhalb der nächsten 12 Monate verwirklicht.

Datum	Datum	Datum	Datum
unmittelbarer Vorgesetzter	Abteilungsleiter	HA-Leiter	Personal- und Sozialwesen

Hinweis für den Stelleninhaber

Durch diese Stellenbeschreibung sind Ihre Aufgaben und Kompetenzen verbindlich festgelegt. Sie sind verpflichtet, in diesem Rahmen selbständig zu handeln und zu entscheiden. Sie müssen Ihren unmittelbaren Vorgesetzten umgehend informieren, wenn sich in Ihrer Tätigkeit wesentliche Abweichungen von der Beschreibung ergeben haben.

Abb. 3

	Stellenbeschreibung	Kennziffer

1 Stellenbezeichnung Assistent Personaleinsatz	2 Rangstufe	3 Einsatz für Personalein- satzbearbeiter 07.060.3.PP

4 Zielsetzung

Beraten und Vorauswahl von Bewerbern bis Tarifgruppe 5 (gewerblich) und Tarifgruppe 7 (kfm. weiblich), so daß den Bereichen geeignete Bewerber vorgestellt werden können.
Einstellen von Werkstudenten und Aushilfen.

5.1 Stellenbezeichnung des unmittelbaren Vorgesetzten

Leiter Personalplanung- u. beschaffung (Gruppenleiter)

5.2 Stelleninhaber nimmt außerdem fachliche Weisungen entgegen von

(Art und Umfang der fachlichen Weisungsbefugnis müssen mit dem Weisungsberechtigten und dem unmittelbaren Vorgesetzten abgestimmt sein.)

6.1 Stellenbezeichnungen der direkt unterstellten Mitarbeiter

6.2 Stelleninhaber gibt außerdem fachliche Weisungen an

(Art und Umfang der fachlichen Weisungsbefugnis müssen mit dem Weisungsempfänger und dessen unmittelbaren Vorgesetzten abgestimmt sein.)

7 Der Stelleninhaber wird vertreten von
(wenn 2. Vertreter benannt, ebenfalls aufführen)

8 Der Stelleninhaber vertritt

9 Spezielle Befugnisse

(Hier sind spezielle Vollmachten und Berechtigungen aufzuführen, die nicht an die Rangstufe gebunden sind und darum über die allgemeine Vollmachtenregelung hinausgehen.)

10 Beschreibung der fachlichen Tätigkeiten, die der Stelleninhaber im Rahmen der Führungsgrundsätze selbständig auszuführen hat.

Der Stelleninhaber

- registriert alle eingehenden Bewerbungen und den jeweiligen Standort der Bewerbungsunterlagen.
- führt die Arzt- und Bewerbungsmappe für alle Bewerber, sorgt für Vollständigkeit und vereinbart Termine für die ärztliche Untersuchung.
- erteilt Bewerbern telefonisch und persönlich Auskünfte über tarifliche Fragen, soziale Leistungen und die auszuführenden Arbeiten. Er vereinbart Termine für die Vorstellung in der Fachabteilung, soweit es sich um Bewerber bis Tarifgruppe 5 (gewerbliche Mitarbeiter) bzw. Tarifgruppe 7 (weibl. kfm. Mitarbeiter) handelt.
- notiert sämtliche Bewerber vor und verfolgt die Vornotierungen.
- rechnet die Reisekosten für alle Bewerber ab.
- entscheidet über Änderungen der Aushänge in den Kundenzentren hinsichtlich offener Stellen nach vorgegebenen Richtlinien.
- entscheidet über die Einstellung von Werkstudenten und Aushilfen nach vorliegenden Anforderungen, wobei deren Neigungen berücksichtigt werden.
- ermittelt die pro Bewerber und pro Einstellung anfallenden Anzeigenkosten und schlüsselt sie nach verschiedenen Gesichtspunkten auf.
- sorgt dafür, daß von den Werkstudenten die erforderlichen Unterlagen wie z. B. Immatrikulationsbescheinigung, Steuerkarte und Bewerbungsbogen abgegeben werden und erstellt Einstellungsschreiben, Personalbogen und Karteikarten.
- notiert Versetzungswünsche vor und verfolgt die Vornotierungen.
- schreibt Versetzungsmeldungen, verlangt von der abgebenden Abteilung eine Beurteilung (soweit die letzte Beurteilung mehr als 6 Monate zurückliegt), stellt fest, ob eine farbliche Änderung der Betriebsausweise erforderlich ist, stellt das Bereichskurzzeichen und ggf. die Kostenstelle fest und prüft bei Versetzungen aus betrieblichen Gründen anhand des Benachrichtigungstermines, ob Wegegeld zu zahlen ist.
- fordert nach Entscheidung des Personalhauptsachbearbeiters Personal vom Arbeitsamt und von Vermittlungsfirmen für Interims-Personal an.
- erledigt den Schriftverkehr bezüglich der Personalplanung, -beschaffung und für den Leiter PPE.

Bei der Stellenbeschreibung wurde eine rationelle Arbeitsverteilung berücksichtigt. Diese Arbeitsverteilung wird – soweit nicht bereits geschehen – spätestens innerhalb der nächsten 12 Monate verwirklicht.

Datum	Datum	Datum	Datum
unmittelbarer Vorgesetzter	Abteilungsleiter	HA-Leiter	Personal- und Sozialwesen

Hinweis für den Stelleninhaber

Durch diese Stellenbeschreibung sind Ihre Aufgaben und Kompetenzen verbindlich festgelegt. Sie sind verpflichtet, in diesem Rahmen selbständig zu handeln und zu entscheiden. Sie müssen Ihren unmittelbaren Vorgesetzten umgehend informieren, wenn sich in Ihrer Tätigkeit wesentliche Abweichungen von der Beschreibung ergeben haben.

 Abb. 4

	Stellenbeschreibung	Kennziffer

1 Stellenbezeichnung Leiter Personalbetreuung	2 Rangstufe Sachgebietsleiter	3 Ersatz für

4 Zielsetzung

Durchführen der Verwaltungsaufgaben für ca. 3000 Mitarbeiter der Bereiche B, F, M, N, P, R, XB, XO, XI, XR, XW im Rahmen der für das Personalwesen geltenden Richtlinien, so daß ein reibungsloser Ablauf der Betreuungsaufgaben gewährleistet ist.

Beraten der Mitarbeiter in Personalfragen im Rahmen der sozialversicherungs- und tarifrechtlichen Bestimmungen.

5.1 Stellenbezeichnung des unmittelbaren Vorgesetzten

Leiter des Personaleinsatzes

5.2 Stelleninhaber nimmt außerdem fachliche Weisungen entgegen von

(Art und Umfang der fachlichen Weisungsbefugnis müssen mit dem Weisungsberechtigten und dem unmittelbaren Vorgesetzten abgestimmt sein.)

6.1 Stellenbezeichnungen der direkt unterstellten Mitarbeiter

Personalsachbearbeiter der Bereiche G, E, V, XZ, K, XT, XL, A

6.2 Stelleninhaber gibt außerdem fachliche Weisungen an

(Art und Umfang der fachlichen Weisungsbefugnis müssen mit dem Weisungsempfänger und dessen unmittelbaren Vorgesetzten abgestimmt sein.)

7 Der Stelleninhaber wird vertreten von
(wenn 2. Vertreter benannt, ebenfalls aufführen)

Personalsachbearbeiter (G, E, V, XZ, K, XT, XL, A)

8 Der Stelleninhaber vertritt

Personalsachbearbeiter (G, E, V, XZ, K, XT, XL, A)

9 Spezielle Befugnisse

(Hier sind spezielle Vollmachten und Berechtigungen aufzuführen, die nicht an die Rangstufe gebunden sind und darum über die allgemeine Vollmachtenregelung hinausgehen.)

10 Beschreibung der fachlichen Tätigkeiten, die der Stelleninhaber im Rahmen der Führungsgrundsätze selbständig auszuführen hat.

Der Stelleninhaber

- bearbeitet Einstellungen unter Berücksichtigung arbeits-, sozialversicherungs- und tarifrechtlicher Bestimmungen wie z. B. Klären von Fragen zur Sozialversicherung, der Krankenversicherung, der Arbeitsgenehmigung, der Entlohnung und der Nebenleistungen (Urlaub, Kindergeld, Werktarif usw.).
- bearbeitet Gruppenänderungsanträge, Anträge auf Ausgleichs- und Funktionszulagen, Leistungsstufenänderungen (jährlich und zwischenzeitliche Änderungen) nach vorliegenden Richtlinien.
- prüft die Voraussetzungen für die Gewährung von Funktionszulagen und Ausgleichszulagen
- errechnet sie und weist die Bereiche auf fristgerechte Auflösung von Zulagen bei Fortfall der Grundlagen hin.
- fordert Beurteilungen an, soweit dies nicht automatisch durch EDV geschieht.
- wertet Beurteilungen aus (Vergleich mit der Leistungsbeurteilung und dem Arbeitseinsatz) und klärt Fragen aufgrund logischer Abweichungen innerhalb der verschiedenen Beurteilungen mit den Bereichen und informiert PPE über die Ergebnisse.
- berät Mitarbeiter in sozialversicherungs- und tariflichen Fragen sowie über die Anwendung der sozialen Richtlinien.
- bearbeitet Anträge auf UK-Stellung sowie auf Befreiung von Wehrübungen und Einsatz in Hilfsorganisationen.
- prüft die Anträge auf Sonderurlaub, auf Anrechnung von Berufsjahren und von früheren Dienstzeiten auf die Betriebszugehörigkeit hinsichtlich der formellen Voraussetzungen und berät PPE.
- errechnet die neuen Daten für Dienstalterzulagen, Jubiläen und Ruhegeld und gibt sie an PV weiter.
- führt bei Versetzungen und Entlassungen diverse Verwaltungsarbeiten aus und ermittelt Ansprüche, die sich aus der Auflösung des Arbeitsverhältnisses ergeben.
- berät PPE bei der Verbesserung von Arbeitsabläufen und arbeitet entsprechende Vorschläge aus.
- legt interne Arbeitsabläufe fest, sofern sie nicht über das Sachgebiet hinausgehen.

Bei der Stellenbeschreibung wurde eine rationelle Arbeitsverteilung berücksichtigt. Diese Arbeitsverteilung wird – soweit nicht bereits geschehen – spätestens innerhalb der nächsten 12 Monate verwirklicht.

Datum	Datum	Datum	Datum
unmittelbarer Vorgesetzter	Abteilungsleiter	HA-Leiter	Personal- und Sozialwesen

Hinweis für den Stelleninhaber

Durch diese Stellenbeschreibung sind Ihre Aufgaben und Kompetenzen verbindlich festgelegt. Sie sind verpflichtet, in diesem Rahmen selbständig zu handeln und zu entscheiden. Sie müssen Ihren unmittelbaren Vorgesetzten umgehend informieren, wenn sich in Ihrer Tätigkeit wesentliche Abweichungen von der Beschreibung ergeben haben.

Verzeichnis der Formulare*

A Planung-Anwerbung

B Einstellung - Kündigung

C Personal-Verwaltungsunterlagen

* Die Formulare, die hier nur verkleinert wiedergegeben werden, können vom Rudolf Haufe Verlag, 78 Freiburg i. Br., Hindenburgstr. 64, als Arbeitsmittel mit ausführlichen Erläuterungen in einzelnen Blocks bzw. Formularsätzen bezogen werden.

A/1

PERSONALABTEILUNG

Personalentwicklung

ANLAGE

Bereich	Ist 31. 12. 19. .	Soll für 19. . lt. Planung v.	Voraussichtliches[1] Ist 31. 12. 19. .	Korrigiertes[1+2] Ist 31. 12. 19. .	Abweichung 19. . vorauss. 19. .	Gew. Personalentwicklung 19. . 19. . 19. . 19. .

[1] Einschl. vorliegender Personalanforderungen für 19. . ; abzgl. bekannter Abgänge
[2] Ausschl. a) Vorgr. a. Anford. für 19. . bis 19. . ; b) vorüberg. überpl. Einsatz ; c) gemeldete Freistellungen

PERSONALABTEILUNG

Personalplan

Geschäftsjahr

Betriebsrat

Abteilung / Arbeitsgruppe	Ersatzbedarf feststeh. kaufmännisch			Ersatzbedarf geschätzt			Neubedarf			Freistellungen		
	kauf-männisch	technisch	gewerb-lich	kauf-männisch	technisch	gewerb-lich	kauf-männisch	technisch	gewerb-lich	kauf-männisch	technisch	gewerb-lich

PERSONALABTEILUNG

Geplante Personalbesetzung

zum 31. 12. 19. .

Abteilung

Lfd. Nr.	Arbeitsbereich	Tätigkeitsbezeichnung		Geplante Tarifgruppe		Anzahl[1]		
				Anfang	Ende	männlich	weiblich	gesamt

[1] Wenn Tätigkeit von männlich oder weiblich ausgeführt werden kann, nur Spalte „gesamt" ausfüllen

<table>
<tr><td rowspan="2"></td><td rowspan="2">Personalanforderung</td><td>○ Neubedarf</td></tr>
<tr><td>○ Ersatzbedarf</td></tr>
</table>

Anfordernde Abteilung		Datum der Anforderung
Welche Tätigkeit soll der/die Angeforderte ausüben	Zu besetzen ab	Tarifgruppe

Angaben über Aufgabengebiet (bei Aufgabe eines Inserates werden diese Angaben zugrundegelegt), oder Kopie der Stellenbeschreibung beifügen.

Besondere Anforderungen (z. B. Berufsausbildung und -erfahrung, Zusatzausbildung, Studienrichtung)

Wer soll ersetzt werden	Besetzungsvorschlag

Begründung des Neubedarfs

Bei wem soll sich der Bewerber vorstellen	Hausruf

Unterschrift des Abteilungsleiters	

Personalplan geprüft

von am

A/5

PERSONALABTEILUNG			Personaleinsatzkarte					Abteilung Gruppe	
An-forderung vom	Tätigkeit	E / N	Ersatzbedarf (E) für	Grund des Ausscheidens	Neubedarf (N) Grund der Anforderung	Name	Pers.-Nr.	Eintritts-, Versetzungs-Termin	Versetzung Abteilung

PERSONALABTEILUNG		**Einstellungen / Entlassungen**					Verteiler
Lfd. Nr.	Entlassungs-, Einstellungs-tag	Name und Vorname		Geburtsdatum	Abteilung	Tätigkeit	Grund der Einstellung / Entlassung

A/7

PERSONALABTEILUNG		**Versetzungen**					Verteiler
Lfd. Nr.	Versetzungs-tag	Name	von Abteilung	Tätigkeit	zu Abteilung	Tätigkeit	Grund

Füllen Sie bitte diesen Bewerbungsbogen deutlich aus und fügen Sie noch nicht eingereichte Bewerbungsunterlagen – keine Originalzeugnisse – bei. Alle Angaben werden vertraulich behandelt.

Bewerbung

als

Zutreffendes bitte ausfüllen und ankreuzen

PERSONALIEN

Zuname Vorname
(bei Frauen auch Geburtsname)

Geburtstag / Geburtsort

Staatsangehörigkeit

Familienstand
ledig ◯ seit
verheiratet verwitwet geschieden

Ehegatte

Name (ggf. Geburtsname) / Vorname

Geburtsdatum

Berufstätig als

Kinder

Vorname / geboren

Vorname / geboren

Vorname / geboren

Vorname / geboren

Vorname / geboren

Sind Ihre wirtschaftlichen Verhältnisse geordnet?
ja ◯ nein ◯

Haben Sie sich schon einmal bei uns beworben?
ja ◯ Wann? ____________ nein ◯

Waren Sie schon bei uns tätig?
ja ◯ Wann? ____________ nein ◯

Sind Verwandte von Ihnen bei uns beschäftigt?
ja ◯ nein ◯

Wenn ja, wer? Verwandtschaftsgrad?

Sind Sie kriegs-, unfall- oder zivilbeschädigt oder einem Schwerbeschädigten gleichgestellt?
ja ◯ zu ____________% nein ◯

Art der Beschädigung?

Welche Rente beziehen Sie?

Bezogen Sie eine Rente? ja ◯ nein ◯

Welcher Krankenkasse gehören Sie an?

AUSBILDUNG

Schulausbildung

Volks-, Mittelschule oder Gymnasium

Art der Schule	Ort	von	bis	Abschluß mit
1.				
2.				
3.				
4.				

Berufsausbildung

Art der Berufsausbildung (Lehre, Berufsschule, Werkmeisterschule, Ingenieurschule, Hochschule, Abendschule) Wenn zutreffend, bitte Firma / Schule angeben

	Ort	von	bis	Abschluß als
1.				
2.				
3.				
4.				
5.				
6.				

Besondere Kenntnisse und Fertigkeiten

Schreibmaschine Anschläge/Min. Führerschein Klasse

Stenographie Silben/Min.

Sprachen ____________________

____

Zusätzlich erworbene Kenntnisse ____________________

____

____

Jetziger Arbeitgeber

Firma / Anschrift seit

Genaue Beschreibung der Tätigkeit

Grund der (beabsichtigten) Kündigung

Befinden Sie sich in ungekündigter Stellung? ja ○ nein ○

Sind Sie aus gesundheitlichen Gründen aus dem letzten Arbeitsverhältnis ausgeschieden?
ja ○ nein ○

Beruflicher Werdegang

Wieviel Arbeitgeber haben Sie bereits gehabt?

Frühere Arbeitgeber	Tätigkeit	von	bis	Grund des Austritts
1.				
2.				
3.				
4.				
5.				
6.				

Wehrdienst

Sind Sie wehrpflichtig? ja ○ nein ○

Wenn nein, warum sind Sie zurückgestellt worden?

Haben Sie die Wehrpflicht schon erfüllt? ja ○ nein ○

Wenn ja, haben Sie während dieser Zeit eine für Sie beruflich fördernde Tätigkeit ausgeübt? – Welche?

Wenn nein, wann rechnen Sie mit einer Einberufung?

Sonstiges

Referenz

Frühester Eintrittstermin Gewünschtes Anfangsgehalt DM

Bemerkungen

Ich versichere, alle Angaben in diesem Fragebogen nach bestem Wissen und Gewissen gemacht zu haben. Mir ist bekannt, daß falsche Angaben zur Entlassung führen können. Ich erkläre mich bereit, auf Wunsch ein polizeiliches Führungszeugnis nachzureichen.

, den

Unterschrift

Bei Minderjährigen Unterschrift der gesetzl. Vertreter

Wohnort, Straße und Hausnummer

Anlage:

Telefon

Kurzer, handgeschriebener Lebenslauf

Nur ausfüllen, wenn nicht bereits gesondert übergeben. Bitte keine tabellarische Wiederholung der vorherigen Daten.

PERSONALABTEILUNG

Zusammenstellung der eingegangenen Bewerbungen

Für Position ______________ in Abt. ______________

Betriebsrat:

	Lfd. Nr.	1	2	3	4	5	6	7	8	9	10
Zur Person	Name										
	Alter										
	Wohnort										
Ausbildung	Schulbildung										
	Lehre										
	Hoch- / Fachschule										
	Sonstige Ausbildung										
Berufserfahrung	Anzahl der Arbeitsverhältnisse nach der Ausbildung										
	Detailliert: a)										
	Jahre / Tätigkeit b)										
	c)										
	d)										
	Letzte Tätigkeit als										
	Jahre										
	Verwertbare Berufserfahrung										
Diverses	Gehalt: jetziges										
	gewünschtes										
	Wohnung notwendig										
	Frühester Dienstantritt										
Wertung	Rang										
	Vorstellung										
	Bemerkungen										

Vorstellungsverhandlung

Von

An Personalabteilung

Betreff Vorstellungsverhandlung
Unterlagen und den ausgefüllten Bogen geben Sie bitte umgehend mit den Unterlagen an Personalabteilung zurück.

Die Verhandlungen mit Herrn / Frau / Fräulein haben am stattgefunden

Eindruck bei der Vorstellung *Zutreffendes bitte unterstreichen*	**Bewertung*** *Zutreffende Ziffer durchkreuzen!*
I Ausbildung Entspricht die Ausbildung der zu besetzenden Stelle? (ggf. trennen zwischen schulisch-theoretischer und praktischer Ausbildung)	① ② ③ ④ ⑤ ⑥ ⑦ Anmerkung:
II Berufserfahrung Beurteilen Sie die Berufserfahrung bitte ausschließlich hinsichtlich ihres Wertes für die zu besetzende Stelle.	① ② ③ ④ ⑤ ⑥ ⑦ Anmerkung:
III Auftreten arrogant – aufdringlich – etwas befangen – bescheiden – distanziert – ernst – forsch – gehemmt – gewinnend – heiter – herausfordernd – höflich – korrekt – kühl – lässig – liebenswürdig – offenherzig – schwerfällig – sicher – recht unsicher – vorlaut – zurückhaltend – nicht besonders gewandt – energisch – hält nicht genügend Abstand – gesundes Selbstvertrauen – natürlich – kritisch – gute – mittelmäßige – schlechte Kontaktfähigkeit – neigt zur Opposition – tolerant – etwas verschlossen – zu selbstbezogen kann (bestechend) überzeugen – keine besondere Überzeugungskraft.	① ② ③ ④ ⑤ ⑥ ⑦ Ergänzungen:
IV Zielstrebigkeit, Wille zum Weiterkommen ehrgeizig – eifrig – hat bisher wenig für sein berufliches Fortkommen getan – hat sich selbständig weitergebildet – hat wenig eigenen Antrieb – impulsiv – matt – sehr/wenig begeisterungsfähig – träge – übertrieben hohe Ziele – (keine) klare Vorstellung – etwas bequem.	① ② ③ ④ ⑤ ⑥ ⑦ Ergänzungen:
V Intellektuelle Leistungsfähigkeit, Auffassung aufgeweckt – denkt mit – gute/durchschnittliche/schwerfällige Auffassung – gesunder Menschenverstand – hört genau zu – gutes/durchschnittliches Denkvermögen/Kombinationsgeschick, kann sich (schnell) umstellen – konzentriert – sprunghaft – stellt (keine) präzise(n) Fragen – umständlich – unkonzentriert – einseitig begabt.	① ② ③ ④ ⑤ ⑥ ⑦ Ergänzungen:
VI Sprachlicher Ausdruck (nicht ganz) fehlerlos – flüssig – präzise – klar – knapp – leicht mißverständlich – macht viele Worte – redegewandt – schlagfertig – treffend – schwerfällig – umständlich – unklar – verliert den Faden – kann sich gut/durchschnittlich ausdrücken – steht Rede und Antwort, nicht mehr.	① ② ③ ④ ⑤ ⑥ ⑦ Ergänzungen:
VII Eignung für die gebotene Stellung Zusammenfassendes Urteil über die vermutliche, fachliche und persönliche Qualifikation des Bewerbers für die vorgesehene Tätigkeit. – Ggf. Stellungnahme zu vorhandenen Entwicklungsmöglichkeiten. Evtl. Vorschläge für anderweitigen Einsatz.	fachlich ① ② ③ ④ ⑤ ⑥ ⑦ persönlich ① ② ③ ④ ⑤ ⑥ ⑦

Bemerkungen

* **1** = weit überdurchschnittlich; **2** = überdurchschnittlich; **3** = obere Grenze des Durchschnitts; **4** = Mitte des Durchschnitts; **5** = untere Grenze des Durchschnitts; **6** = unterdurchschnittlich; **7** = weit unterdurchschnittlich.

Es wurde abgesprochen

1. Bedenkzeit — vom Bewerber bis ______

   von der Firma bis ______

2. Keine Einstellung gewünscht — vom Bewerber ○

   von der Firma (wird dem Bewerber von der Personalabt. mitgeteilt) ○

3. Einstellung als ______ Probezeit Monate

   Einstellungsdatum ______

   (vorbehaltlich des positiven Ergebnisses einer ärztlichen Untersuchung)

   Gehalt

	Tarifgruppe:	DM	Std/Mo
	Tarifgruppe:	DM	Std/Mo
	übertariflich:	DM	Std/Mo

Gehaltserhöhung nach der Probezeit zugesagt? ______

Weihnachtsgeld und sonst. Zulagen ______

Bei verheirateten Bewerbern von auswärts:

Trennungsgeld für die Zeit bis zum Tage, an dem ______
eine Wohnung in ______ zur Verfügung steht, längstens jedoch für die Dauer der Probezeit?
ja ○ nein ○

Der Arbeitsplatz wurde von ______ gezeigt.

Es wurden folgende wesentliche Arbeitsaufgaben mitgeteilt:

Datum ______ Unterschrift des Abteilungsleiters und des Beurteilers

Durch die Personalabteilung auszufüllen

Ärztliche Untersuchung durch Amtsarzt am Wohnort am ______ vereinbart.

Ergebnis:

Abrechnung der Vorstellungskosten

Name des Bewerbers ______________________________

Bewerbung als ______________________________

Vorstellung am ______________________________

Fahrtkosten ______________________ ________ DM

Tagegeld ______________________ ________ DM

Übernachtungskosten ______________________ ________ DM

Kleine Auslagen (evtl. Taxi) ______________________ ________ DM

______________________ ________ DM

____

Die Belege sind beigefügt (wenn nicht, bitte Grund angeben)

____

Die Kosten wurden dem Bewerber sofort erstattet.

Der Empfang wird bestätigt:

____
(Unterschrift Bewerber)

____

Die Vorstellungskosten werden überwiesen auf das Konto:

____
(Unterschrift des Bearbeiters)

____

Bemerkungen

B/1

Abteilung	**Meldung der Arbeitsaufnahme** An Gehaltsabteilung / Betriebsrat / Personalabteilung	Gehaltsabt.: Betriebsrat: Personalabt.:

Name/Vorname: Pers. Nr.:	Gehaltsabteilung:
Geburtsdatum: Geburtsort:	Der Dienst wurde wie vorgesehen aufgenommen: ○
Staatsangehörigkeit:	Der Dienst wurde verspätet aufgenommen am:
Eingestellt als:	Datum / Abt. / Unterschrift
Eingestellt zum:	Betriebsrat: Kenntnisnahme:
Wohnort: Straße:	An Personalabteilung
Bemerkungen:	Arbeitsplatz angewiesen Sicherheitsvorschriften Arbeitsanweisungen Dienstkleidung

B/2

<table>
<tr><td colspan="2">PERSONALABTEILUNG</td><td colspan="2">Personalbogen</td><td colspan="2">Personalnummer</td></tr>
<tr><td colspan="2">Name</td><td colspan="2">Vorname</td><td colspan="2">Akademischer Titel</td></tr>
<tr><td>Geburtsdatum</td><td colspan="2">Geburtsort</td><td colspan="2">Staatsangehörigkeit</td><td>Familienstand</td></tr>
<tr><td colspan="6">Art und Umfang einer Körperbeschädigung</td></tr>
<tr><td colspan="2">Mind. der Erwerbsfähigkeit %</td><td>Versehrtenstatus</td><td colspan="3">Unf. – BFA – LVA – Knappschaftsrente</td></tr>
<tr><td colspan="3">Wohnort</td><td colspan="3">Straße</td></tr>
<tr><td colspan="3">Name des Ehegatten</td><td>Geburtsdatum</td><td>Heiratsdatum</td><td>Gest./gesch. am</td></tr>
<tr><td>Eintrittsdatum</td><td>Grund</td><td>Austrittsdatum</td><td colspan="3">Grund</td></tr>
<tr><td>Tarifgruppe</td><td>Vorg. Dienstj.</td><td>Grundgehalt</td><td>Trennungsgeld</td><td>Kostenstelle</td><td>Krankenkasse</td></tr>
<tr><td colspan="2">Schulausbildung</td><td colspan="2">Erlernter Beruf</td><td colspan="2">Angelernt als</td></tr>
<tr><td colspan="6">Fachausbildung</td></tr>
<tr><td>Datum</td><td colspan="2">tätig als</td><td>Abteilung</td><td>Kurzz.</td><td></td></tr>
<tr><td></td><td colspan="2"></td><td></td><td></td><td></td></tr>
<tr><td></td><td colspan="2">Vornamen der Kinder</td><td>Geburtsdatum</td><td>Kindergeld ab</td><td></td></tr>
<tr><td></td><td colspan="2"></td><td></td><td></td><td></td></tr>
<tr><td colspan="3">Ausweise</td><td colspan="3">Bemerkungen</td></tr>
</table>

Abrechnungskarte

B/3 (1. Seite)

Personalnummer	Name	Vorname
Eintrittsdatum	Geb. am	Akademischer Titel
Entlassungsdatum	Entlassungsgrund	

Krankenkasse	Gruppe	Angemeldet	Abgemeldet

Rente BFA / LVA	ab	Rentenart

Wohnungsanschrift

Gehaltsabtretungen	Sonstige Merkmale (z. B. Telefon, Trennungsgeld)

Beschäftigt ab	Beschäftigt als	Beschäftigt ab	Beschäftigt in Abtlg. / Betrieb	Abtlgs.-Kurzzeich.

Familienstand	Tag der Eheschließung
Vorname der Ehefrau	geboren am

Gehaltskonto

Kinder	Name / geboren am	Bemerkungen

B/3 (2. Seite)

Bezüge ab	LVA BFA	Lohn / Gehalt		übertarifliche Zahlungen										Auslösung (Pausch.)	Erschw. (Pausch.)	Schicht (Pausch.)
		Gruppe	DM	DM	Punkte	Gruppe	DM		Gruppe	DM		DM				

Personalkarte

Name	Vorname	Geburtsdatum	Dienstantritt	Familienstand	Personal-Nr.	○ Gewerbl.	○ Angest.	○ AT	○ Vertrags-Angestellte
Anschrift		Telefon	Führerschein Kl.						

Schul- und Berufsausbildung (Schulabschluß, erlernte Berufe, Berufserfahrung, frühere Tätigkeiten) von bis	**Lehrgänge, Kurse, Zusatzausbildungen** Zeit	**Besonderer Arbeitsvertrag** (Verlängerte Kündigung, usw.)
		Sicherheitsfunktionen (A-B-Verpfl., Berater usw.)
		Vollmachten
		Wehrdienst
		Grund- (Ersatz-) dienstpflichtig
		Übungsdienstpflichtig
		Freistellung
Nebentätigkeiten (im Unternehmen, in Verbänden, Nebenberufe, u. a. außerbetriebliche Tätigkeiten)		**Hinweise auf Einsatzbeschränkung**
		Unfälle
	Kinder (Vorname / geboren am)	
Anrechnung von Berufs- und Betriebserfahrung		

Datum	tätig als	Tätigkeits-Kennziffer	Bereich		Gehalts-, Lohn-gruppe	Leistungs-zulage	Schichtgeld DM / Monat		Erschwerniszulage DM / Monat	Grund

Bemerkungen

Ärztliche Routineuntersuchung Datum	Wiederkehrende Prüfungen Datum	Wiederkehrende Belehrungen Datum	Verbesserungsvorschläge

PERSONALABTEILUNG	**Probezeitbeurteilung**	

Personal-Nr.	Name und Vorname	Geboren am	Abt.-Kurzzeichen

Stellenbezeichnung

Abgesandt an Beurteiler	Beendigung d. Probezeit	TG lt. Einstellungsschr.	**Zurück spätestens bis**

A Beurteilung und Entscheidung (bitte Zutreffendes ankreuzen)

① Die Probezeit wird beendet, der Mitarbeiter soll ohne Vorbehalt weiterbeschäftigt werden.

Beurteilung der Leistung

Arbeitsgüte:	Arbeitsmenge:	Einsatzbereitschaft:
├──┼──┼──┼──┼──┤*	├──┼──┼──┼──┼──┤	├──┼──┼──┼──┼──┤

* sehr gut, gut, Durchschnitt, unter Durchschnitt, weit unter Durchschnitt, völlig unbrauchbar.

② Die bisherigen Erfahrungen lassen erwarten, daß der Mitarbeiter den Anforderungen genügen wird. Für ein sicheres Urteil ist jedoch noch eine längere Beobachtungszeit erforderlich. Die Probezeit soll mit Zustimmung des Betriebsrates auf ________ Monate verlängert werden.

Der betroffene Mitarbeiter und das zuständige Betriebsratsmitglied sind über die Gründe und die Dauer der Probezeitverlängerung informiert. Eine abschließende, ausführliche Beurteilung wird bis zum ____________ eingereicht.

③ Das Arbeitsverhältnis soll innerhalb der Probezeit fristgerecht gekündigt werden.

B Begründung (ist nicht erforderlich, wenn die Probezeit erfolgreich beendet wird ①)

Unmittelbarer Vorgesetzter	Abteilungsleiter	Mitarbeiter
Unterschrift	Unterschrift	Zur Kenntnis genommen

Anmerkung

Das Kündigungsschutzgesetz gewährt allen Arbeitnehmern, die länger als 6 Monate ununterbrochen im gleichen Unternehmen beschäftigt sind und das 18. Lebensjahr vollendet haben, Schutz vor einer sozial ungerechtfertigten Kündigung. In einem etwaigen Arbeitsgerichtsverfahren ist vom Arbeitgeber nachzuweisen, daß die Kündigung gerechtfertigt ist. Im Falle einer Weiterbeschäftigung über die Probezeit hinaus kann sich der Arbeitgeber nicht auf bestehende Zweifel an der Eignung berufen.

Die Probezeit kann mit Zustimmung des Betriebsrates bis zu 6 Monaten verlängert werden.

Wenn die Nichteignung feststeht, muß Personalstelle spätestens eine Woche vor Ablauf der vereinbarten Probezeit benachrichtigt werden.

PERSONALABTEILUNG	**Beurteilung**	

Beurteilen Sie Ihren Mitarbeiter erst dann, wenn Sie seine Leistungen gedanklich mit denen anderer Mitarbeiter auf Arbeitsplätzen mit entsprechendem *Anforderungs-Niveau verglichen haben. Überprüfen Sie anhand der Angaben in der Kontrollspalte, ob von Ihnen alle für den betreffenden Arbeitsplatz wichtigen Anforderungskriterien berücksichtigt wurden.*

Personal-Nr.	Name und Vorname	geboren am	Abt.-Kurzzeichen

Stellenbezeichnung	Tarifgruppe

Grund der Beurteilung (nur bei außergewöhnlichen Beurteilungsanlässen auszufüllen, z. B. bei Versetzung)	Beurteiler (direkter Vorgesetzter)	Wie lange sind Sie Vorgesetzter des Beurteilten? Jahre

Kurzbeschreibung der Tätigkeit

	Kontrollspalte
1. Arbeitsgüte	a) Geschicklichkeit je nach Arbeitsplatz (z. B. Handfertigkeit, Verhandlungsgeschick, Organisationsgeschick, Geschick beim Umgang mit Kunden); Sicherheit im Urteil; geistige Wendigkeit; Einsetzbarkeit an verschiedenen Arbeitsplätzen. b) Zuverlässigkeit; Sorgfalt; Beachtung der Sicherheitsvorschriften, Anweisungen u. a.
2. Arbeitsmenge / Arbeitstempo	Zeitbedarf für eine einwandfreie Leistung; Termineinhaltung; Stetigkeit der Arbeitsleistung u. a.
3. Anstrengungs- und Verantwortungsbereitschaft	Arbeitseifer; Energie und Initiative; Verhalten bei außergewöhnlicher Belastung; Zielstrebigkeit; Ausdauer; Entschlußfreudigkeit; Ausschöpfen der Kompetenzen; Bereitwilligkeit, sich weiterzubilden; Bereitwilligkeit, auch unangenehme Aufgaben zu übernehmen u. a.

4. Zusammenarbeit	Zusammenarbeit mit Kollegen und Vorgesetzten; Bereitschaft, sich gemeinsamen Zielen unterzuordnen, sachliche Kritik zu üben oder entgegenzunehmen; Bereitschaft zur Teamarbeit; Kontaktfreudigkeit; Hilfsbereitschaft; Aufrichtigkeit u. a.
5. Bereitschaft, rationell zu arbeiten und die Arbeitsweise ständig zu überprüfen und zu verbessern	Sparsamkeit; Kostenbewußtsein; konstruktive Ideen; Verbesserungsvorschläge u. a. Bei Vorgesetzten auch: Fähigkeit, Arbeitsabläufe des Bereichs optimal zu gestalten, klare Organisation zu schaffen, wirtschaftlich zu disponieren u. a.
6. Führungsverhalten (nur bei Vorgesetzten zu beurteilen)	Verhalten nach den Führungsgrundsätzen (z. B. Delegationsbereitschaft, Erfüllen der Kontroll- und Informationspflichten, Mitarbeiterförderung u. a.); Sicherheit des Auftretens; Durchsetzungsvermögen; Überzeugungskraft; Bereitschaft, Unternehmensentscheidungen zu vertreten; Sinn für Gerechtigkeit; Ausgeglichenheit u. a.
7. Theoretisches und praktisches Fachkönnen	Reichen Ausbildung, Weiterbildung und Betriebserfahrung für den jetzigen Arbeitsplatz aus oder gehen die Kenntnisse über die am Arbeitsplatz geforderten hinaus?

8. Urteil über künftige Entwicklungsmöglichkeiten des Mitarbeiters
(Wie beurteilen Sie seine künftige Entwicklung in Ihrem Bereich? Sehen Sie bestimmte in der Person begründete Grenzen für eine Weiterentwicklung? Könnte der Beurteilte an einem anderen Arbeitsplatz mehr leisten? Welche Kenntnisse und Eigenschaften müßte er verbessern, um weiterzukommen?)

Die Beurteilung habe ich gelesen. Ihr Inhalt wurde mit mir besprochen. Datum Mitarbeiter	 Datum Beurteiler	Begründung des Beurteilers, wenn Eröffnung der Beurteilung unterblieb, oder Notizen über bemerkenswerte Einzelheiten des Eröffnungsgespräches.
Zur Kenntnis genommen Nächsthöherer Vorgesetzter	 Personalabteilung	

Ärztlicher Untersuchungsbogen

Verbleibt beim Arzt

Ich habe folgende Krankheiten durchgemacht / bin zur Zeit in ärztlicher Behandlung wegen:

Aufzuführen sind alle Infektionskrankheiten, Erkrankungen der Atmungsorgane, des Herzens und der Gefäße, Nerven, Haut, Sinnes-, Verdauungs- oder Geschlechtsorgane, Leber, Nieren, Stoffwechselerkrankungen (z. B. Zuckerkrankheit), Drüsenleiden, operative Eingriffe, Knochenbrüche, Bruchleiden, Anfallsleiden, Unfälle oder andere gesundheitliche Störungen.	Zeit

Ich erkläre, die vorstehenden Fragen wahrheitsgemäß beantwortet zu haben. Mir ist bekannt, daß das Verschweigen von Krankheiten ein Grund zur fristlosen Entlassung ist. Ich entbinde den Arzt hinsichtlich der Einstellung von der Schweigepflicht der Personalabteilung gegenüber.

________________, den ________________

Unterschrift

- (abtrennen)

Wir beabsichtigen, ________________, geb. ________

als ________________

____

einzustellen, und bitten um Ihre ärztliche Stellungnahme.

________________, den ________________

Personalabteilung

Beurteilung des Arztes

Keine Bedenken.

B/8

Abteilung

Abmeldung

Entlassung

Datum

Name:

Pers. Nr.:

Bitte geben Sie das in Ihrem Besitz befindliche Firmeneigentum bei den angegebenen Stellen ab und lassen Sie es sich dort bestätigen, bevor Sie mit dieser Abmeldung Ihre Papiere in der Gehaltsabteilung abholen.

	Datum	Meister/Abt.: Ltr.
Schlüssel		
Dienstkleidung		
Magazin (Werkzeug)		
Fach-/Werkbücher		
Betriebsrat		
Personalabt. Abschlußgespräch		
Aktenvermerk	Nr.	

Lohn- u. Gehaltsstelle

Arbeitsanweisungen:
Ausweis:
Tarifvertrag:

Ich bestätige hiermit, daß ich aus meinem mit Wirkung vom beendeten Arbeitsverhältnis keine Ansprüche gegen die Firma mehr habe.

Meine Arbeitspapiere (Ang./Arb.-Rentenversicherungskarte

Nr. ________ / Steuerkarte Nr. ________)

sowie mein Entgelt bis zum ________ habe ich erhalten.

Datum Name / Unterschrift

Leitfaden für Abschlußgespräch

Name	Vorname
Tätigkeit	Abteilung
Dauer der Betriebszugehörigkeit von	bis

(Wenn Abweichung von offiziellem Kündigungsgrund im Kündigungsschreiben festgestellt wird, bitte vermerken)

Wären Sie im Unternehmen verblieben, wenn man Ihnen einen anderen Arbeitsplatz angeboten hätte?

Haben Sie sich darum bemüht?

Glauben Sie, daß die Arbeitsabläufe in Ihrem Bereich gut organisiert sind?

Wie war Ihr Verhältnis zu Ihren Vorgesetzten?

Wie war Ihr Verhältnis zu Kollegen?

Fühlten Sie sich richtig entlohnt?

Hat man in Ihrem Bereich über Führungsfragen diskutiert?

Wie sieht Ihre finanzielle Veränderung aus? Evtl. Höhe? bei wie vielen Gehältern?

Welche Meinung haben Sie von der Firma insgesamt?

Unter welchen Umständen würden Sie zu einem späteren Zeitpunkt zurückkommen?

Bemerkungen

C/1 (1. Seite)

Meldung über Veränderung von Personal-Stammdaten

AKZ | Hausruf

Personal-Nr.

Familienname / Vorname des Arbeitnehmers

Wohnort / Straße / Haus-Nr.

○ Wohnungswechsel

Ab ______________ 197__

Neuer Wohnort

Postleitzahl (4 Stellen) □□□□

Wohnort

Straße

Haus-Nr.

○ Änderung des Familienstandes

Ehefrau / bzw. Ehemann

Name / ggf. Mädchenname | Vorname

Heiratsdatum Tag Monat Jahr | Geburtsdatum Tag Monat Jahr | Scheidungsdatum Tag Monat Jahr | Sterbedatum Tag Monat Jahr

Kind

Name | Vorname | Geburtsdatum Tag Monat Jahr | Sterbedatum Tag Monat Jahr

○ Betriebsausweis muß geändert werden — Erledigt:

○ Personalbogen muß geändert werden — Erledigt:

○ Telefonverzeichnis muß geändert werden — Erledigt:

○ Sonstiges:

○ Meldung eines Lohn-/Gehaltskontos ○ Neumeldung ○ Änderung

Kontonummer | Geldinstitut

Folgende Zeile nur ausfüllen, wenn Konto nicht auf den Namen des Arbeitnehmers lautet!

Familienname Vorname

Datum

Unterschrift des Arbeitnehmers

Originalbescheinig. eingesehen	Erledigungsvermerke / Umlauf
Ab.-Leiter o. Beauftragter	

C/2

Personalabteilung:	**Versetzung**	Datum:

Name: Pers. Nr.:		Erledigungsvermerke: Personalabt. / Gehaltsabt.	
Versetzungsdatum:		○ Personalplan	
Benachrichtigung des Mitarbeiters:		○ Suchkartei	
Alte Abt.:	Neue Abt.:	○ Meldung alte Abt.	
Neue Abt. / Kostenstelle:		○ Meldung neue Abt.	
Bisherige Tätigkeit:	TG	○ Laufzettel	
Neue Tätigkeit:	TG	○ Änderung Stammdaten	
		○ Kontenkarte	
		○	

Gehalt / Lohn	Rentenversicherung	Ausgestellt	Betriebsrat

Wenn Durchschläge erwünscht, Kohlepapier einlegen! **C/3** (1. Seite)

Meldung von Arbeitsausfallzeiten

Bitte Rückseite beachten!

über Abteilung **an** Personalabteilung (Lohn-/Gehaltsabrechnung)

Datum der Ausstellung

Personalnummer

○ 0 Ge-werbl. ○ 2 Angest. ○ 3 AT-Angest. ○ 4 Vertr.-Angest.

○ T-Teilzeit-Beschäftigung

Abteilungs-Kurzzeich

Krank	Verschickung					Betriebs- und Wegeunfall		
○	○ Bundesvers.-Anstalt für Angestellte	○ Landesvers.-Anstalt	○ Krankenkasse	○ Versorgungs-amt	○ Berufs genossensch.	○ Betriebs-unfall	○ Dienstwege-unfall	○ Wegeunfall

Urlaub			Sonstige Ausfallzeiten					
○ Jahres-urlaub	○ Winter-zusatzurlaub	○ Tariflicher Sonderurlaub	○ Bez. Freistellg. f. berufliche Fortbildung	○ Unbez. Freist. f. berufliche Fortbildung	○ Bezahlte genehm. Fehlz.	○ Unbez. genehm. Fehlz.	○ Gesetzl. Schutzfr. n. d. Muttersch.ges.	○ Arbeitsver-hind. unversch. Unglück

Beginn der Ausfallzeit	Ende der Ausfallzeit	Abbruch des Urlaubs ○ Begründung	Zuschußbeginn wird von der Lohn-/Gehaltsabrechnung ausgefüllt

Familienname	⌀	Wird vom Abt.-Büro ausgefüllt * ○ Ja ○ Nein Fehltage wg. Krankh. innerh. d. letzt. 6 Mon.	Abfeiern von bis Ges. Std.

Bemerkungen	Unterschrift des Ausstellers	Erledigungsvermerke Abt.-Büro

* Siehe Rückseite

Die Meldung von Ausfallzeiten ist Bestandteil der Gehaltszahlung. Sie ist daher der Personalabteilung (Lohn- u. Gehaltsstelle) sofort zuzustellen, damit die Gehaltsabrechnung ordnungsgemäß durchgeführt werden kann. Unter „Beginn der Ausfallzeit" ist bei Krankheit der erste **voll ausfallende Arbeitstag** einzutragen. Für die Gesundmeldung ist unter „Ende der Ausfallzeit" das Datum einzutragen, das vor dem vom Arzt bescheinigten Tag der Arbeitsfähigkeit liegt.

Beispiel:	Bescheinigte Arbeitsfähigkeit	Montag = 13.10.
	einzutragen Ende der Fehlzeit	Sonntag = 12.10.

Für sonstige Ausfallzeiten ist unter „Beginn" der erste Ausfalltag, unter „Ende" der Kalendertag einzutragen, der vor dem ersten Arbeitstag liegt. Abfeiertage sind wie Arbeitstage zu behandeln.

Beispiel: Letzter Urlaubstag = Freitag, erster Arbeitstag = Montag.
Als letzten Urlaubstag ist in diesem Fall der Sonntag einzutragen.

Urlaubs-Rückmeldungen sind nicht erforderlich. Vorzeitiger Abbruch des gemeldeten Urlaubs (z. B. durch Krankheit) muß mit einer Begründung und dem neuen Urlaubsende gemeldet werden.

Müssen mehrere Ausfallzeiten nebeneinander gemeldet werden (z. B. Jahresurlaub und Winterzusatzurlaub), so müssen so viele Meldungen ausgeschrieben werden, wie Ausfallzeiten anfallen.

Das Abteilungsbüro hat bei Krankmeldungen anhand der Personalkartei zu prüfen, ob der Arbeitnehmer innerhalb der letzten 6 Monate wegen Krankheit gefehlt hat.

Bei Dienstreisen oder Wehrübungen wird keine Meldung geschrieben.

Arbeitsverteilungsübersicht

Stellenbezeichnungen / Aufgaben		%-Gewichtung		%-Gewichtung		%-Gewichtung

☐ Istzustand
☐ Sollzustand

Arbeitsablauf-Bogen

C/6

	Zusammenfassung Vorgangsbegriffe	Istzustand Zeit		Sollzustand Zeit		Unterschied Zeit	
Arbeitsbereich							
Arbeitsvorgang	○ Bearbeitung						
	⇨ Weitergabe						
Anfangspunkt der Studie	□ Prüfung						
Endpunkt der Studie	D Verzögerung						
Aufgenommen durch am	▽ Lagerung, Ablage						

Lfd. Nr.	**I. Stufe** Stufen bzw. Stationen des Arbeitsablaufes (Teilarbeiten)	Bearbeiten	Weitergabe	Prüfung	Verzögerung	Lagerung	Zeit min	Ent-fer-nung	Men-ge	Analyse: Was? Womit?	Wann?	Wo?	Wer?	Wie?	**II. Stufe** Bemerkungen zur Analyse	Vorschlag: Auslassen	Zusammenlg.	Aufteilen	Vereinfachen	Ändern: des Ortes	der Person	d. Reihenf.
		○	⇨	□	D	▽																
		○	⇨	□	D	▽																
		○	⇨	□	D	▽																
		○	⇨	□	D	▽																
		○	⇨	□	D	▽																
		○	⇨	□	D	▽																
		○	⇨	□	D	▽																

Aufnahmebogen Stellenbeschreibung

Name des Stelleninhabers	Welche Bezeichnung hat Ihre Stelle?	Welche Rangstufe hat ihre Stelle?

Welcher Stelle sind Sie organisatorisch unterstellt?	Welcher anderen Stelle müßten Sie unterstehen, um wirkungsvoller arbeiten zu können?
Wer gibt Ihnen – außer Ihrem direkten Vorgesetzten – Weisungen und welcher Art sind diese?	Welche Weisungsbefugnisse anderer Stellen Ihnen gegenüber sollten eingeschränkt oder ausgedehnt werden?
Welche Stellen sind Ihnen direkt unterstellt?	Welche dieser Stellen brauchten Ihnen nicht direkt zu unterstehen oder welche müßten Ihnen zusätzlich direkt unterstellt sein, damit Ihr Bereich wirkungsvoller arbeiten kann?
Welchen Stellen – außer den Ihnen organisatorisch direkt unterstellten – geben Sie Weisungen und welcher Art?	Gegenüber welchen Stellen sollten Ihre Weisungsbefugnisse eingeschränkt oder ausgedehnt werden?
Wer nimmt Ihre Aufgaben bei Ihrer Abwesenheit wahr?	Sind Sie der Auffassung, daß Ihre Vertretung anders geregelt werden sollte und wenn ja, wie?

Welche Stelleninhaber vertreten Sie?	Sind Sie der Auffassung, daß die Vertretungen anders geregelt werden sollten und wenn ja, wie?
Welche speziellen Vollmachten und Berechtigungen haben Sie, die nicht an die Rangstufe gebunden sind?	Welche speziellen Vollmachten und Berechtigungen fehlen Ihnen, damit Sie wirkungsvoller arbeiten können; oder können spezielle Vollmachten und Berechtigungen entfallen?
Welche Tätigkeiten führen Sie aus? Beschreiben Sie dabei auch, in welchen Fällen Sie entscheiden oder andere beraten?	Was müßte sich an Ihrer Tätigkeit ändern, damit Sie wirkungsvoller arbeiten können? Welche Tätigkeiten, die heute an anderer Stelle erledigt werden, gehörten nach Ihrer Auffassung zusätzlich zu Ihrem Aufgabenbereich? In welchen Fällen sollte man Ihnen im Gegensatz zur bisherigen Praxis die Entscheidung überlassen oder die gegenseitige Beratung und Information verbessern? Welche der aufgeführten Tätigkeiten sollten zweckmäßigerweise an anderer Stelle erledigt werden?

Versuchen Sie, nachdem Sie Ihre Tätigkeit beschrieben haben, das Ziel zu formulieren, das mit Ihrer Tätigkeit für das Unternehmen erreicht werden soll!

Datum | Stelleninhaber

C/8 (1. Seite)

	Stellenbeschreibung	Kennziffer
1 Stellenbezeichnung	**2 Rangstufe**	**3 Ersatz für**

4 Zielsetzung

5.1 Stellenbezeichnung des unmittelbaren Vorgesetzten

5.2 Stelleninhaber nimmt außerdem fachliche Weisungen entgegen von
(Art und Umfang der fachlichen Weisungsbefugnis müssen mit dem Weisungsberechtigten und dem unmittelbaren Vorgesetzten abgestimmt sein)

6.1 Stellenbezeichnungen der direkt unterstellten Mitarbeiter

6.2 Stelleninhaber gibt außerdem fachliche Weisungen an
(Art und Umfang der fachlichen Weisungsbefugnis müssen mit dem Weisungsempfänger und dessen unmittelbaren Vorgesetzten abgestimmt sein)

7 Der Stelleninhaber wird vertreten von
(wenn 2. Vertreter benannt, ebenfalls aufführen)

8 Der Stelleninhaber vertritt

9 Spezielle Befugnisse
(Hier sind spezielle Vollmachten und Berechtigungen aufzuführen, die nicht an die Rangstufe gebunden sind)

10 Beschreibung der fachlichen Tätigkeiten, die der Stelleninhaber selbständig auszuführen hat

Bei der Stellenbeschreibung wurde eine rationelle Arbeitsverteilung berücksichtigt. Diese Arbeitsverteilung wird – soweit nicht bereits geschehen – spätestens innerhalb der nächsten 12 Monate verwirklicht.

Datum	Datum	Datum	Datum
unmittelb. Vorgesetzter	Abteilungsleiter		Personalabteilung

Hinweis für den Stelleninhaber

Durch diese Stellenbeschreibung sind Ihre Aufgaben und Kompetenzen verbindlich festgelegt. Sie sind verpflichtet, in diesem Rahmen selbständig zu handeln und zu entscheiden. Sie müssen Ihren unmittelbaren Vorgesetzten umgehend informieren, wenn sich in Ihrer Tätigkeit wesentliche Abweichungen von der Beschreibung ergeben haben.

Meldung über Schwangerschaft

Betrieb / Firma

Ort / Datum

Zutreffendes bitte ◯ ankreuzen bzw. ausfüllen

An das
Amt für Arbeitsschutz
– Gewerbeaufsicht –

Benachrichtigung

nach § 5 des Mutterschutzgesetzes in der Fassung vom 24. Mai 1968 (BGBl. I Seite 503)

Vor-, Zuname und Geburtsname

geboren am: in:

wohnhaft (Ort, Straße):

Krankenversicherung: seit:

beschäftigt als (Beruf):

Beschäftigungsort (Zweigstelle, Filiale):

Voraussichtliche Entbindung: ◯ lt. ärztl. Zeugnis ◯ lt. Angaben der Beschäftigten

Die nachstehenden Angaben fallen nicht unter die Meldepflicht nach § 5, werden aber zur Vermeidung von Rückfragen im Sinne des § 19 des Mutterschutzgesetzes erbeten.

Tätigkeit:

a) vor Bekanntwerden der Schwangerschaft:
◯ im Zeitlohn ◯ im Akkordlohn ◯ als Prämienarbeit ◯ als Fließbandarbeit

b) nach Bekanntwerden der Schwangerschaft:
◯ im Zeitlohn ◯ im Akkordlohn ◯ als Prämienarbeit ◯ als Fließbandarbeit

Die Tätigkeit wird ausgeübt:

als ◯ Ganztagsarbeit ◯ Halbtagsarbeit ◯ Teilzeitarbeit ◯ Schichtarbeit ◯ Heimarbeit

im ◯ Stehen ◯ Sitzen ◯ Gehen

Wöchentliche Arbeitszeit: Std., tägliche Arbeitszeit: Std.

Montag	von	bis	Pausen von	bis
Dienstag	von	bis		
Mittwoch	von	bis	Pausen von	bis
Donnerstag	von	bis		
Freitag	von	bis	Pausen von	bis
Sonnabend	von	bis		
Sonntag	von	bis		

Unterschrift / Firmenstempel

C/10

	Antrag auf Gruppenänderung / Lohnerhöhung Änderung der Leistungszulage	Personal-Nr.

Bitte bis zum __________ des Vormonats einreichen

Wir schlagen vor, den/die

bisherige Stellenbezeichnung Name

mit Wirkung vom als zu übernehmen.

neue Stellenbezeichnung Kennziffer

Die neue Tätigkeit wird seit ausgeführt.

Bisherige Gruppe Bisherige Zulage

Neue Gruppe Neue Zulage

(Nur dann Grund unter Bemerkungen angeben, wenn ausschl. Zulage geändert werden soll)

Der Arbeitsplatz ist in der Personalübersicht für das laufende Kalenderjahr enthalten ○

nicht enthalten ○ (Grund unter Bemerkungen angeben)

Der Arbeitsplatz war bisher nicht besetzt ○ war bisher besetzt von

Name

Der bisherige Arbeitsplatzinhaber wurde

in den Ruhestand versetzt ○ entlassen ○ versetzt nach ○ umgesetzt auf ○

Datum, neue Abt. bzw. neuer Arbeitsplatz

Die Voraussetzungen lt. Plan (u. a. Berufserfahrung, Ausbildung) werden von dem neuen Arbeitsplatzinhaber erfüllt.

Bemerkungen

Datum / Unterschrift des Antragstellers

Von der Personalabteilung auszufüllen

Laut Plan (Tarif) gefordert	**Ausbildung**	vom Mitarbeiter erbracht
	Erfahrungszeit	
		Erfahrungszeit in anderen Betrieben

Voraussetzung erfüllt ○ nicht erfüllt ○

Bemerkungen

Bearbeitet am	von	
	Personalabteilung	Betriebsrat

C/11

NAME ______________ VORNAME ______________ GEBURTSDATUM ______________

ja ○ nein ○ URLAUB NACH DEM SCHWERBESCHÄDIGTEN GESETZ ______ Tage bzw. ______ Stunden

Beurlaubungen und Versäumnisse

grünes × = Urlaub / rotes × = beurl./ braunes × = krank / schwarzer ○ = verspät./ schwarzer ● = fehlt unentsch.

1 Urlaub 19 ___ = ___ Tage + Rest Vorjahr = ___ Tage Gesamt = ___ Tage

	1	2	3	4	5	6	7	8	9	10	11	12	13	14	15	16	17	18	19	20	21	22	23	24	25	26	27	28	29	30	31	Urlaubstage	Sonderurlaubstage	Resturlaubstage	Krankheitstage	Sonst. Fehltage
JAN																																				
FEB																																				
MRZ																																				
APR																																				
MAI																																				
JUN																																				
JUL																																				
AUG																																				
SEP																																				
OKT																																				
NOV																																				
DEZ																																				
SUMME																																				

2 Urlaub 19 ___ = ___ Tage + Rest Vorjahr = ___ Tage Gesamt = ___ Tage

	1	2	3	4	5	6	7	8	9	10	11	12	13	14	15	16	17	18	19	20	21	22	23	24	25	26	27	28	29	30	31	Urlaubstage	Sonderurlaubstage	Resturlaubstage	Krankheitstage	Sonst. Fehltage
JAN																																				
FEB																																				
MRZ																																				
APR																																				
MAI																																				
JUN																																				
JUL																																				
AUG																																				
SEP																																				
OKT																																				
NOV																																				
DEZ																																				
SUMME																																				

3 Urlaub 19 ___ = ___ Tage + Rest Vorjahr = ___ Tage Gesamt = ___ Tage

	1	2	3	4	5	6	7	8	9	10	11	12	13	14	15	16	17	18	19	20	21	22	23	24	25	26	27	28	29	30	31	Urlaubstage	Sonderurlaubstage	Resturlaubstage	Krankheitstage	Sonst. Fehltage
JAN																																				
FEB																																				
MRZ																																				
APR																																				
MAI																																				
JUN																																				
JUL																																				
AUG																																				
SEP																																				
OKT																																				
NOV																																				
DEZ																																				
SUMME																																				

Bemerkungen

Stichwortverzeichnis

(Die Zahlen bezeichnen die Seiten)